1. Auflage 2004

Warnung!
Die Autoren sind weder Diplom-Biologen noch
Mediziner. Ihre Angaben beruhen meist auf
persönlichen Erfahrungen.
Die Autoren übernehmen keine Gewähr für die
Richtigkeit ihrer Darstellungen und Empfehlungen zu
Verhaltensweisen gegenüber Tieren und die medizini-
sche Behandlung im Schadensfall.
In Zweifelsfällen ist ein entsprechend ausgewiesener
Experte hinzuzuziehen.

Fotos/Text/Konzept: Paul Munzinger
Layout/Gestaltung/Text/Illustrationen: Lutz Odewald
Titelgestaltung: Franca La Marca
Lektorat: Prof. Dr. Brümmer/Anni Munzinger
Technische Realisierung: Blue Lighthouse Company

ISBN 3-00-012327-X

Achtung Gefährlich

Alles, was im Meer beißt, nesselt, brennt und sticht

Paul Munzinger & Lutz Odewald

uw-media-produktion

Inhalt

Inhalt

Wir danken folgenden Fotografen für ihre freundliche Unterstützung:

Aquanauts Grenada	Seite 18/19, Fass-mich-nicht-an-Schwamm
Karen Gowlett-Holmes	Seite 31, 2 Fotos Port. Galeere
	Seite 41/43, Seewespe
Olivia Ulbrich	Seite 31, kl.Foto o. Port. Galeere
	Seite 32, kl.Foto o. Port. Galeere
	Seite 37, kl. Foto u.re. Feuerquallen
	Seite 253, kl. Foto u.li. Seepocken
Rolf Mühlemann/	
Sea Explorers Phiilippinen	Seite 157, 4 Fotos Blauringoktopus
	Seite 158/59, 2 Fotos Blauringoktopus
Hedda Höpfner,	Seite 156, 1 Foto Blauringoktopus
	Seite 158, kl. Foto Blauringoktopus
Holger Hambrecht,	Seite 153, Weißer Hai
	Seite 190, Sandtiger
	Seite 193, Sandtiger
	Seite 202/05, Weißer Hai
	Seite 213, kl. Foto o.li. Sandtiger
	Seite 284, Foto o.li., Miesmuschel
	Seite 294 Foto o.li. Weißer Hai
Dr. Franz Brümmer	Seite 283, Foto o.re. Einzeller
	Seite 285, Foto o.re. Einzeller

Vorwort

Liebe Leser,

Freiburg, Frühjahr 2004

„Achtung Gefährlich!" ist kein normales Buch.
Zum einen behandelt es ein ganz heißes Eisen, das besonders bei den traditionell naturverbundenen Tauchern immer wieder heftig diskutiert wird: Sind Tiere gefährlich oder Menschen zu dumm? Ist es die Schuld des Giftzangen-Seeigels, dass er nachts dem unvorsichtigen Taucher zu nahe kommt? Oder ist der Weiße Hai dafür verantwortlich, dass Schwimmer in seinem Revier durch die Fluten paddeln? Mit Sicherheit ist die Konus-Schnecke nicht heimtückisch, wenn sie ihre Giftraspel in Sammlers Hände jagt, oder?
Auf jeden Fall zeigen die Beispiele, dass es bei der Begegnung mit Meeresbewohnern eine Reihe von Missverständnissen gibt, die zu Unfällen führen können. Schuld ist daran wohl nur eines: die Unwissenheit. Mit diesem Buch wollen wir ein wenig dagegen tun.

Zum zweiten gibt es in diesem Buch Werbung. Das ist in deutschen Gefilden sehr ungewöhnlich. Doch wir haben diesen Weg beschritten, um das vorliegende Werk überhaupt realisieren zu können. Und wir glauben daran, mit dem vorliegenden Werk Tauchern und allen anderen Wassersportlern ein informatives und unterhaltendes Buch an die Seite zu geben.
Und auch die Tauchszene unterstützt unser Buch, denn schließlich sind wir alle miteinander daran interessiert, die Schönheiten der Unterwasserwelt einem breiten Publikum zu zeigen. Uns haben die Anzeigen geholfen, „Achtung Gefährlich" schreiben zu können.
Ihnen geben sie Informationen, wo Sie die gefährlichen Schönheiten der Meere finden können.

Die Idee, ein solches Buch zu schreiben, ist nichts Neues, und es gibt einige Werke über dieses Thema auf dem Markt. Neu aber ist, nahezu alles zu behandeln, vom kleinen, vermeintlich stets freundlichen Anemonenfisch bis hin zum grimmig aussehenden Krokodil.

Neu ist auch, nicht nur den lapidaren Satz am Schluss zu geben
„Fragen sie am besten ihren Arzt oder Apotheker". Bereits bei dem
betreffenden „Bösewicht" geben wir Ihnen Hinweise auf Symptome,
Erste Hilfe und Vorbeugung.
Hand auf's Herz: Bei manchen Tierchen haben wir brenzlige
Situationen geradezu provoziert, damit wir praxisnah und mit eige-
ner Erfahrung darüber berichten können.

Dass solch ein Buch nicht mal schnell fotografiert und auch
geschrieben ist, dürfte jedem klar sein. In dieses Buch sind Bilder
aus einer mehr als 25jährigen Schaffenszeit eingeflossen. Monate
sind mit Recherchetätigkeiten ins Land gegangen. Rund um den
Globus haben wir Experten und Wissenschaftler verrückt gemacht,
wenn es darum ging, einer Art wirklich auf den Grund zu gehen.
Bekannte Profis haben uns in Sachen Layout und Gestaltung bera-
ten, andere haben mit Knowhow geholfen, wenn es um die
Herstellung und Produktion ging.

Wir hoffen, dass „Achtung Gefährlich" ein Standardwerk für alle
wird, die das Wasser und die Meere lieben. Doch darüber, und jetzt
sind es der Worte genug, entscheiden Sie, unsere Leser.

Viel Spaß wünschen

Lutz Odewald   Paul W. Munzinger

Vorwort

Alle(s) ganz schön giftig!?

Werden Sie danach noch tauchen? Das habe ich mich gefragt, als ich von den beiden Autoren das Manuskript erhalten habe, verbunden mit der Bitte um ein Vorwort. Alles, aber auch alles um einen herum beim Tauchgang scheint giftig zu sein. Ja, selbst beim gemütlichen Aprés-Diving ist man vor Vergiftungen nicht sicher.

Auf über 300 Seiten stellen die weitgereisten und tausende-von-Tauchgängen-schweren Autoren alles vor, was in irgendeiner Form kratzt, beisst, sticht, brennt, quetscht und nesselt. Vom „Großen Weißen" bis zu den fiesen, winzigen einzelligen Algen beschreiben sie die Organismen und Verhaltensweisen, die hinter den Vergiftungen und Verletzungen stehen – soweit überhaupt bekannt. Und sie geben gut gemeinte Erste-Hilfe-Ratschläge, falls mal etwas passiert. Auch gewähren uns die Autoren (und so mancher Gastautor) Einblick in das eine oder andere Erlebnis und Unangenehme, über das gestandene Taucher eigentlich ungern sprechen. Aber damit eben nichts Unvorhergesehenes passiert, ist diese Lektüre nicht nur wichtig, sondern auch einzigartig. Und dies gleich zweifach: zum einen fällt die saloppe Sprache auf, die die Lektüre durchaus kurzweilig macht und gerade bei den Erlebnisberichten Ehrlichkeit verbreitet. Zum anderen ist es die enorme und bisher nicht da gewesene Fülle an Material zu diesem „gefährlichen" Thema. Es sollte kein wissenschaftliches Werk werden, aber es ist ein umfangreiches Werk mit enorm viel Wissen geworden, das ganz sicher nach aufmerksamer Lektüre dazu beiträgt, unter Wasser ungefährdet und wohlbehalten Neues zu entdecken, Spaß zu haben und allzeit gesund aufzutauchen.

Dem Buch viele Leser und allen tauchenden Lesern viele erlebnisreiche Tauchgänge.

Prof. Dr. Franz Brümmer
Präsident
Verband Deutscher Sporttaucher e.V.

Nesselverletzungen

Die häufigsten unangenehmen Begegnungen im Wasser passieren mit Tieren, die über Nesselgifte verfügen. Die Wirkstoffe der fiesen Nessler reichen von Hautrötungen bis hin zu tödlichen Kontakten

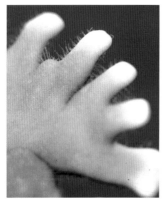

Polypen der Feuerkoralle

Nesseltiere werden in der riesigen Gruppe der „Cnidaria" zusammengefasst. Blumentiere, Korallen oder Quallen – alles Cnidaria. Die Cnidaria haben neben ihren Nesselzellen weitere gemeinsame Merkmale. Sie besitzen alle nur eine (Mund-)Öffnung, die Körperoberflächen sind ein-

Anemonenspitzen mit Gast

schichtig, und sie haben einen **Generationswechsel.** Das bedeutet, dass es freischwimmende Lebewesen, die Medusen, und festsitzende Formen, die Polypen, gibt. Der Polyp schnürt seine Nachkommen einfach von seinem Körper ab. Eine Befruchtung mit einem anderen Tier findet nicht statt. Die dann freischwimmende Form, die Meduse, saust durchs Wasser und sucht sich einen Partner zur Fortpflanzung. Die Larven siedeln sich wieder festsitzend an. Und fertig ist der Kreislauf der Nesseltiere, der Generationswechsel. Romantisch darf man sich das aber nicht vorstellen, denn Geschlecht oder Aussehen spielen keine Rolle, die gibt es auf dieser frühen Stufe der Evolution noch nicht. Die Nesseltiere sind nämlich, betrachtet man sie durch die Brille der Biologie, noch recht einfach aufgebaute Tiere. Natürlich gibt es zahlreiche Sondermodelle. Doch fast allen gemein sind die namensgebenden **Nesselzellen.** Diese Gebilde sind nun alles andere als einfach gebaut. Im Innern einer Nesselzelle, der sogenannten

„Nematocyte", lauert ein wirkungsvolles Gift, welches in einer Kapsel gelagert wird. An der Spitze der Kapsel stülpt sich die innere Haut zu einem dünnen Schlauch ein. Und der hat's an sich, denn er ist bestückt mit Dornen, Widerhaken und Stacheln. Das Ganze wird durch ein Deckelchen unter Verschluss

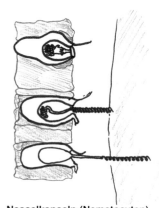

Nesselkapseln (Nematocyten) reißen durch einen äußeren Reiz auf und schießen ein Mini-Stilett in die Haut ihres Opfers. Durch den dann eindringenden Schlauch wird das Gift injiziert

gehalten, bis der Befehl zum Einsatz kommt.
Schwimmt jetzt ein Beutetier oder ein Feind vorbei, platzt das Deckelchen weg, der Schlauch stülpt sich aus und wird zur Harpune. Das geschieht mit einer irren

Geschwindigkeit (in wenigen Millisekunden), hohem Druck (bis 150 bar) und einer enormen Beschleunigung. Diese Harpune durchschlägt die Haut des armen Opfers und gibt den Weg frei für das Nesselgift.

Eine **Selbstnesselung** wird durch eine raffinierte Steuerung vermieden. Der Deckel der Nesselzelle besitzt ein Härchen, welches mechanisch reagiert. Das würde aber bedeuten, dass bei jeder Bewegung, also auch der des eigenen Körpers, die Nesselzellen explodieren. Doch rund um die Nesselzelle sitzen Zellen, die Sinnesorgane haben, die chemische Reize wahrnehmen. Und mit der Kombination aus mechanischer und chemischer Reizung „weiß" das Nesseltier, ob es eine Beute oder den eigenen Arm vor sich hat.

Die Nesselzellen sind meist in den Fangarmen der Polypen oder Seeanemonen

Die Nacktschnecken fressen Nesseltiere und „speichern" die Nematocyten, um sie dann selber zur Abwehr einzusetzen

oder Quallen versammelt. Oftmals sind sie auch wie eine versammelte Artillerie gebündelt zu ganzen Batterien, wie bei der Portugiesischen Galeere. Sind sie abgeschossen, müssen die Nesselkapseln neu gebildet werden, es gibt kein „Nesselkapsel-Recycling". Doch die Nematocyten sind recht robust, funktionieren auch noch, wenn das Tier selber schon tot ist. Das kann jeder probieren, der am Ostseestrand eine Feuerqualle anfassen will.

Zu den Nesseltieren gehören so unterschiedliche Tiere wie die Hydrozoen, die „echten" Schirmquallen, die Würfelquallen und die Blumentiere mit allen Korallenarten und den Seeanemonen.

Aufgrund der ähnlichen Verletzungen haben im Kapitel „Nesselverletzungen" auch die **Schwämme** und die **Seegurken** ihren Platz gefunden. Die **Fadennacktschnecken** bedienen sich der Nesselkapseln gefressener Nesseltiere, daher sind auch sie hier zu finden.

Die Tentakeln der gefährlichen „Großen Löwenmähne"

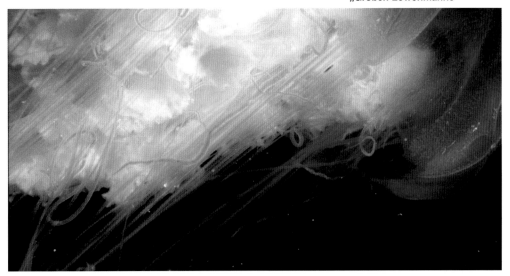

Biologie

Schwämme

Rosa Schönheit: Vasenschwamm

Schwämme existieren weltweit in aquatischen Umgebungen, also in Süß- und vor allem im Salzwasser. Und natürlich in der heimischen Badewanne!

Ihre Formenvielfalt erklärt sich dadurch, dass ein Schwamm letztlich ein ziemlich unorganisierter Zellhaufen ist, der seine Wuchsform so anlegt, dass möglichst alle Zellen ordentlich mit frischem Wasser durchspült werden. Jede Zelle versucht nämlich, möglichst viel Nahrung aus dem Wasser zu filtern. Schließlich gibt es kein Blut oder spezielle Fress- und Transportzellen. Das schaffen die kleinen Einzelkämpfer, indem sie mit feinen Härchen ihrer, jetzt wird's biologisch, Kragengeißelzellen, nach Nahrung fischen. Gleichzeitig schlagen alle Härchen ziemlich synchron. Damit entsteht in Schwämmen eine kleine eigene

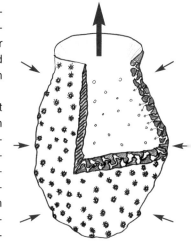

Von außen nach innen durchströmt Wasser den Körper, angetrieben durch den Schlag feiner Wimperhärchen. Daher die vielen Löcher im Schwamm!

Schwämme gehören zu den einfachsten mehrzelligen Lebewesen. Sie besitzen keine speziell ausgebildeten Körperinnenräume oder Gewebe. Eine Zelle aus der Innenseite eines Schwamms ist nahezu identisch mit der von der Außenseite. Spezialisierte Zellen wie Nerven-, Gefäß-, Drüsen- oder Nesselzellen fehlen.

Strömung, von außen nach innen und dann durch die große „Mundöffnung" wieder hinaus. So „pumpt" der Schwamm lebenswichtiges Frischwasser durch seinen Körper. Und das ganz ohne steuernde Nerven!

Damit die Zellen nicht schlaff

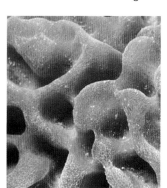

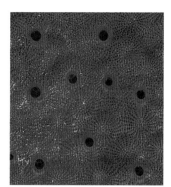

Die Oberfläche der Schwämme ist durchsetzt mit Poren, durch die Wasser dringt. Oder Seifenschaum!

zusammenfallen, stützen viele der Schwämme ihre Zellwände mit eingelagerter Kieselsäure. Wieder das alte Spiel: jede Zelle nur für sich. Trotzdem ergibt dies im Zusammenspiel tausender von Single-Architekten oft meterhohe Gebilde, wie sie vor allem in den karibischen Gewässern so typisch sind. Hier findet man auch die Vertreter, die bei Kontakt unangenehme Hautreizungen hervorrufen, den Feuerschwamm und den „Fassmich-nicht-an-Schwamm".

Ihre Farbe bekommen Schwämme durch Pigmente, die sie alle miteinander in ihren Zellwänden besitzen. Die Zellen, die außen liegen, verfärben sich, die innen bleiben ungefärbt.

Schwämme schmecken allerdings nur wenigen Lebewesen. Außerdem wachsen sie ziemlich schnell und pflanzen sich mit enormer Nachkommenzahl sowohl geschlechtlich als auch durch ungeschlechtliche Knospung fort. Daher besitzen sie keine Verteidigungsstrategie oder

Schwämme erreichen oft meterhohe Ausmaße. Dieser Fassschwamm aus dem Indo-Pazifik ist aber völlig ungefährlich

spezielle Gifte. Ihr Innenskelett ist ihre einzige Waffe. Bei einigen Arten bilden sich nämlich lauter fiese kleine Kieselsäurenadeln aus. Was eigentlich zur Zellstütze gedacht ist, erweist sich beim beherzten Zupacken, etwa beim Netze-Einholen, als sehr unangenehm für die menschliche Haut.

Die lockere Zellstruktur der Schwämme gibt ihnen eine enorme Oberfläche, mit der sie Wasser filtrieren

Feuerschwamm

Stamm	Porifera
Art	Tedania ignis
Englisch	Fire Sponge

Verbreitung

Karibik, Pazifik, Rotes und Arabisches Meer

Gefährlichkeit

Symptome

- Prickeln bis starkes Brennen
- Hautrötung bis zur Blasenbildung
- Gelenkschmerzen
- Schwellungen, Druckempfindlichkeit

Biologie

Der Feuerschwamm überzieht großflächig Steine, andere Schwämme, Kalkskelette von Steinkorallen und das Wurzelgeflecht von Mangroven. Hauptverbreitung sind die Gezeitenzonen und das Flachwasser in den tropischen Gewässern bis in 30 Meter Tiefe.
Bis zu 30 Zentimeter wird der tiefrote, aber auch orange oder rosa gefärbte Schwamm groß. Seine Konsistenz ist weich und nachgiebig. Seine Form kann stark unterschiedlich sein, die kleinen „Vulkankegel" sind aber charakteristisch.

Erste Hilfe

- mit Wasser oder dünner Seifenlauge waschen
- in der Haut steckende Spiculae können mit Klebestreifen oder Isolierband herausgezogen werden
- milde Salbe oder Lotion aufbringen

Vorbeugung

- Finger weg von auffällig gefärbten Schwämmen
- Vorsicht beim Kontakt mit Netzen oder frischen Muscheln in besagten Gebieten
- im Flachbereich sorgfältig tarieren, Tauchanzug statt Shorty tragen

Achtung: Kontakt!

Ein spezielles Gift besitzt der Feuerschwamm nicht, bei Berührung dringen die mikroskopisch kleinen Kieselsäure-Stacheln in die Haut ein und verursachen eine Kontaktdermatitis. Sie brechen ab und erleichtern damit das Eindringen von Absonderungen des Feuerschwamms.
Bei intensivem Kontakt etwa mit den Fingern folgt eine Rötung der Haut, mit prickelndem bis stechendem Gefühl. Dann werden die Finger steif, es folgen Schwellungen. Zwei bis drei Tage können die Symptome anhalten, jedoch können Empfindlichkeit und Hautablösungen noch Wochen andauern! Vorsicht: Nicht mit befallenen Fingern in den Augen reiben.

Wunderschön, aber bei Kontakt äußerst wehrhaft

Typisches Wachstum des Feuerschwamms: Der Fiesling wächst wie lauter kleine Vulkane

Vorsicht bei knallroter Färbung!

Pracht-Nacktschnecke in Fahrt

Überzug über toten Steinkorallen

Fass-mich-nicht-an-Schwamm

Stamm	Porifera
Art	Neofibularia nolitangere
Englisch	Touch-me-not Sponge

Verbreitung

Karibik

Gefährlichkeit

Symptome

- Prickeln bis starkes Brennen und Stechen
- Hautrötung
- Gelenkschmerzen und -steifheit
- Schwellungen, Druckempfindlichkeit

Biologie

Eine Schönheit ist der Fass-mich-nicht-an-Schwamm wahrlich nicht. Bis zu einem Meter groß, massig und mit großen, unregelmäßigen Öffnungen geziert, wächst er bis in rund 30 Metern Tiefe an Riffabhängen. Ein Verwandter, Neofibularia mordens, kommt an der australischen Küste vor.
Unregelmäßig braun gefärbt, ähnelt der Schwamm eher einem Felsen als einem Lebewesen. Doch unter den giftigen Schwämmen genießt er einige „Berühmtheit", er ist der unangenehmste seiner Zunft.

Erste Hilfe

- mit Wasser oder dünner Seifenlauge waschen
- Entfernen der Spiculae möglich durch Ankleben und Abziehen eines Pflasters
- evtl. Antihistaminika- oder Cortisoncreme

Vorbeugung

- jeglichen Riffkontakt meiden, auf Tarierung achten
- Vorsicht beim Kontakt mit Netzen oder frischen Muscheln in besagten Gebieten
- Vorsicht bei Berührung mit trockenen Schwämmen am Ufer

Achtung: Kontakt!

Dringen die spitzen Kieselsäurenadeln, die sogenannten Spiculae, aus denen das Skelett des Schwamms besteht, bei zu intensivem Kontakt in die Haut ein, rufen sie eine Dermatitis hervor.
Die feinen Nadeln durchstoßen die Haut und brechen dort ab. Der menschliche Körper versucht nun, diesen Fremdkörper zu neutralisieren und zu entgiften. Bis ihm dies gelingt, zieren Pusteln, Schwellungen und Flecken die Haut. Die Irritationen können auch zu Steifigkeiten der Fingergelenke nach Berührung führen. Achtung: Auch trockene Schwämme können diese Reaktionen hervorrufen!

So getarnt fällt der fiese Pikser wirklich kaum auf

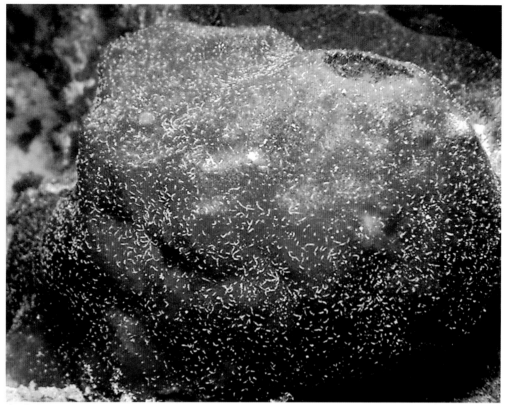

Schön ist etwas anderes, aber dafür ist der Feuerschwamm ungemein wirkungsvoll in Sachen Verteidigung

Die Oberfläche bietet vielen Kleinstlebewesen Platz

Nicht immer klappt die Defensive – Fresskrater

Die Wuchsform ist ganz unterschiedlich, ...

... mal flächig und breit, mal konkav und spitz

Biologie

Hydrozoen

Die Glockenqualle gehört, obwohl viel kleiner als die Portugiesische Galeere, auch zu den Staatsquallen

Bei den Feuerkorallen bilden lauter kleine Polypen einen richtigen Polypenstock, ganz ähnlich den echten Korallen

die schöne Hydrokoralle. Allen gemein sind neben den Nesselzellen die Generationswechsel, die aber ganz unterschiedlich verlaufen können.

Der Generationswechsel ist im Tierreich weit verbreitet, bei Pflanze und Tier. Gemeint ist damit, dass es zwei Formen von Lebewesen gibt, die ganz unterschiedlich aussehen, aber zu einer Kleinfamilie gehören. Fangen wir mal bei den Eltern an. Vater und Mutter sind zwei lahme Typen namens Polypen, die sich irgendwo häuslich niedergelassen haben. Die beiden sind übrigens, hier hinkt der Vergleich mit Meier oder Schmidt, gleichgeschlechtlich, es gibt keine richtigen Geschlechter. Vater und Mutter sitzen also irgendwo im Korallenriff. Da sie sich nicht bewegen können, kommen sie nicht zueinander, um sich mal die Meinung zu sagen

Die Hydrozoen sind eine Klasse, die tatsächlich zu den Nesseltieren gehören. Doch wer glaubt, dass alle sich ähnlich sehen, nur weil sie verwandt sind, der täuscht: Die Portugiesische Galeere gehört hier genauso dazu wie der zierliche Federpolyp oder

oder sich fortzupflanzen (darum geht's ja schließlich). Vermehrung muss aber sein. Der Trick ist jetzt, dass sich die beiden einfach ungeschlechtlich fortpflanzen, indem sie einen kleinen Teil ihres Körpers abschnüren. „Knospung" wird dieser Vorgang genannt.

„Härchen" der Feuerkoralle

Weihnachtsbaum-Hydrozoe

Äste eines Federpolyps

Es entstehen lauter kleine Flitzer. Die Teenies nennen sich „Medusen" und vagabundieren mit der Strömung dahin. Selber schwimmen ist nicht so recht, lediglich Kursänderungen können die Kleinen vollführen. Das reicht aber immerhin, um einander zu finden. Denn wird die Medusen-Gang alt genug, suchen sie sich einen Partner, mit dem sie sich paaren. Damit passiert etwas biologisch ganz Wichtiges. Nein, kein Spaß am Sex, sondern die Vermischung von unterschiedlichen genetischen Informationen, also der Mix aus väterlicher und mütterlicher DNS-Info. Durch diesen Mix wird die Weiterentwicklung der ganzen Art so richtig angeheizt und die Entwicklung positiver Merkmale gefördert.

Die aus der **Medusen-Orgie** entstehenden Larven treiben als Plankton im Wasser umher, bis sie ein ruhiges Plätzchen finden und sesshaft werden. Und, man ahnt es, sich Polyp nennen, genau wie die Großeltern. Der Generationenwechsel ist vollzogen!

Vergleicht man übrigens die Baupläne von Meduse und Polyp, so stellt man fest, dass es zwar auf den ersten Blick gravierende Unterschiede gibt. Doch wenn man sich die Querschnitte durch den Bauplan der Lebewesen anschaut, stellt man schnell fest, dass Polypen und Medusen so unterschiedlich gar nicht sind (siehe unten).

Zu den Hydrozoen gehören die oft kleinen Hydroidpolypen, die durch **Knospung** Kolonien bilden, von denen sich die freischwimmenden Medusen abtrennen. Die Federhydroiden oder Seefarne zählen hierzu. Viel komplexer und „staatstragender" sind die Staatsquallen, von denen die Portugiesische Galeere die bekannteste ist. Hier treibt ein riesiger Polypenstock frei im Wasser. Das Gebilde ist also gar kein einzelnes Tier, sondern eine ganze Ansammlung einzelner Polypen, die auch noch eine ziemlich ausgefeilte Arbeitsteilung haben. Die Medusenform fehlt fast ganz, kommt nur noch als Geschlechtsmeduse vor. So verschieden sind Hydrozoen.

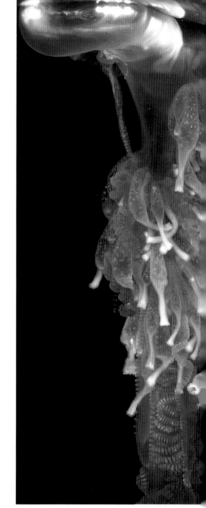

Portugiesische Galeeren zählen zu den gefährlichsten Quallen. Dabei ist an ihnen eigentlich alles falsch: Sie sind keine Medusen, sondern eine Polypenform. Und sie sind kein einzelner Organismus, sondern ein Zusammenschluss von tausenden Einzeltieren

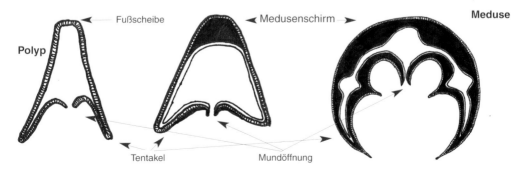

Die Entwicklung vom festsitzenden Polypen über eine Übergangsform hin zur freischwimmenden Meduse

Feuerkoralle
und Hydrokoralle

Klasse   Hydrozoen
Familie   Milleporidae
Englisch   Stinging Coral, Fire Coral

Verbreitung

in allen tropischen Meeren

Gefährlichkeit

Symptome

- sofort einsetzender Schmerz wie bei einer Nesselung mit Brennnesseln
- Hautrötung
- leichte Schwellung, Quaddelbildung
- bei Kontakt mit Schleimhäuten heftige Reizung mit brennendem Schmerz

Biologie

Die Feuer- und Hydrokorallen gehören zu den Hydrozoen, nicht zu den Steinkorallen. Sie leben aber, genau wie die echten Steinkorallen, zusammen mit Einzellern in Symbiose und werkeln eifrig mit am Bau der Riffe. Feuerkorallen besitzen ein dickes Außenskelett aus Kalk, welches den zarten Polypen umgibt. Die Oberfläche dieses Kalkbaus ist mit Poren durchsetzt, durch die die Polypen pelzartig nach außen ragen. Ein kürzerer Fresspolyp ist von mehreren der Wehrpolypen umgeben, die mit Nesselkapseln ausgestattet sind.

Feuerkorallen wachsen schnell, daher verdrängen sie oftmals die langsamer wachsenden Steinkorallen, gerade in Gebieten, wo Riffe etwa durch Stürme oder El Nino geschädigt wurden. In ihrem Schutz siedeln sich dann wieder Steinkorallen an.

Erste Hilfe

- Auswaschen der Wunde mit Salzwasser
- Aufbringung einer milden Lotion
- noch während des Tauchgangs mit dem Schleim der Gehirnkoralle über die vernesselte Stelle reiben

Vorbeugung

- sorgfältiges Tarieren und Schwimmen vor allem im Flachbereich, Riffkontakt meiden!
- Tropenanzug oder Neoprenanzug tragen
- unsinnige „Wanderungen" auf Riffdächern unterlassen!

Achtung: Kontakt!

Feuerkorallen bevorzugen die flachen Riffdächer, also Vorsicht für Schwimmer und Schnorchler! Die Nesselfäden dringen bei Kontakt in die Haut ein. Das Nesselgift verursacht brennende Schmerzen. Die Symptome klingen in der Regel nach einigen Stunden wieder ab, es sei denn, Schleimhäute sind vernesselt.

Reibt sich der Taucher nach der Nesselung noch während des Tauchgangs mit dem Schleim einer Hirnkoralle ein, kann er die Symptome der Vernesselung bekämpfen

Die Geweih-Feuerkoralle wird bis zu einem Meter groß, hier ein Exemplar aus dem Roten Meer

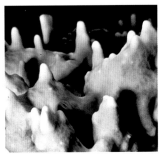

Spitzen der Bäumchen-Feuerkoralle

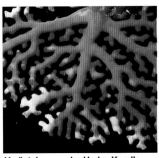

Verästelungen der Hydro-Koralle

Netz-Feuerkoralle im Detail

Erlebnis

Begegnung mit einer Feuerkoralle

von Paul W. Munzinger

Im Flachwasser locken die schönen Strukturen vor allem Fotografen an

Absolut harmlos sehen diese Korallen aus, ob als Skelett, Baum, Turm oder als blättriges Gebilde. Mit Feuer haben sie in ihrer Farbgebung auch erst mal gar nichts zu tun. Denn ein dreckiges Gelb mit weißen Spitzen ist nicht gerade ein fotogenes Objekt.

Doch immer wieder kommt es zu heftigen Kontakten mit Tauchern. Meist, wenn die Strömung etwas stärker ist und der Tauchgang sich dem Ende neigt und die Dekostufen im Riff eingeleitet wer-

den. Denn dort haben sich die Feuerkorallen breit gemacht. In den Armen der Koralle fühlen sich verschiedene Fische und Krebse wohl, geschützt vor ihren Fressfeinden. Also gehen Fotografen immer wieder zu nahe an die Korallen und hängen fast unvermeidlich „im Gemüse".

Nach der Berührung weiß dann auch jeder Taucher, woher die schönen Gebilde ihren Namen haben!

Hals riskiert

Die bisher stärkste Verletzung durch Feuerkorallen hatte ich auf den Bahamas. Das Flossenband meiner Frau war gerissen, und in der Strömung konnte sie mit nur einer Flosse nicht viel bewirken. Also nahm ich sie

in Schlepptau Als wir dann zum Strand zurücktauchen wollten, ist es aus Unachtsamkeit passiert: Mit dem Hals bin ich in nur zwei Metern Tiefe in eine Blättrige Feuerkoralle gekommen, und ein Teil davon ist dabei abgebrochen. Sofort entstand eine blutende Wunde, verbunden mit einem höllischen Schmerz und gnadenlosem Juckreiz.

An Land gab mir der einheimische Tauchführer den guten Tipp, der dann auch tatsächlich funktionierte: den Schleim einer Hirnkoralle mit der Hand abreiben und diesen noch unter Wasser auf die betreffende Stelle schmieren, so schnell wie möglich. Trotz aller Achtung vor dieser Korallenart und trotz guter Vorsätze habe ich danach noch einige Berüh-

Hilft: Schleim der Hirnkoralle

rungen gehabt und diesen Trick wiederholt. Ganz weg geht die Entzündung zwar nicht, aber sie ist bei weitem nicht so schmerzhaft und juckt auch nicht so stark.

Honigpackung

Ein weiterer Tipp aus praktischen Taucherkreisen für eine offene Wunde: mit Honig einschmieren und einziehen lassen. So bildet sich eine Schutzschicht, die nicht so stark nässt. Der Honig wirkt desinfizierend und bleibt atmungsaktiv. Er wird nur mit einer leichten Gaze aus dem Verbandskasten abgedeckt. Als Desinfektion einer Wunde empfiehlt sich

die Verwendung von Mercuchrom (Wirkstoff Bromid). Bei reinen Vernesselungen reicht nach dem Entfernen der Nesselkapseln (siehe Seite 294) eine milde Hautlotion zum Kühlen.

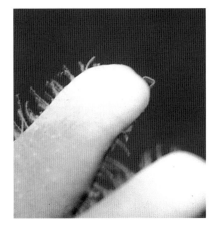

Seefarne
(Federpolypen)

Klasse	Hydrozoen
Gattungen	Aglaophenia, Lytocarpus
Englisch	Stinging Hydroids

Verbreitung

warme und gemäßigte Gewässer weltweit

Gefährlichkeit

Symptome

- sofort einsetzender starker Schmerz
- Hautrötung, Schwellung, Quaddeln
- evtl. Blasenbildung mit Unterblutungen
- bei Allergikern droht anaphylaktischer Schock

Biologie

Seefarne oder Feder-Hydroiden lieben das warme, tropische Wasser der Korallenriffe, kommen aber auch in kühleren Meeren wie dem Atlantik vor. Ihre Standorte sind harte Böden, Felsen oder Korallenblöcke, auf denen sie bis zu einem Meter hoch werden und in der Strömung nach Plankton fischen. Die biegsamen Geschöpfe sind reich besetzt mit Wehrpolypen, die in Gruppen angeordnet sind. Die Wehrpolypen wiederum sind reich bestückt mit Nematocyten, also den Nesselfäden tragenden Zellen.
Oftmals nutzen etwa Haarsterne die „Aussicht", um selber in der Strömung zu fischen.

Erste Hilfe

- bei intensivem Kontakt Tauchgang abbrechen
- Nesselfäden mit Salzwasser abwaschen
- befallene Stellen mit milder Hautlotion einreiben
- besondere Aufmerksamkeit bei Allergikern!

Vorbeugung

- nach Kontakt Vorsicht beim Reinigen von Tauchanzug oder T-Shirt!
- schon ein normaler Tropenanzug schützt
- prinzipiell Berührung vermeiden, also beim Tauchen sorgfältig tarieren

Achtung: Kontakt!

Die Nesselfäden dringen in die Haut ein und verursachen, ähnlich den Auswirkungen bei Feuerkorallen, unerwartet heftige Schmerzen. Die Haut rötet sich, Schwellungen und Quaddeln bilden sich oft schon nach wenigen Minuten. Noch nach Stunden können sich neue Blasen ausformen. Achtung: Bei wiederholtem Kontakt können empfindliche Menschen sogar in einen anaphylaktischen Schock fallen, also schwer allergisch reagieren. Das Gift von Lytocarpus enthält einen Bestandteil, der in der Lage ist, das Herz-Kreislauf-System anzugreifen!

Die Gestalt der Federpolypen ist ähnlich

Die Federhydroiden sind zerbrechlich wirkende Gebilde, die bis zu einem Meter Größe erreichen können

Zypressenmoos wächst dichter

Seefarne fischen in Strömung

Weihnachtsbaum-Hydroide

Das Jucken nach intensivem Kontakt mit den Nesselkapseln kann noch Wochen andauern!

Das Philippinen-Feuerkraut wird bis zu 30 Zentimeter hoch, hier vor Pescador Island/Cebu

Portugiesische Galeere

Klasse   Hydrozoen
Arten   Physalia physalis, P. utriculus
Englisch   Portuguese-man-of-war

Verbreitung

tropische Meere, Atlantik, selten Mittelmeer

Gefährlichkeit

Biologie

Die gefürchtete Qualle ist gar kein einzelnes Lebewesen, sondern eine ganze Kolonie von Hydrozoen-Polypen, die sich zu einem gigantischen, bis zu 50 Meter langen Gebilde zusammensetzen.
Die Medusenform fehlt bis auf winzige Geschlechtsmedusen fast ganz. Es gibt also keine freischwimmenden Einzelexemplare. Der Rest der Polypen hat sich innerhalb des „Staatsverbandes" auf unterschiedliche Weise spezialisiert. Wie bei anderen Quallen reagieren die Nesselkapseln speziell der Wehrpolypen auf Berührung und entladen sich dann.
Mittels einer gasgefüllten Blase schwimmt die Staatsqualle an der Oberfläche. Mit ihren Fangarmen jagt sie neben anderen Quallen auch Fische.

Achtung: Kontakt!

Die enorme Länge der einzelnen Arme ist der Grund für die erheblichen Verletzungen. Durch den sofortigen starken Schmerz versucht der Betroffene, sich zu befreien, was nur zu noch mehr Kontakt mit den Nesselkapseln führt. Bei Tauchern sind meist die ungeschützten Gesichtspartien betroffen.
Die Verletzungen sehen aus wie eine Halskette oder ein Knopfmuster und bleiben oftmals lebenslang „eintätowiert".

Symptome

- sofortiger extrem starker Schmerz
- lokale Schweißausbrüche, Erbrechen möglich
- Blasenbildung, oft mit blutigem Sekret
- Fieber und schockähnliche Symptome
- bei großflächigen Vernesselungen Nierenversagen, Bewußtseinstrübung, Herz-Kreislauf-Beschwerden bis hin zum -Versagen
- Vernesselungen treten manchmal noch 14 bis 30 Tage nach Unfall auf!

Erste Hilfe

- sofort Wasser verlassen, da Ertrinkungsgefahr des Verunfallten
- Schmerz- und Schockbehandlung einleiten
- Bewegungen und Berührungen vermeiden, weitere Nesselkapseln können explodieren
- Handschuhe benutzen! Sonst droht eigene Vernesselung
- evtl. Sand auf Blasen streuen und vorsichtig mit einem Messerrücken abtragen
- bei ausgedehnten Vernesselungen unbedingt ärztliche Hilfe suchen, am besten ins Krankenhaus

Vorbeugung

- bei Sichtung der treibenden Gasblase raus aus dem Wasser!
- treibende oder an den Strand gespülte Tentakelreste nicht berühren, die Nesselkapseln bleiben auch nach dem Eintrocknen der Gallertmasse lange aktiv
- bei „Jellyfish Alert" nicht ins Wasser!

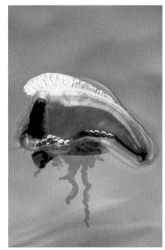

Die Gasblase ist nur die Spitze

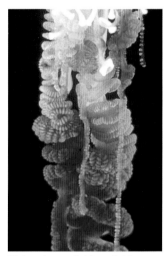

Wehrpolypen dicht an dicht

Gefährliches Treibgut

Obwohl sie schwimmt, besteht die Staatsqualle fast nur aus Polypen

Erlebnis

Das Schwimmfloß
von Paul W. Munzinger

Dieser Anblick hat selbst Krokodilbändiger wie uns aus dem Wasser getrieben

Palau ist das Tauchparadies schlechthin: Dort gibt es nichts, was es nicht gibt. Ganz Verrückte im positiven Sinne sind Navot und Tova von der Tauchbasis Fish'n Fins. Für ihre Gäste erfüllen sie fast jeden erdenklichen Wunsch.

Auf dem Weg zur Tauchbasis fuhr ich täglich an einem Krokodilsgehege an einer Lagune vorbei. Hier betreut ein einheimischer Crocodile-Dundee seine kleinen und großen Monster. Früher war er einmal Jäger, heute aber stehen die Tiere unter strengem Schutz. Navot erzählte mir eines Tages, dass der Ranger ab und zu mit einem seiner Tiere auf Tour in die Mangroven geht, „Krokodil-Gassi" sozusagen. „Das wär's!" schoss es mir durch den Kopf.

Zwei Blasen auf der Pirsch

Zwei Tage später fahren wir bereits mit einem „kleineren" Kroko raus und beobachten das Tier während seines Freiganges. Beobachten? Nein, nein, natürlich sind wir ruckzuck auch im und unter Wasser!

Den Dompteur, der unser Treiben aus seinem kleinen Boot immer im Auge hat, lässt dies eigentlich recht kalt, viel passieren kann (anscheinend) nicht. Doch plötzlich schreit er wie am Spieß: „Raus aus dem Wasser, Achtung!". Was er sieht, ist uns in unserem Krokodilswahn völlig entgangen. Auf der Wasseroberfläche treiben zwei Gasblasen auf uns zu. Vor denen hat nicht nur er Angst. Wir steigen ins Boot und begutachten die Oberfläche ringsherum. Wie zwei Schiffchen treiben zwei Portugiesische Galeeren im seichten Wasser. Wir sehen aber nur die auffällige Gasblase an der Wasseroberfläche. Klar, dass ich nochmals in die Fluten steige und fotografiere. Was mir dabei zum ersten Mal aber bewusst wird, ist die Tatsache, dass die Tentakeln wirklich meterlang sind. Später lese ich, dass ein etwa zehn Meter langes Tentakelstück so um die eine Million Giftzellen hat. Gut, dass der Krokodilsmensch seine Augen offen hatte. Apropos Krokodil: Dies hat die Chance genutzt und sich klammheimlich aus dem Staub gemacht. Die Suche sollte dann noch Stunden dauern.

Biologie

Quallen

Wurzelmundquallen sind mit ihren „flauschigen" Tentakelarmen extrem gute Filtrierer. Sie haben viele Mundöffnungen

Bis zu 50 Zentimeter wird die Kronen-Scheibenqualle groß. Eine echte Schönheit unter den Schirmquallen!

Die bekanntesten Nessler aus dem Reich der Cnidaria sind die Quallen. Wer einmal an Ost- oder Nordsee Urlaub gemacht hat und im Sommer baden gehen wollte, kennt zum Beispiel die Feuerqualle, die oftmals massenhaft vorkommen kann und ein Schwimmen unmöglich macht.

Die Vernesselungen, die diese rotgefärbte Meduse hervorruft, sind allerdings nur ein laues Lüftchen gegen das, was vor allem tropische und subtropische Arten in Sachen Giftigkeit zu leisten im Stande sind.

Löwenmähne, Leucht- und Kompassquallen – sie alle sind oft wunderschön anzuschauen, durch ihre Nesselbatterien, die sie am Schirmrand und den Mundtentakeln mit sich tragen, aber selbst für den Menschen bisweilen brandgefährlich.

Die **Nesselkapseln** (Nematocysten) der „echten" Quallen, biologisch als Familie der „Scyphozoen" oder Schirmquallen bezeichnet, gehören zum Standardrepertoire aller Cnidaria. Allerdings gibt es auch Exemplare, die die Nesselkapseln stark zurückgebildet haben. Das bekannteste Beispiel dieser „zahmen"

Nessler schwimmt millionenfach in den „Jellyfish Lakes" etwa in Mikronesien herum.

Im **Generationswechsel** wird die schwimmende Meduse betont. Der kleine Scyphozoen-Polyp ist ein unscheinbarer Wicht, hervorgegangen aus einer Liaison der getrenntgeschlechtlichen Eltern. Die haben übrigens

Kronen-Scheibenqualle

Wurzelmundqualle

Kompassqualle

kein lauschiges Tete-a-tete: Die Eizellen werden vom Muttertier in extra Höhlen als sogenannte „Gonaden" mit sich herumgetragen, während Vater Qualle seinen Beitrag zur Vermehrung einfach im Wasser verschleudert, getreu nach dem Motto: „Irgendwer wird's schon richten!"

Die **Polypen** sind dann aber wieder ziemlich desinteressiert am Sex. Ist es soweit, dann fangen sie an, Batterien von Quallen-Medusen abzuschnüren. Dabei eine Besonderheit, die sie etwa von Würfelquallen unterscheidet: Der Polyp pflanzt sich nicht bis zur Selbstauflösung fort, sondern überlebt die Strapaze und futtert nach der mehrfachen Abschnürung lustig weiter, bis er wieder bei Kräften ist und eine neue Runde der Zell- und Körperteilungen ansteht.

Die Scyphozoen sind keine guten Schwimmer, im Gegensatz etwa zu den Würfelquallen. Zwar haben sie einen kräftigen Ringmuskel, der den Schirm bewegt. Doch diese Bewegun-

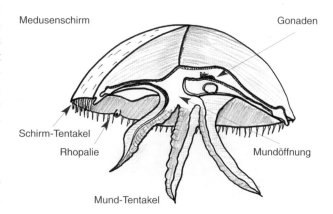

Medusenschirm — Gonaden — Schirm-Tentakel — Rhopalie — Mundöffnung — Mund-Tentakel

gen wirken unkonzentriert und lassen die Quallen nur hin- und herwackeln und maximal Hindernissen ausweichen. Quallen gehören also zu den, wenn auch größten, Vertretern des Planktons, des treibenden Inventars der Weltmeere.

In Sachen **Sinneswahrnehmung** sind sie dann aber wieder vorn dabei, denn sie haben Organe („Rhopalien"), die neben einem ganz einfach gebauten Auge auch Zellen haben, die chemische Reize wahrnehmen. Wieder andere sind ausgebildet, die Lage im Wasser, also das Gleichgewicht, zu kontrollieren.

Typischer Aufbau einer Scyphozoen-Meduse. Es gibt zwei Sorten von Tentakeln

Zu den **Schirmquallen**, die allesamt ähnliche Vernesselungs-Symptome aufweisen und daher in diesem Buch zu einer Gruppe zusamengefasst werden, gehören die Leuchtquallen, die Kompassquallen und die Feuer- oder Haarquallen. Die Größen der Schirmquallen reichen von wenigen Zentimetern, meist als Plankton durch die Meere treibend, bis hin zum Giganten der Arktis mit bis zu zwei Metern Schirmdurchmesser, der Großen Löwenmähne.

In den Jellyfish Lakes Palaus treiben gigantische Mengen an nicht-nesselnden Quallen mit dem Tageslicht

Schirmquallen
(Haar-, Kompass-, Leuchtqualle)

Klasse Scyphozoa
Englisch Large Jellyfishes

Verbreitung

weltweit

Gefährlichkeit

Symptome

- sofort einsetzender, bisweilen starker Schmerz

- Hautrötung bis hin zu striemenförmiger Blasenbildung

- langfristig Pigmentveränderung der vernesselten Haut möglich

- Vorsicht bei Kontakt mit Schleimhäuten!

Biologie

Quallen sind eine der auffälligsten Gruppen der Hydrozoen. Wie alle Hydrozoen sind auch sie ausgestattet mit einem reichen Arsenal an Nesselzellen und -kapseln, die sie auf den Tentakeln des Schirmrandes oder des Mundes tragen.

Quallen sind meist Dauerschwimmer des freien und oberflächennahen Wassers gemäßigter Breiten. Sie besitzen einfache Sinnesorgane, auch primitive Augen. Ihre Nahrung besteht aus allem, was ihnen im freien Wasser in die Tentakeln schwimmt, also Krebse, Borstenwürmer, Fische und andere Quallen.

Die Larven benötigen zur Entwicklung Felsböden, daher kommen Quallen vor allem zur Fortpflanzungszeit oftmals in großen Mengen in den Küstengewässern vor.

Erste Hilfe

- Nesselfäden entfernen, Sand oder Backpulver auf die Nesselkapseln

- Aufbringung einer Hautlotion, etwa Lidocainsalbe, nach Abspülung

- kein Süßwasser oder Alkohol verwenden, das führt erst recht zur Entladung der Nesselkapseln!

Vorbeugung

- bei übermäßigem Quallenaufkommen Wasser meiden

- Tropenanzug oder Neoprenanzug schützt

- ruhige Bewegungen reduzieren bei Berührung den Kontakt mit Nesselfäden

Achtung: Kontakt!

Die Giftigkeit der Schirmquallen schwankt von sehr stark (Leuchtquallen) bis zu ungefährlich (Wurzelmundqualle). Taucher sind nur gefährdet, wenn sie im Gesicht genesselt werden.

Die Schwere der Vernesselung hängt auch immer von der Menge an explodierten Nesselkapseln ab, also bei Kontakt ruhig bleiben und wenig bewegen, damit nicht noch mehr Nesselzellen explodieren.

Detail einer Wurzelmundqualle mit ihrer Beute

Quallen aus dem Jellyfish Lake nesseln kaum

Die Leuchtqualle sollte man nicht berühren

Die Große Löwenmähne ist die größte Qualle der Welt

So macht Baden keinen Spaß: Massen an Feuerquallen

Typisch für Wurzelmundquallen sind die enorm dichten Tentakelbüschel, die aber nur schwach nesseln

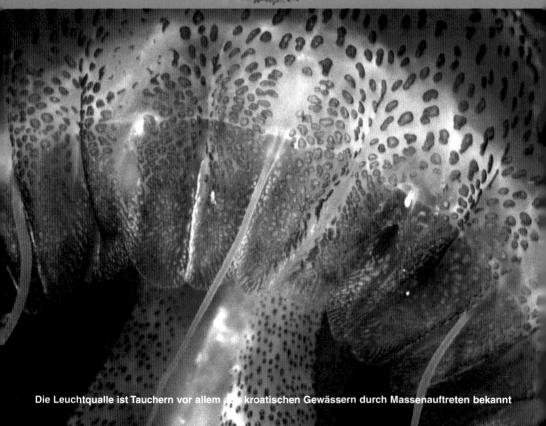
Die Leuchtqualle ist Tauchern vor allem aus kroatischen Gewässern durch Massenauftreten bekannt

Die Kronen-Scheibenqualle aus dem Roten Meer erreicht spektakuläre 50 Zentimeter Gesamtgröße

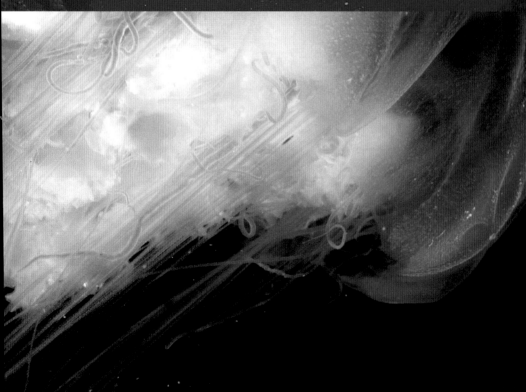

Detailaufnahme einer Großen Löwenmähne, einer Qualle aus der Gattung der Feuerquallen

Seewespe
(Würfelqualle)

Klasse — Cubozoa
Englisch — Sea Wasp, Box Jellyfish

Verbreitung

Australien, westlicher Pazifik

Biologie und Lebensweise

Die Würfelquallen sind eine eigene Klasse, die eigenständig neben den Schirmquallen (Scyphozoa) eingeordnet wird. Knapp 20 Arten umfasst die kleine Gruppe, sogar im Mittelmeer kommt eine Art vor.
Würfelquallen sind Räuber, ernähren sich von Krebsen, Fischen und Würmern, die sie mit ihren Tentakeln fangen. Wie ihre Verwandten, die normalen Quallen, gibt es auch bei den Würfelquallen einen Generationswechsel.
Die Würfelquallen besitzen an den Seiteninnenwänden des Schirmes komplex aufgebaute Sinnesorgane, die Rhopalien. Das sind echte Linsenaugen mit Netzhaut und Glaskörper, kombiniert mit einem Gleichgewichtsorgan. Diese Sinnesorgane sind die kompliziertesten Organe aller Cnidaria.

Achtung: Kontakt!

Jellyfish Alert! Höchste Zeit, sich im Flachwasser der australischen Festlandsküsten an den Strand zu begeben und die Füße trocken zu lassen. Vor allem *Chironex flekkeri*, die eigentliche Seewespe, ist gefürchtet.
Im seichten Gewässer australischer Küsten zählt die Seewespe zu den gefährlichsten Tieren Australiens. Jedes Jahr gibt es neue Todesfälle mit dem bis zu 20 Zentimeter langen Tier mit oft meterlangen Nesselfäden.

Gefährlichkeit

Symptome

- sofort einsetzender brennender Schmerz
- Panikreaktionen mit Weinen und Schreien
- starke Striemenbildung, Blasenbildung, Haut stirbt ab (Nekrosen)
- bei schweren Vernesselungen sofortige Ohnmacht möglich
- Herzrythmusstörungen, Herzversagen und Atemlähmung sind möglich und können zum raschen Tod führen

Erste Hilfe

- Wasser sofort verlassen
- Nesselfäden mit Weinessig abwaschen
- kein Süß-oder Meerwasser! Das sorgt erst recht für eine weitere Vernesselung
- Vorsicht vor Eigen-Vernesselung
- Puls und Atmung überwachen, falls nötig Wiederbelebungsmaßnahmen
- ausgedehnte Vernesselungen müssen wie Brandwunden behandelt werden
- Antiserum (nur Australien) kann nur vom Arzt verabreicht werden, denn auch das Medikament kann zu schweren allergischen Schocks führen und eine weitere Notfallbehandlung nötig machen

Vorbeugung

- Seewespen kommen vor allem im Flachwasser vor, Massenauftreten an Außenriffen werden nicht beobachtet, daher sind Taucher relativ sicher
- Tropenanzüge sind ein Minimalschutz, bei Quallenalarm sollten daher auch Taucher besser das Flachwasser verlassen

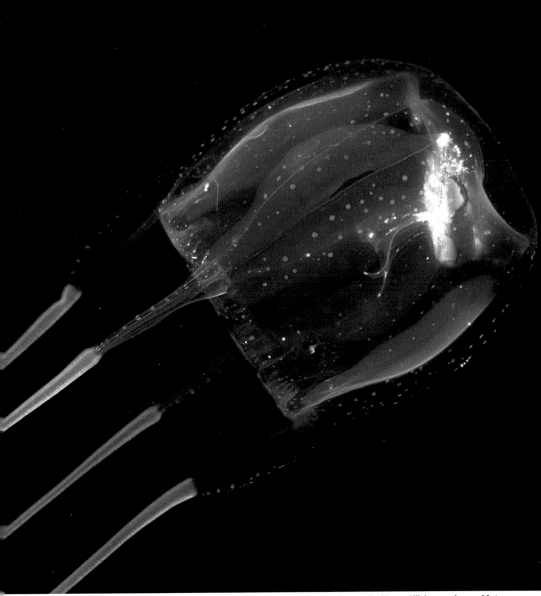

Die Würfelquallen sind vierkantig. Ihr Körper wird rund 20 Zentimeter lang, die Nesselfäden mehrere Meter

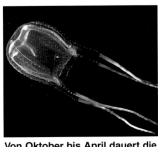

Von Oktober bis April dauert die „Saison" der Jellyfish-Alerts

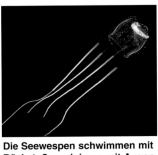

Die Seewespen schwimmen mit Rückstoß, navigieren mit Augen

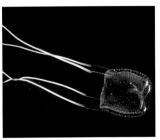

Überall am Strand sind in Australien Weinessigflaschen deponiert

Erlebnis

Australische Monster

von Marco Röschmann

Als Oz (so pflegen die Australier selbst Down Under zu nennen), also: als Oz geschaffen wurde, hatte der Schöpfer nicht nur schöne Seen, fantastische Urwälder und ein paar Sandsteingebirge im Sinn, sondern auch jede Menge Tiere, von denen fast zwei Drittel nur für dieses Land erfunden wurden und bis heute nur dort zu finden sind.

So schuf er neben den riesigen Brillen- pelikanen mit Spannweiten von über drei Metern auch so seltsame Kreaturen wie Kängurus und andere Tiere mit eingebautem Aufbewahrungsbeutel.

Und weil ihm das Erfinden von Tieren besonders viel Spaß machte, ersann er in einer bösen und dunklen Nacht auch die wildesten und furchterregendsten Kreaturen dieser Erde gleich mit.

So kann sich Oz heutzutage unter anderem rühmen, die tödlichsten Schlangen, etwa die Death Adder (zu deutsch „Todesotter"), sowie die giftigsten Spinnen dieser Erde zu haben, zum Beispiel die aggressive Red Back, die ihre Opfer vorzugs- und gemeinerweise auf Toiletten heimsucht…

Doch hoch im Norden lauern besonders tückische Kreaturen auf ihre Opfer! Dort nämlich gibt es eine Ortschaft mit gerade 50.000 Einwohnern, die unglaublich verlassen liegt: die nächste Stadt ist nämlich 2600 Kilometer weit weg und heißt Djakarta in Indonesien.

Willst Du im eigenen Land eine Stadt finden, musst Du sogar 2800 Kilometer reisen, bis Du schließlich in Adelaide angelangt bist.

Dieser Ort nennt sich Darwin und hat ein derart zermürbend feuchtes und heißes Klima, dass böse Zungen behaupten, es entstamme einer von innen mit Napalm behandelten Wassermelone. Doch trotz der schönen Strände und der traumhaften Seen und Flüsse im Landesinneren bleibt die Schönheit nur ein Schein:

In den Seen und Flüssen leben die gigantischen Salt-Water-Crocodiles. Gehe einfach in einen Raum und schreite in der Länge sieben große Schritte und fast zwei in der Breite ab. So, und jetzt stell Dir vor, es handele sich dabei um ein Krokodil, welches 60 Kilometer in der Stunde schnell laufen kann und auch im absolut trüben Wasser mit tödlicher Sicherheit seine Opfer selbst über 100 Meter Entfernung findet! An Flucht ist da nicht mehr zu denken, eher an grenzenloses Erstaunen, wenn einem dieses Jurassic-Park-Monster entgegen gerast kommt, bevor man von ihm in die Tiefe gerissen wird.

Diese Krokodile haben daher auch bis heute mehr Menschenleben auf dem Gewissen als alle afrikanischen Raubtiere zusammen!

Da es Dir nun keinen Spaß mehr macht, ins Landesinnere zu gehen, denkst Du: Geh´ ich doch eben im Meer schwimmen. Doch hier lauert die nächste tödliche Gefahr: Der „box jellyfish", zu deutsch „Würfelqualle", kann mit seinen Giften in den meterlangen Tentakeln innerhalb von drei Minuten einen Menschen töten... und tut es auch!

Jährlich sterben bis zu 20 Unachtsame qualvoll an diesen Tieren, zum Beispiel im Sommer 2003, als ein siebenjähriger Junge nahe Darwin von einer solchen Qualle im hüfttiefen Wasser gestreift wurde. Die Schmerzen der Gifte führen bereits oft vor dem Eintreten des Herz-Kreislaufstillstandes zur Bewusstlosigkeit. Die Verbrennungen der Tentakel bilden, sofern sie doch

noch wirksamen Tentakel millionenfach an die Strände gespült. So stehen heute an den Küsten in Rettungsringen Essigflaschen, die als einzige Sofortmassnahme die Sprengkapseln der Nesseln deaktivieren und die Nesselgifte selbst zumindest teilweise neutralisieren können. Ansonsten bleibt einem nichts anderes übrig, als im tropischen Sommer einen Neoprenanzug anzuziehen oder auf's Baden ganz zu verzichten. Da fragt man sich doch:

Warum leben die Menschen eigentlich noch unter diesen

eben 2600 Kilometer woanders hinzuziehen. Und zweitens? Nun, nimm einen Bounty-Kokosriegel in den Mund, setze Dich unter eine Palme und stelle eisgekühlten weißen Rum in den Sand. Du wirst schnell sehen, dass Du mitten in der Barcardi-Reklame lebst und Dir dieses kleine Paradies um nichts, aber auch rein gar nichts in der Welt mehr wegnehmen lassen willst, Monster hin oder her!

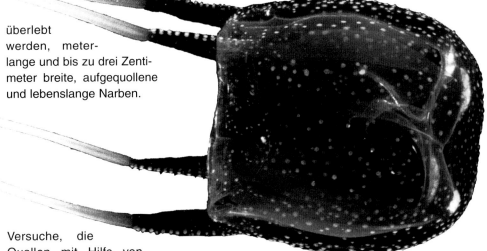

überlebt werden, meterlange und bis zu drei Zentimeter breite, aufgequollene und lebenslange Narben.

Versuche, die Quallen mit Hilfe von Netzen von den Küsten fern zu halten, scheiterten kläglich. Die Gallerttiere wurden an den Maschen zerrissen, und die tagelang danach

grauenvollen Monstern?

Die Lösung des Rätsels ist nicht schwer: Erstens, weil die meisten Leute nicht genug Geld haben, um mal

Marco Röschmann, leitender Arzt von „aqua med reise- und tauchmedizin" in Bremen, verbrachte lange Zeit in Australien. Infos: www.aqua-med.de.

Biologie

Blumentiere
(Seeanemonen, Aktinien, Korallen)

Stamm: Cnidaria
Klasse: Anthozoa

Fluoreszierende Anemone

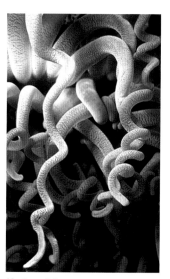

Korkenzieheranemone

lichsten Vertreter der Nesseltiere. Sie kommen nur im Meer vor, die bekanntesten von ihnen sind die Steinkorallen. Im Abschnitt „Nesselverletzungen" interessieren uns aber nur Anemonen und Aktinien.

Die kleinen Nessler sind reichlich mit ihren **Nesselkapseln** gesegnet, eine nur mittelgroße Pferde-Aktinie aus der Nordsee oder dem Mittelmeer kann bis zu 500 Millionen Nesselkapseln abfeuern!

Innerhalb der Blumentiere wird zwischen den „Octocorallia" und den „Hexacorallia" unterschieden. Die einen haben, zu ihnen gehören die Weichkorallen, acht Tentakeln („Octo"), die anderen, etwa Steinkorallen, eben sechs („Hexa"). Doch Vorsicht: Die Arme sind, um es allen Wissbegierigen nicht zu einfach zu machen, oftmals gefiedert. Nur abzählen für's

Auch die vor allem bei Unterwasserfotografen so beliebten Seeanemonen sind engere Verwandte der Quallen und Hydrozoen. Bei ihnen läuft aber in Sachen Generationswechsel einiges komplett anders als bei ihren Vettern.

Biologisch gesehen sind die Blumentiere die ursprüng-

Bestimmen reicht also nicht! Beim **Generationswechsel** aller Blumentiere ist die Medusenphase, also die Form, die frei durchs Wasser saust, stark reduziert. Gerade einmal die befruchtete Eizelle, aus der sich dann die Larve entwickelt, darf sich die Weiten des Ozeans ansehen. Sobald sie aber Fuß gefasst

Seefeder

Scheibenanemonen

Hartkoralle

hat, entwickelt sie sich zu einem Dauersitzer. Sie bildet eine massive Fußscheibe aus und dreht ihre Mundöffnung in Richtung Strömung. Der Tentakelkranz, der sich dann ausbildet, fischt in Zukunft nach allem, was durch die Mundscheibe in den Schlund passt. Und das ist eine ganze Menge, denn Blumentiere haben kein Skelett, sind also weich und dehnbar.

Die Korallen scheiden an ihrer **Fußplatte** jetzt Kalk ab, erschaffen sich also einen kleinen Sockel (siehe auch Seite 240). Die Anemonen futtern sich dagegen eher rund und kugelig. Zu ihrem Schutz haben sie, wie alle Cnidaria, die bekannten Nesselzellen als wahre Munitionspakete in ihren Tentakelkränzen. Andere Formen, wie die grazilen Seefedern, bauen im Familienverbund nach oben und schaffen so, mit Hilfe von Kalkablagerungen, ein biegsames Außenskelett, in dem die einzelnen Polypen ihr Zuhause finden.

Eine Kombination beider Bauweisen bevorzugen die Lederkorallen, etwa die

Tentakel

Mundscheibe

Retraktor

Schlund

Gonaden

Fußscheibe

Falsche Edelkoralle oder die Tote-Manns-Hand aus der Nordsee. Hier werden Kalknadeln eingelagert und gleichzeitig mit einem wechselnden Innendruck die Größe verändert, je nach Umweltbedingung.

Fühlen sich die Polypen wohl, vermehren sie sich zunächst ungeschlechtlich durch **Knospung**. Dadurch entstehen teilweise riesige Gebilde, etwa die Hirnkorallenblöcke. Was die Bildung von Samen

Querschnitt durch einen Weichkoralle-Polypen. Gonaden gehören zum Fortpflanzungsapparat, der Retraktor ist der Muskel, der die Aktinie beweglich macht

und Eizellen steuert, ist noch unbekannt, aber irgendwann sondern die Blumentiere, vor allem die Korallen, massenweise Geschlechtszellen ins Wasser ab. Die Kleinen finden und vereinigen sich und werden wieder zu einer neuen Larve.

Wachsrosen siedeln sich gern in kleinen Kolonien an und sorgen so für farbenprächtigen Bewuchs

Wachsrose
und andere Aktinien

Klasse   Anthozoa
Englisch   Sea Anemones

Verbreitung

Mittelmeer, Kanaren und Nordsee

Gefährlichkeit

Symptome

- bisweilen starkes Brennen
- Quaddelbildung
- evtl. Blasenbildung
- bei starker Vernesselung Hautnekrosen mit Narbenbildung
- bei empfindlichen Personen (Kindern) Muskelschmerzen, Übelkeit, Erbrechen

Biologie

Bis zu 200 Tentakel schmücken die teilweise farbenprächtige Wachsrose. Im Gegensatz zu anderen Anemonenarten kann sie ihre Arme nicht einziehen. Sie wehrt sich bei Bedrohung nur durch ihre Nesselfäden. Bis zu 15 Zentimeter kann die Anemone breit werden, ihre Nesselfäden 20 Zentimeter lang. Ihre grünliche Farbgebung erreicht sie durch Einlagerung von Einzellern, die in Symbiose mit ihr leben.
Wie alle Anemonen sind auch die Aktinien Räuber, die sogar Fische nicht verschmähen, welche sie mit ihrem wirkungsvollen Nesselgift betäuben und dann mit ihren Fangarmen ins Innere befördern.

Erste Hilfe

- Wasser verlassen
- Tentakel entfernen
- mit Seewasser abspülen, kein Süßwasser verwenden
- bei starker Vernesselung mit Weinessig abspülen

Vorbeugung

- Kontakt vermeiden, Vorsicht bei steinigen und felsigen Küsten
- ein Badeanzug schützt nackte Haut

Achtung: Kontakt!

Vernesselungen kommen durch Kontakt meistens im Flachwasser auf Steinen vor. Anscheinend ist dies ganz besonders oft bei Nudisten der Fall, die vor allem im Genitalbereich empfindlich vernesselt werden können, wenn sie sich auf Steine setzen. Hierfür gibt es sogar die medizinische Fallbeschreibung „Cnidarismus nudorum" als Krankheitsbild.
Auch die „Schwammfischer-Krankheit" des Mittelmeers ist auf Kontakt mit Aktinien zurückzuführen.

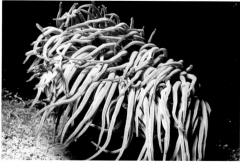

Der Nudistenschreck in harmloser Detailaufnahme

Die Keulenanemone (Telmatactis cricoides) ist ein wahrer Riese, bis zu 32 Zentimeter wird sie groß

Wachsrose (Anemonia sulcata)

Zylinderrose beim Fischen und...

... im Detail mit dem Tentakelkranz

47

Federbaum-Anemone
(Gefiederte Seeanemone)

Familie   Actinodendronidae
Art   Actinodendron plumosum
Englisch   Feathered Anemone

Verbreitung

Westpazifik, Australien, Philippinen

Biologie

Die Federbaum-, Gefiederte- oder Verzweigende Seeanemone ist ein typischer Vertreter der Weichkorallen. Sie hat acht
Haupttentakel, die allerdings in zahlreiche
Nebenästchen aufgegliedert sind. Diese
Nebenästchen werden auch als „Nadeln"
bezeichnet.
Ähnlich wie bei den Schwämmen lagern die
Verzweigenden Seeanemonen, so der
Familienname, Kalknadeln in ihre Außenhaut, so dass sie nicht nur durch den inneren
Wasserdruck, sondern auch durch ihre Hülle
eine einigermaßen stabile Außenhaut
haben, die allerdings weich und flexibel
bleibt.

Achtung: Kontakt!

Die Verzweigenden Seeanemonen, so auch
die Federbaum-Anemone, kommen in tropischen Gewässern vor. Hier besiedeln sie
Riffe vom Flachwassser bis in rund 40 Meter
Tiefe, manchmal auch darunter. Vor allem
Taucher kommen den biegsamen Tentakelarmen oftmals näher, als es gesund ist.
Sie nesseln bei Berührung ungewöhnlich
stark, was mit der Anzahl der Nesselkapseln
sowie der Größe der Tiere zusammenhängt.
Immerhin sind 20 Zentimeter Durchmesser
keine Seltenheit.

Gefährlichkeit

Symptome

- sofortiger und starker brennender Schmerz

- besonders an ungeschützten Stellen wie
  Unterarmen oder Hals Blasen- und
  Quaddelbildung und intensive Rötung

- Blasen heilen nur langsam ab, nässen und
  öffnen sich. Vorsicht: Infektionsgefahr!

Erste Hilfe

- nach Tauchgang vernesselte Stelle, falls
  vorhanden, mit Weinessig abspülen

- Wundbehandlung mit Aloe-Vera-Creme
  oder Cortison-haltiger Salbe (z.B. Soventol)

- in tropischen Gebieten kann das Gelee der
  Aloe-Vera-Pflanze auch direkt auf die
  Stellen gerieben werden

Vorbeugung

- Achtung bei „falschen" Weichkorallen

- vor allem Fotografen sollten auf
  Unterarme und Hals achten und generell
  den Kontakt mit jeglichem Meeresgetier
  vermeiden

Gefiederte Seeanemone (*A. plumosum*)

Seeanemonen wie die Verzweigende Seeanemone können sich mit Hilfe ihrer Fußscheibe langsam fortbewegen

Krabbe mit großem Beschützer   In der Strömung: Kalknadeln verhelfen zu mehr Festigkeit

Erlebnis

Ach, wie so trügerisch

von Paul W. Munzinger

Tauchgänge an Steilwänden sind der Hit, da sich hier meist das pralle Riffleben abspielt. Etwas anders sieht es auf Sandflächen aus. Hier muss man schon mal suchen, bis einem was richtig Gutes vor die Linse kommt.

Wir tauchen im Mi´l Channel vor Yap in Mikronesien. In dem Kanal tummeln sich je nach Tide und Jahreszeit die Großen der Meere, die Mantas. Doch ab und zu wird dieses Unternehmen auch zum Geduldsspiel, wenn man warten muss, bis die eleganten Überflieger sich an den Putzerstationen von kleinen Fischen „warten" lassen. Heute haben Bill Acker, der Besitzer vom Manta Ray Bay Hotel und den bekannten Yap Divers, und ich kein Glück. Wir lassen uns zwi-

schen 20 bis 25 Metern Tiefe im blankpolierten Kanal einfach treiben und schauen, was auf uns zukommt.

Mitten in der Einöde entdecke ich eine „Weichkoralle". Mal schaun, ob sich da drin nicht irgendwas versteckt. Langsam pirsche ich mit der Kamera immer näher. Tatsächlich lebt ein farbenfroher kleiner Krebs darin und fühlt sich pudelwohl in deren Schutz. Jetzt geht's an die Makrofotografie, und Portraits möchte ich von dem lustigen Gesellen auch

machen, wenn wir heute schon Mantaflaute haben. Doch Bill Acker packt mich auf einmal und zieht mich zurück, hebt seinen Zeigefinger und schreibt auf seine Tafel: „poison" (giftig). Tatsächlich bin ich schon wieder reingefallen – es ist eine der giftigsten Anemonen überhaupt, die Federbaum-Anemone, die hier im Sand lebt. Bereits auf Wai in Irian Jaya hatte ich eine leichte Berührung knapp unterhalb des Gesichts; die mir meinen Hals sehr schnell anschwellen ließ und lange behandelt werden musste. Die Falsche Weichkoralle, wie sie auch heißt, kann sich übrigens komplett in den Sand zurückziehen, wenn ihr die Umwelt nicht mehr passt. Und sogar langsam laufen kann das Ding! Zu verwechseln ist diese Anemone leicht mit den gelblichen Weichkorallen des Roten Meeres.

Kleiner Yapese im Mi`l Channel

50

Bäumchen-Anemone

Klasse	Anthozoa
Art	Actinodendron arboreum
Englisch	Branching Anemone

Verbreitung

Westpazifik, Australien, Philippinen

Biologie

Obwohl beide Anemonen sehr unterschied-lich aussehen, sind die Federbaum- und die Bäumchen-Anemone eng verwandt.

Beiden gemein ist ihre Fähigkeit zur Fortbewegung. Mit Hilfe der Fußscheibe können sie langsame, gleitende Bewegungen ausführen. Übrigens werden Anemonen teilweise uralt, 100 Jahre sind bei großen Exemplaren kein Problem.

Das hat biologische Gründe, denn die beim Generationswechsel und der geschlecht-lichen Vermehrung entstehenden Larven haben es anscheinend sehr schwer, zu über-leben. Jedenfalls lassen sich siedelnde Larven kaum an Riffen feststellen. Also hilft es der Anemone, wenn sie uralt wird und in jeder Fortpflanzungsperiode wieder Nach-kommen in die Welt setzt, um sich erfolg-reich zu vermehren. Leider kein Modell für unsere Rentenversicherung …

Achtung: Kontakt!

Die Bäumchen-Anemone bevorzugt Sand-böden und zieht sich bei Berührung komplett zurück. Für Taucher tückisch: Sie sieht einer normalen Weichkoralle sehr ähnlich. Doch speziell Fotografen sollten dieser Art vor-sichtig begegnen, auch wenn Fischlein und Krebse im Makro-Bereich locken.

Gefährlichkeit

Symptome

- sofortiger brennender Schmerz
- starke Quaddelbildung, die mehrere Tage lang das Nesselopfer „zieren"
- evtl. Blasenbildung, die Blasen heilen nur langsam ab

Erste Hilfe

- nach Tauchgang vernesselte Stelle mit Weinessig abspülen
- Wundbehandlung mit Aloe-Vera-Creme oder Cortison-haltiger Salbe (z.B. Soventol)

Vorbeugung

- Achtung bei „falschen" Weichkorallen
- vor allem Fotografen sollten auf Unterarme und Hals achten und generell den „Nahkampf" meiden

Blick auf die Mundscheibe mit dem Tentakelkranz

Rhythmisch stopft diese prächtige Bäumchen-Seeanemone alles, was sie fangen kann, in ihre Mundöffnung

Die feinen Tentakelästchen werden „Nadeln" genannt

Bei Gefahr zieht sich die Anemone in den Sand ein

Feueranemone

Klasse	Anthozoa
Art	Phyllodiscus semoni
Englisch	Fire oder Night Anemone

Verbreitung

gesamter Indo-Pazifik

Gefährlichkeit

Symptome

- sofort einsetzender starker Nesselschmerz
- sofortige intensive Rötung und Blasenbildung
- Blasen nässen, heilen nur schwer aus und öffnen sich, daher Infektionsgefahr!

Biologie

Die Feueranemone gehört zu den stärksten Nesslern unter den Blumentieren. Wenig attraktiv, wird sie selten fotografiert – eine echte Recherche-Herausforderung.
Sie gehört zur Familie der Beerenanemonen (Aliciidae), die ihren Namen von Verdickungen der Tentakelarme am Ende haben. Diese Verdickungen sehen aus wie lauter kleine Beeren.
Die Feueranemone lebt im flacheren Bereich des Korallenriffs, vor allem im Bereich um zehn Meter Tiefe. Die Tiere werden rund 20 Zentimeter groß und sind nachtaktiv, daher auch der englische Name „night anemone". Oftmals sind sie grünlich gefärbt, was durch eingelagerte Algen kommt, die in Symbiose mit der Anemone leben.
Auch die Feueranemone ist immer noch in der Lage, ihren Standort zu verändern, indem sie mit ihrem Kriechfuß auf Wanderschaft geht.

Achtung: Kontakt!

Wie bei allen starken Nesslern unter den Blumentieren gilt auch hier: Finger weg! Doch neben der Anemone Triactis producta ist die Feueranemone sicherlich der gefährlichste Vertreter der Anthozoa. Und dazu noch gut getarnt, daher sind besonders schlecht tarierte Taucher gefährdet.

Erste Hilfe

- wenn nicht nur Fingerspitzen in Kontakt gekommen sind, sondern auch Hals oder andere empfindliche Hautpartien, Wasser verlassen
- Abspülen mit Weinessig
- Cortison-haltige Salbe oder Aloe-Vera auftragen
- bei schweren Vernesselungen so schnell wie möglich Arzt aufsuchen

Vorbeugung

- wie immer: sorgfältiges Tarieren und Augen auf, vor allem bei Nachttauchgängen in tropischen Gewässern

Während der Nacht geht die Feueranemone auf Jagd

Schön geht anders: Dem übel nesselnden Fiesling sieht man seine Garstigkeit schon äußerlich an

Algen geben die grüne Farbe

Feine Polypen-Tentakel bei Nacht

Gut zu sehen: kleine Beeren-Enden

Prachtanemone

Klasse   Anthozoa
Art   Heteractis magnifica
Englisch   Magnificent Sea Anemone

Verbreitung

Indo-Pazifik, Rotes Meer

Gefährlichkeit

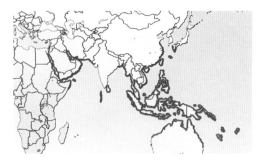

Biologie

Der Aufbau dieser teilweise sehr großen Anemone ist gedrungen, sie passt sich der Umgebung an und erinnert oft an ein kleines Fässchen, vor allem, wenn sie ihre Tentakeln einzieht. Obwohl sie eigentlich sehr sesshaft aussieht, kann auch sie auf gemächliche Wanderschaft gehen.

Vor allem von der Prachtanemone sind große Kolonien bekannt, die sich teilweise, besonders in Indonesien, über hunderte Meter dahinziehen können.

In ihrem dichten Tentakelkleid verstecken sich mit Vorliebe die bei Fotografen so beliebten Anemonenfischchen. Sie schützen sich vor dem wirkungsvollen Nesselgift, das vor Fischen gleicher Größe keineswegs Halt macht, indem sie sich an Fuß und Körper der Anemone mit abgesondertem Schleim „einreiben", der sie zum „Freund" werden lässt.

Achtung: Kontakt!

Nicht nur die kleinen Anemonenfischchen mit ihren putzig aussehenden Drohgebärden sind gar nicht so ungefährlich, auch die Prachtanemone selber kann sich zur Wehr setzen und empfindlich nesseln. Allerdings sind die Auswirkungen relativ harmlos, vergleicht man sie etwa mit der Feueranemone. Lediglich sensible Naturen spüren richtige Schmerzen.

Symptome

- Brennen und leichte Rötung der Haut
- evtl. entstehen Quaddeln, die in der Regel nach 24 Stunden wieder verschwinden
- selten Blasenbildung

Erste Hilfe

- Tauchgang kann fortgesetzt werden
- nach dem Tauchgang mit Seewasser spülen, kein Süßwasser verwenden!
- bei Blasenbildung und starken Quaddeln mit Weinessig spülen
- evtl. Aloe-Vera-Salbe auftragen

Vorbeugung

- Kontakt vermeiden, vor allem Finger weg vor den Tentakelkränzen
- besonders UW-Fotografen und Taucher, die die putzigen Anemonenfischchen „herzen" möchten, sei Abstand ans Herz gelegt

In Indonesien sucht dieser Clownsfisch Schutz

Bis zu einem Meter wird die Pracht-Anemone groß, hier ein Exemplar in der Strömung des Roten Meeres

Aus dem Lehrbuch für Symbiose ...   ... scheinen diese Garnelen zu sein   Findet Nemo! Oder seinen Bruder...

Triactis producta

Verbreitung

Indo-Pazifik bis Okinawa

Gefährlichkeit

Symptome

- sofortiges starkes Brennen
- intensive Rötung der Haut, Quaddeln und Blasen bilden sich
- Blasen öffnen sich, sorgen so für Infektionsgefahr
- noch wochenlange Schmerzen und oftmals Bewegungsbeeinträchtigungen

Biologie

Tagsüber ist diese selten fotografierte und in der Fachliteratur oftmals konfus beschriebene Anemone unscheinbar. Kleine weiße Tentakelästchen erstrecken sich dicht über dem flachen Körper. Ähnlich einer Krustenanemone scheint die Triactis producta sich steinige Plätzchen am Riff zu suchen, an denen es mit den Tentakelchen in der Strömung fischen kann.
Des Nachts ändert sich das Bild total. Aus dem Körper der immerhin rund 50 Zentimeter großen Anemone schiebt sich ein „neuer" Polypenkörper, ausgerüstet mit einem eigenen Tentakelkranz. Die ganze Anemone scheint zusätzlich aufzublühen, auch die unscheinbaren Tentakelarme erheben sich und verleihen dem Tier jetzt erst die richtige Größe. Die Tentakelästchen sind also nur Auswüchse der Fußscheibe, keine echten Tentakeln.

Erste Hilfe

- das Abwaschen mit Weinessig spült die letzten Nesselkapseln weg
- Blasen wie Brandwunden behandeln, also notfalls auch desinfizieren und verbinden
- bei schweren Vernesselungen unbedingt Arzt aufsuchen
- auf jeden Fall Tauchpause!

Vorbeugung

- Riffkontakt vermeiden, vor allem Vorsicht bei jeglicher Anemonenart
- „Je oller, desto doller!" Je unscheinbarer, desto giftiger

Achtung: Kontakt!

Mindestens ein Todesfall eines philippinischen Fischers ist dokumentiert. Triacits producta gilt als die am stärksten nesselnde Art der Blumentiere. Dabei scheint es egal, ob man die kleinen Tentakeln tagsüber oder die großen Tentakeln des Nachts berührt, eine Vernesselung geht selten nur mit leichten Blessuren aus.

Triactis producta in Makro-Auflösung

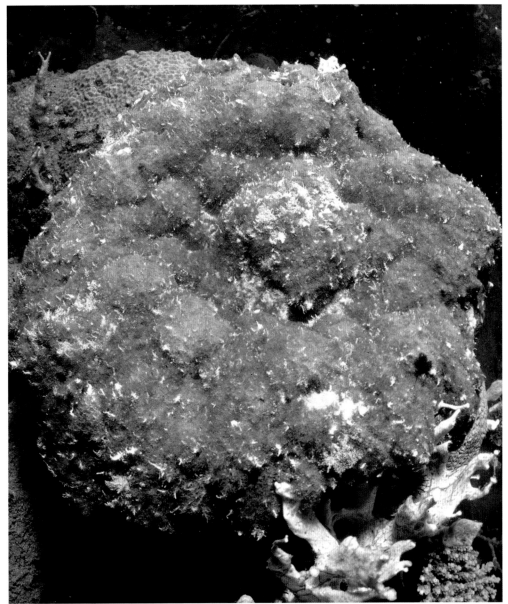

Rund 50 Zentimeter ist diese philippinische Triactis producta groß, die auf einem Autoreifen sitzt

Ein rein nächtliches Schauspiel   Es scheinen zwei Tiere zu sein   Tentakelästchen an der Basis

Erlebnis

Schmerzvoller Tod

von Paul W. Munzinger

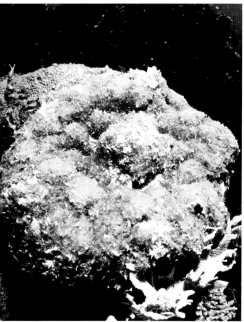

Flächig überzieht die Triacits producta einen Felsen

Im gesamten indopazifischen Raum gibt es neben den traditionellen Fangmethoden der Fischer mit Netz und Haken auch noch die Speerfischer. Es ist ein Knochenjob, den meist junge Männer mehrere Stunden für eine Handvoll Fische ausüben müssen. Mit selbst gefertigten Holzbrillen und Holzflossen tauchen sie über zehn Meter Tiefe ab, um Fische mit einem Speer oder einer Gummizugharpune zu fangen. Natürlich fliehen die Fische schon,

Nahe Verwandte: hochgiftige und noch unbestimmte Scheibenanemone

wenn sie die Jäger an der Oberfläche sehen, denn aus Erfahrung sind auch sie klüger geworden: Sie verstecken sich unter Korallen, in kleinen Nischen und Höhlen. Die freitauchenden Jäger müssen also immer tiefer abtauchen und können nicht einfach von oben auf ihre Opfer schießen.

So müssen sie nun horizontal anpirschen und sich dazu auch mal auf den Grund legen, was nur in Badehose und ganz ohne Körperschutz natürlich fatale Folgen haben kann.

Ein Speerfischer von Bohol wollte einen größeren Papageienfisch unter einer Koralle harpunieren und legte sich daher horizontal auf den Sandboden. Dabei übersah er die gut getarnte, braune Triactis producta in seinem Fangfieber. Nach dem Kontakt ging er sofort an Land. Die berührte Stelle rund um den Bauch brannte wie die Hölle 24 Stunden lang. Geld, um einen Arzt in der weit entfernten Stadt aufzusuchen, hatte der junge Mann nicht, also wartete er tapfer und unter Schmerzen ab.

Am nächsten Tag zeigten sich an der Kontaktstelle überall rote Flecken mit einem Durchmesser von etwa einem Zentimeter. Dann schwoll die Stelle stark an. Nach weiteren zwei

Riskantes Manöver, hier nur fürs Foto: Von dieser Anemone lässt man besser die Finger!

Tagen entstanden in den Flecken kleine Löcher, die etwa einen halben Zentimeter tief in den Körper eindrangen. Trotz alledem wurde immer noch nicht ein Arzt aufgesucht. Damit wurde das Drama komplett, denn natürlich entzündeten sich die mittlerweile tiefen Wunden. Nach einer weiteren Woche starb der Speerfischer jämmerlich und unter starken Schmerzen.

Nicht die Anemone war der eigentliche Grund für diesen Tod, sondern die mangelhafte Versorgung der ernsthaften Vernesselungen. Doch dies ist in den Regionen um Bohol und auch sonst im asi-atischen Inselreich der Regelfall, da ein Arzt viel zu teuer ist. Und so fürchten die Speerfischer die Anemone, die sie auch Teppichanemo-ne nennen, wie den leibhaftigen Teufel. Kein Wunder bei ihrem Schutz…

Wie zarte Blumen strecken sich die Tentakel in die Strömung

Anemonenkolonien können sich über Kilometer ausdehnen

Neben Anemonenfischen sind Garnelen typische Bewohner von Anemonen

Prachtanemone mit eingezogenen Tentakeln

Bereit zum Putzen

Anemonenspitzen

Felsengoldrose

Ideales Versteck für einen Clownsfisch

Biologie

Seegurken
(Holothurioida)

Kartoffel-Seegurke

Mit den Seegurken haben Taucher nesselnde Tiere vor der Brille, die sich komplett von allem unterscheiden, was ihre Haut in den vorangegangenen Kapiteln durchstach.

Die Seegurken (auf biologisch auch „Holothurioida") gehören zu den Stachelhäutern, teilen sich ihre verwandtschaftlichen Beziehungen mit Gestalten wie Seeigeln, Haar-, Schlangen- und Seesternen. Die Stachelhäuter (oder „Echinodermata") sind im Tierreich etwas

ganz Besonderes. Betrachtet man einen typischen Seestern, kommt man schnell drauf:

Sie sind alle fünfstrahlig oder **radiär symmetrisch**. Sie lassen sich, schaut man von oben auf sie, in fünf gleiche Teile teilen. Das ist ein radikaler Unterschied etwa zu den Wirbeltieren, die nur eine linke und rechte Hälfte besitzen (die auch nur einigermaßen gleich sind). Bei den Stachelhäutern unterscheidet man daher auch nicht zwischen linker und rechter Seite, sondern nur zwischen Mundseite (oral) und der gegenüberliegenden After- oder Aboralseite. Auf der Oralseite sitzen bei den Seegurken Tentakelarme.

Zweite Besonderheit: Die Stachelhäuter haben ein **Skelett** dicht unter ihrer Körperoberfläche, das aus Kalziumkarbonat gebildet wird und aus lauter kleinen

Die reinste Fressmaschine

Plättchen besteht. Auf diesen Plättchen befinden sich dann die namensgebenden Stacheln, mal mehr, mal, wie bei den Seegurken, weniger ausgeprägt.

Seegurken können langsam über den Boden kriechen. Das machen sie mit kleinen Füßchen, die an ihrer Unterseite sitzen. Diese Füßchen werden durch ein charakteristisches **Ring-Kanal-System**, welches den Körper aller Stachelhäuter durchzieht, regelrecht aufgepumpt

Die lieben Verwandten: Seeigel ...

... ‚der typische Seestern ...

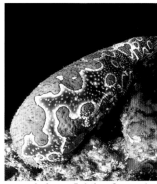

... und eine prächtige Seegurke

und mit Muskeln wieder kurz gezogen. Dadurch bewegen sich die Seegurken, allerdings sehr gemächlich. Mit anderen Worten: Sie besitzen eine eigene Bio-Hydraulik! Übrigens gibt es auch Arten, die sich mit ihren Tentakeln fortbewegen.

Die meisten jedoch benutzen ihre **Greiforgane** so, wie wir es erwarten würden: Sie fischen und graben damit nach dem, was sie so fressen. Und das kann wieder ganz unterschiedlich sein. Einige Arten fischen nach Plankton im Wasser, andere tasten den Boden vor sich ab und stopfen alles in sich hinein, was sich verwertbar anfühlt. Und das ist eine Menge, denn sie fressen schlicht fast alles, was organisch ist. Dabei wühlen sie sich regelrecht durch den Boden. Das macht sie extrem wichtig, denn sie sorgen mit ihrem dauernden Hunger dafür, dass organische Substanzen nicht anfangen zu faulen. Das kennen wir aus dem Garten, da heißen die Dinger allerdings Regenwürmer. Und wer jetzt glaubt, so viel schaffen die

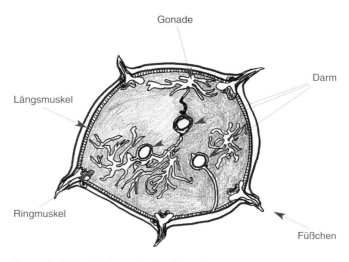

Querschnitt durch eine typische Seegurke

(Beschriftungen: Gonade, Darm, Längsmuskel, Füßchen, Ringmuskel)

schlappen „Würste der Meere" doch gar nicht: Allein in der Nordsee leben pro Quadratmeter bis zu fünf Seegurken!

Feinde haben die Seegurken nur wenige: Seevögel und manche Schnapperarten naschen gelegentlich an den Holothurien. Werden sie nicht ganz erwischt, können die Seegurken sich übrigens zu großen Teilen wieder reproduzieren, also ihren Körper nachwachsen lassen. Nur der Mensch wird allmählich zur ernsten Bedrohung, denn er sammelt die trägen Genossen systematisch und verarbeitet sie zu „Trapang".

Übrigens sind Seegurken echte Allrounder, sie kommen in allen Weltmeeren bis in die tiefste Tiefsee vor.

Die Seegurken sind meist getrenntgeschlechtlich und betreiben vielfach sogar **Brutpflege**! Zwischen den Saugfüßen werden die Embryonen herumgetragen und so geschützt. Von der Larve bis zum erwachsenen Tier dauert es rund fünf lange Jahre. Und erwachsen kann bei Seegurken enorm sein, die größten Arten werden bis zu zwei Meter lang! Doch warum eilen, denn bei Seegurken muss ja nichts schnell gehen!

Viele Seegurken weiden den Boden regelrecht ab

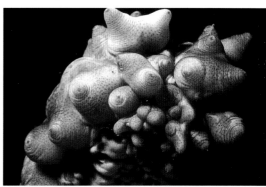

Blick auf die Unterseite einer Warzen-Seegurke

Seegurke

Klasse   Stachelhäuter
Ordnung   Holothurioida
Englisch   Sea Cucumber

Verbreitung

alle Weltmeere bis in die Tiefsee

Gefährlichkeit

Symptome

- klebrige Fäden haften an Haut und vor allem Neopren und Kleidung

- bei Kontakt mit Schleimhäuten Reizungen und Rötungen

- nur bei Verzehr können schlimmere Symptome auftreten, siehe Kapitel „Nahrungsgifte"

Biologie

Seegurken kommen weltweit vor. Oftmals scheinen sie auf dem oder im Sand- oder Schlammgrund einfach nur herumzuliegen, dann sind sie am Fressen. Andere Arten fangen mit ihren Tentakeln Plankton aus der Strömung und führen sie dann zum Mund, wo sie die Fangarme regelrecht „ablutschen".

Fühlen Seegurken sich bedroht, stoßen sie weiße oder rosafarbene, klebrige Fäden aus, die sogenannten Cuvierschen Schläuche. Diese Schläuche dienen der Verteidigung. Manchmal stoßen die Seegurken auch fast ihr gesamtes Inneres aus, sogar Magen, Darm und Geschlechtsorgane. Das Erstaunliche: Innerhalb von 4 bis 35 Tagen wachsen die Organe wieder nach!

In Asien werden Seegurken als Trapang oder Béche-de-mer gegessen

Erste Hilfe

- Schleim und Cuviersche Fäden abkratzen

- weitere Maßnahmen nicht erforderlich

Vorbeugung

- auch von den harmlos aussehenden Seegurken sollte man die Finger lassen

Achtung: Kontakt!

Die Cuvierschen Schläuche sind super klebrig. Kommen sie mit Wunden oder Schleimhäuten in Kontakt, gibt es unangenehme Reaktionen, Reizungen und manchmal Entzündungen. Das weiße Sekret geht oft nur durch richtiges Waschen wieder aus der Kleidung, einfaches Abspülen reicht bei weitem nicht aus.

Gut getarnt durch gleiche Farbe: Imperatorgarnele

Die ausgestoßenen Cuvierschen Schläuche dienen der Verteidigung und wachsen komplett wieder nach

Seegurken können schön sein

Hier werden Fäden abgesondert

So kennt man die „Schönheiten"

Biologie

Nacktschnecken

Stamm: Weichtiere

Eine wehrhafte Schönheit

Mit den Schnecken kommen Tiere ins Reich der Nessler, die hier eigentlich gar nicht hineingehören. Schnecken gehören nämlich zu den **Weichtieren** oder Mollusken. Und dieser Tierstamm, in dem sich auch Oktopus und Muschel zuhause fühlen, hat viele spannende Besonderheiten. Aber Nesselkapseln gehören nicht darunter. Eigentlich, denn die Familie der Fadennacktschnecken ist eine große Ausnahme. Nacktschnecken im allgemei-

nen sind schon eine Besonderheit in der Klasse der Schnecken, denn sie besitzen **kein Gehäuse** wie der Rest ihrer Sippschaft. Schön für die kleinen Winzlinge, ihr Eigenheim nicht mehr auf dem Rücken mit sich herumschleppen zu müssen. Aber wie können sich die Nacktschnecken jetzt vor ihren Feinden schützen? Dazu haben sie mehrere Strategien entwickelt. Die meist verbreitete ist, einfach ziemlich ungenießbar zu sein. **Eingelagerte Stoffe**, die beim Angriff ausgeschieden werden, machen den scheinbar leichten Happen für den hungrigen Fisch zu einem ziemlich unangenehmen Dessert, von dem er zukünftig die Beißer lässt. Damit das auch nicht vergessen wird, haben sich diese „Ungenießbaren" ordentlich mit Farbe versehen. So merkt jeder dumme Flossenträger,

dass die knallbunten Kriecher nichts für den schnellen Snack zwischendurch sind. Nachteil der Methode: Bis ein Fisch das lernt, muss er mindestens einmal „genascht" haben. Also ist mindestens eine Nacktschnecke für ihre Brüder und Schwestern in den Nacktschnecken-Himmel gekommen.

Die Fadennacktschnecken sind da viel egoistischer. Sie wollen gar nicht probiert werden. Wie die meisten anderen Nacktschnecken auch sitzen sie, da ja so klein, auf größeren Tieren und raspeln mit ihrer Reibzunge, der **Radula**, immer ein klein wenig von ihrem Wirt ab. Doch jetzt kommts: Die Fadennacktschnecken haben sich ausgerechnet die Hydrozoen als lebende Futterspender ausgesucht. Eigentlich werden Tierchen in der Größe der Fadennacktschnecken vom Gift der Nesselkapseln locker

Warzenschnecke

Neonschnecke

Variante der Warzenschnecke

Fadennacktschnecken weiden regelrecht auf ihren Wirtstieren. Nur wenige Arten fressen an Algen

dahingemeuchelt. Dafür sind die Abwehrwaffen der Hydrozoen schließlich da. Doch die Fadennacktschnecken schützen sich auf geheimnisvolle Weise vor der Entladung der tödlichen Mini-Harpunen. Und nicht nur das: Sie fressen ganze Nesselkapseln, ohne sie auszulösen, und sind in der Lage, diese Kapseln in ihre fadenförmigen **Körperfortsätze**, die in die Ausläufer ihres Darms münden, einzubauen. Diese „gestohlenen" Nesselkapseln (die der Biologe auch „Kleptozyten" nennt!) funktionieren jetzt genauso wie bei ihren lebenden Futterspendern und schrecken jeden Feind ab, sich an dem kleinen Kriecher zu vergehen. Nichts ist da mit Selbstopferung für die lieben Verwandten, hier wird aktiv verteidigt!

Den dritten Weg der Selbstverteidigung beschreiten Nacktschnecken, die sich tarnen und ihren Körper möglichst gut an den ihres Wirtes anpassen. Schutz durch Verleugnung, sozusagen.

Fast allen Nacktschnecken gemein ist, dass sie ihre **Kiemen**, mit denen sie aus dem Wasser den Sauerstoff fischen, auf dem Rücken spazieren tragen. In Sachen Fortpflanzung gibt man sich tolerant, die Nacktschnecken sind Zwitter. Einige von den unangezogenen Schleimern erreichen stattliche Größen, so wird der Seehase bis zu 50 Zentimeter lang. Und wieder andere sind in der Lage, ein paar schlängelnde Schwimmbewegungen zu machen, wenn's brenzlig wird. Bekanntestes Beispiel ist die Spanische Tänzerin.

Doch den Fadennacktschnecken sind solche Exklusivitäten fremd, sie sind klein und für jeden Angreifer auch ziemlich gemein!

Flabellina-Arten wie diese Weißspitzen-Flabellina (*F. pedata*) kommen im Mittelmeer häufig vor

Fadennacktschnecke

Ordnung	Nudibranchia (Nacktkiemer)
Familie	Aeolidoidei
Englisch	Aeolid Nudibranch

Verbreitung

weltweit

Gefährlichkeit

Symptome

- wie bei ihren Wirtstieren, also Hautrötung und Brennen

- Schwellung und Quaddelbildung möglich

- evtl. Blasenbildung mit Unterblutung

- Allergikern kann Schock drohen

Biologie

Die Nesselkapseln der Fadennackt-schnecken enthalten die gleichen Nessel-kapseln wie die der Hydrozoen, schließlich sind sie ja nur „geklaut" (Kleptozyten). Dabei sind die Schnecken allerdings sehr wähle-risch, denn sie sind meist absolute Spe-zialisten, die nur von einer Art Hydrozoe die Nesselkapseln klauen.

Dieses Fressen zerstört die Hydrozoe in der Regel nicht, sondern ist eher ein „Naschen", diese Schnecken leben also als Parasiten und fressen die Hydrozoen nicht auf. Die Nesselkapseln werden geschluckt und dann im Darm, der in Aussackungen in den Rückenfortsätzen endet, in die Spitzen die-ser Rückenfäden transportiert. Dort warten sie dann auf ihren Verteidigungseinsatz.

Fadennacktschnecken sind Zwitter. Ihre Sinnesorgane sitzen in zwei Fühl- und zwei Riechhörnern.

Erste Hilfe

- Nesselkapseln vorsichtig mit Salzwasser abwaschen
- bei starker Vernesselung mit Weinessig abspülen
- befallene Stellen mit milder Hautlotion einreiben
- besondere Aufmerksamkeit bei Allergikern!

Vorbeugung

- fast immer werden nur die Hände vernes-selt, die unvorsichtig nach den Tieren fas-sen, daher einfach: Pfoten weg!

Achtung: Kontakt!

Fadennacktschnecken sind genauso nes-selnd wie die Nährtiere, von denen sie ihre Kleptozyten haben. Dabei ist jede Art sehr spezialisiert, aber die Familie bewohnt ins-gesamt alle Nessler-Familien, ob Qualle, Hydrozoe, Lederkoralle oder Anemonen. Meist findet der Taucher sie im Korallenriff.

Fadennacktschnecken verlassen ihren Wirt selten

Die Familie der Facelinidae (Norwegen, Kanaren, Mittelmeer) frisst nur an Hydrozoen

Facelina auriculata auf Wanderschaft

Zwei Riech- und zwei Fühlhörner zur Orientierung

Stichverletzungen

Verletzungen durch Stiche von Meerestieren sind in der Regel schmerzhafte Angelegenheiten. Meist sind es Tiere, die sich tarnen und durch Stacheln verteidigen, mit denen unangenehmer Kontakt droht

Getarnt: Wehe, wenn man auf ihn tritt – der Red Sea Walkman

Das Spektrum reicht von schmerzhaften Stichen der haarfeinen Nadeln des Borstenwurms über böse Verletzungen durch Seeigelstacheln bis hin zu gefährlichen Stachelattacken der Skorpions- und Steinfische. Auch Exoten wie Kegelschnecken und Rochen haben sich in dieser Rubrik versammelt.

Dabei ist der Borstenwurm ein Grenzfall, denn das Eindringen seiner haarfeinen Spitzen ähnelt in seinen Auswirkungen schon dem Eindringen der Kalknadeln von Schwämmen. Und ist die Harpunenspitze der Nesselkapseln nicht auch ein Fremdkörper, der die Haut durchdringt, also sticht?

Betrachten wir den Borstenwurm als stechenden Sonderling, so ist die Sache bei den wohl bekanntesten Pieksern klar: Seeigel gehören der stechenden Zunft an. Spätestens mit diesen Tieren gilt, dass Stiche fast immer zweierlei Verletzungen sind. Zum einen ist dies die Wunde, die durch das Eindringen eines Fremdkörpers verursacht wird. Im Falle eines Peitschenhiebes durch einen Rochenschwanz ist das eine ernste Sache. Aber auch die Kalknadeln der Seeigel verursachen kleine Löcher.

Gefürchtet: der Stachel des Blaupunktrochens

Bekannt: die Nadeln eines Mittelmeer-Seeigels

Gerade bei Tauchern, die täglich Stunden im Wasser zubringen, können solche kleinen Wunden erhebliche Komplikationen verursachen.

Zum zweiten ist der Fremdkörper, also der Stachel, ein Problem. Gerade bei Seeigeln bleibt meist die Spitze des Stachels unter der Haut.

Schmerzen und Entzündungen plagen den Betroffenen und verhelfen oft zu jahrelangen Andenken.

Zu dieser Mixtur gesellt sich dann noch das Gift, welches viele Stacheltiere gleich mit ihrem Stachel injizieren. Die Konusschnecke etwa denkt gar nicht daran, ihre Radula abzubrechen, ihr reicht der Cocktail, den sie über die nadelspitze Reibzunge losgeworden ist. Und auch Seeigel kennen Gifte, die in ihrer Wirkung dramatisch sein können.

Stiche sind also fast immer zwei, manchmal sogar drei Probleme auf einmal.

Stechender Schönling: Red Sea Walkman

Auch nicht hässlich: Zebrazwerg-Rotfeuerfisch

Biologie

Borstenwürmer

Stamm: Ringelwürmer
Klasse: Polychaeten

Freilebende Borstenwürmer nennt man auch „Errantia"

Borstenwürmer gehören zu der riesigen Gemeinschaft der Anneliden, Ringel- oder Gliederwürmer. Der Name passt, denn Hauptmerkmal der Ringelwürmer ist, dass sie aus lauter einzelnen Ringen zusammengesetzt sind.

Die Verbindungsbahnen, also **Gefäße, Nerven und Darm** sowie die Längsmuskulatur gehen der Länge nach durch die Ringelwürmer, die Ringmuskulatur und die Fortsätze am Körper,

die Parapodien, werden pro Segment aufgebaut. Außerdem gehören zur Grundausstattung eines Segments noch ein Paar Ausscheidungsorgane, die Fortpflanzungsorgane und ein Nervenknoten-Paar.

Lediglich der **Kopf** ist unterschiedlich, hier gibt es neben einem komplizierten Kiefersystem auch reichlich **Sinnesorgane**: Augen, Antennen, Palpen und Riechorgane. Doch damit nicht genug: Ein Ringelwurm hat

auch in seinen Parapodien Tastorgane. Die kleinen Fortsätze werden auch **Scheinfüßchen** genannt, doch zum reinen Laufen sind die Warzen viel zu schade: Kiemen hängen auch noch dran und lassen den Wurm atmen. Bei vielen Borstenwürmern sind die Borsten zu Schwimmpaddeln verstärkt. Und für die Abwehr sind sie auch nicht schlecht, wie wir noch sehen werden.

Es gibt neben den freilebenden Borstenwürmern, den **Errantia**, auch viele Arten, die in Röhren oder Löchern leben, etwa die Schraubensabellen des Mittelmeers oder die Watt- oder Pierwürmer des Wattenmeers

Die Errantia sind in aller Regel Räuber und Aasfresser, die meist nachtaktiv durchs Riff wandern und so geschützter vor ihren Feinden, den Fischen, sind.

So kennt man den Borstenwurm, genauer den Feuerwurm

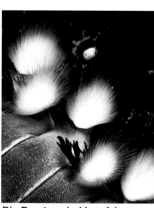

Die Borsten sind haarfein

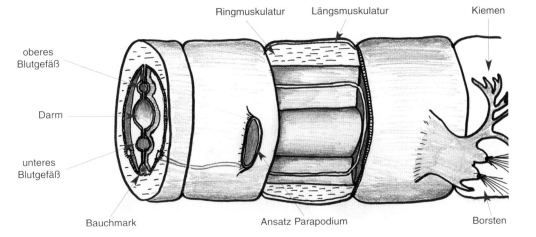

oberes Blutgefäß

Darm

unteres Blutgefäß

Bauchmark

Ringmuskulatur

Längsmuskulatur

Kiemen

Ansatz Parapodium

Borsten

Die **Fortpflanzung** ist so unterschiedlich und exotisch, dass sie allein Stoff für Bücher ist. Ob ungeschlechtlich durch Abschnürung, zwittrig oder getrenntgeschlechtlich, mit innerer oder äußerer Besamung, mit und ohne Brutpflege – alles möglich.

Ganz abgefahren ist der Vorgang der **äußeren Besamung**. Äußerlich, weil Eier und Samen ins Wasser abgesondert werden und sich selber finden müssen. Das klappt natürlich nur, wenn alles synchron reift und sich Eier und Samen auch gleichzeitig frei im Wasser befinden. Und jetzt kommt's: Beim **Palolowurm** ist diese Steuerung gekoppelt an die Mondphasen, und zwar genauestens. Stichtag ist der zweite und dritte Tag nach dem dritten Mondwechsel im Oktober und November! Die Südsee-Insulaner kennen diesen Tag. Der **Palolowurm** schnürt nämlich sein Hinter-

Schnitt durch Segmente eines typischen Anneliden. Parapodien sind Scheinfüßchen. Sie tragen Kiemen und die charakteristischen Borsten

teil, prall gefüllt mit den Geschlechtszellen, ab. Das treibt dann an der Wasseroberfläche und wird von den Fischern eingesammelt und gegessen.

Die Vorderteile bleiben unter Wasser und regenerieren sich im Laufe eines Jahres wieder vollständig.

Nur die Feuerwürmer verlassen sich auf ihr Gift, der Rest der Borstenwürmer versteckt sich

Verbreitung

weltweit

Gefährlichkeit

Symptome

- meist sind sowohl Stiche als auch Bisse möglich
- die Stacheln verursachen brennende Schmerzen, die tagelang anhalten können
- evtl. länger anhaltende Taubheit der Haut
- Bläschenbildung möglich
- Bisse ungiftig, aber es können sich Infektionen bilden

Biologie

Es gibt mehr als 5400 Arten von Borstenwürmern. Die freilaufenden Arten bezeichnet man auch als Errantia. Borstenwürmer sind Räuber und Aasfresser, die oftmals in Minutenschnelle tote Fische wittern und sich dann in Scharen über Aas hermachen. Andere fressen Wirbellose, sogar vor den giftigen Hydrozoen und den Seeanemonen schrecken sie nicht zurück. Der Feuerwurm verspeist auch Korallen.

Der Borstenwurm hat bis zu 125 Segmente. Seine Farbe kann variieren, von leuchtend rot bis zu grünlich. Meist jagt er nachts, doch bei Witterung von Beute streift er auch tagsüber durch das Riff. Er versteckt sich unter Steinen und Korallenblöcken.

Die Borsten sind hohl und leer, allerdings versehen mit Widerhaken und glashart. Giftdrüsen fehlen, doch die feinen Nadeln brechen leicht ab, sorgen so für Schutz für den Borstenwurm.

Erste Hilfe

- Stacheln mit Klebeband abdecken und dann ruckartig abreißen. Das entfernt einen Teil der Borsten, allerdings selten alle
- Wunddesinfektion bei Bisswunden

Vorbeugung

- Vorsicht beim Hantieren mit Korallengestein im Flachwasser
- tote Fische am Meeresboden nicht berühren

Achtung: Kontakt!

Die Borstenwürmer des Mittelmeers sind nur aufgrund ihrer Borsten unangenehm, während ihre tropischen Vettern auch kräftige Kiefer haben, die noch mit Giftdrüsen gespickt sind. Doch davon sind meist nur Angler betroffen, die mit den Borstenwürmern ihre Angelhaken bestücken.

Die Seemaus ist in europäischen Meeren zuhause

Auch der Feuerwurm ist ein Sammelbegriff, unter den verschiedene wehrhafte Borstenwürmer fallen

Die Borsten dienen als Tast- und Verteidigungsorgane

Bei Gefahr spreizt der Feuerwurm die Borsten

Erlebnis

Auf der Jagd
von Lutz Odewald

Sobald sie Aas wittern, sind die ersten Feuerwürmer zur Stelle

Der Beginn meiner taucherischen Leidenschaft fiel in eine Zeit persönlicher kritischer Haushaltslage. Als Student der Biologie waren das Training im Hallenbad und die wenigen Freiwassertauchgänge zwar schöne Erlebnisse, doch natürlich wollte auch ich mal mehr als 20 Zentimeter Sichtweite.

Eines Tages war es endlich soweit, mit Aeroflot ging es über Ost-Berlin nach Kreta, Rucksack, Iso-Matte und Flossen im Gepäck. Am Strand schlafen, tagsüber schnorcheln – super. Noch besser wurde es, als einer der Griechen, die ich kennenlernte, Pressluftflaschen hervorzauberte. Fortan ging es jeden Tag mal schnorchelnd, mal mit einem kleinen Boot zum Tauchen.

Die Südküste Kretas war damals noch etwas wilder und vor allem unerschlossener als heute. Etliche Dörfer waren abgelegen und hatten sehr eigene Vorstellungen von Recht und Gesetz. Tauchen war damals dort noch verboten, aber der Onkel von Manolis war Chef der örtlichen Polizei…

Folglich waren wir die einzigen Taucher an der ganzen Küste. Oftmals hörten wir in der Ferne dumpfe Explosionen. „Bombing", so mein tauchender Lehrmeister in perfektem Broken English. Wie er mir erklärte, war das zwar streng verboten, doch die einsamen Dörfler an Kretas Südküste scherten sich wenig um die Gesetze aus dem fernen Athen.

Da die pfiffigen Dörfler wussten, dass Taucher sich dort tummeln, wo Fisch ist, hatten sie eines Tages eine der Bomben dicht am Boot von Manolis über dem Tauchplatz geworfen. Für seinen Buddy endete das tödlich, Manolis überlebte im Schutz eines Felsens eher zufällig. Seitdem zog er es vor, gleich mit den Dynamitfischern auszufahren, wenn die auf die Jagd gingen. Die Fischer konnten ihre gefährlichen Mistdinger schmeißen, und er konnte danach in Ruhe tauchen. Deal war, die toten Fische vom Meeresboden einzusammeln.

Eines Tages durfte auch ich mit, erst misstrauisch von den schweigsamen Gesellen gemustert. Doch Manolis hatte sie überzeugt, dass ich die Klappe halten konnte und kein Spitzel der Polizei sei. Stumm saßen wir neben den oftmals nur noch wenigfingrigen Gestalten, wie sie ihre gefährlichen Kracher fertigmachten und dann über Bord schmissen. Oftmals gingen die nämlich ein klein wenig zu früh hoch, dann waren die Finger ab. Oder mehr. Aber diese Bombenbauer konnten dann nicht mehr an Bord...

Nachdem sich die Gischt und der Blasenschwall verzogen hatten, konnten wir ins Wasser.

Der Anblick war ziemlich unappetitlich und schockierend, denn die meisten Fische lagen am Boden. Die Schwimmblase war durch die Explosion zerstört, der Auftrieb fehlte. Diese Art der Fischerei ist nichts als brutaler Raubbau an der Natur, und sie ist unter anderem verantwortlich für die völlig leeren Küstengewässer vor Kretas Küste.

Schnell machten wir uns ans Aufsammeln. Doch nicht schnell genug: Erste, mir damals unbekannte, feuerrote Würmer krochen über die Fische. Einige Fische konnte ich noch einsammeln, doch die Schar an Würmern wurden immer größer. Schließlich wurde es mir zu bunt, ich versuchte, die Würmer von den Fischen abzusammeln. Doch schon der erste Kontakt war heftig:

Unter dem Knäuel verbirgt sich ein Fisch, der jetzt verspeist wird

Ein brennender Schmerz durchzuckte mich, wie von einem Stromstoß. Das hatte ich, der Süßwasser-Taucher, noch nicht erlebt. Noch einmal getestet: Autsch, das tat richtig weh!

Ich überließ dem Knäuel an Würmern, die in Windeseile zur Stelle waren, die restlichen Fische. Die Stelle färbte sich rot und schmerzte den ganzen Tag und Abend. Erst nachts ließen die Schmerzen langsam nach. Die Finger konnte ich zwar bewegen, doch es hatte sich Wasser eingelagert, die Hand war angeschwollen und die Haut blieb noch Tage seltsam gefühllos und taub.

Biologie

Seeigel

Der Falsche Feuerseeigel gehört zu den Seeigel-Schönlingen

Seeigel gehören zum gleichen Tierstamm wie die Seegurken oder die Seesterne. Ihnen gemein ist die **Fünfstrahligkeit**, die beim Seeigel vor allem an leeren Gehäusen zu bewundern ist. Diese Radiär-Symmetrie, wie sie der Biologe nennt, ist im Tierreich einzigartig.

Dort, wo sich das Maul befindet, spricht man von der Oralseite. Sie ist beim Seeigel unten. Mit dem Maul weiden die meisten auf Algenteppichen oder raspeln Felsen ab. Einige Seeigel sind allerdings auch Räuber, die mit ihren Greiforganen, den **Pedicellarien**, Beutetiere ergreifen, betäuben und dann Richtung Maul befördern. Hier finden sich auch Kiemen, mit denen Seeigel den nötigen Sauerstoff aus dem Wasser filtern. Auf der gegenüberliegenden, der Aboralseite, liegen die Öffnungen des Darms und der Geschlechtsorgane.

Der Seeigel kombiniert und verstärkt die Methoden, mit denen sich die Stachelhäuter ihre äußere Form geben. Ist diese bei den Seegurken noch ziemlich weich, sind die Seeigel wahre kleine Ritter.

Unter einer mehr oder weniger dicken Haut befinden sich **Kalkplatten**. Diese Platten sind kaum beweglich zueinander und bilden eine feste Kugel. Außen bildet der Seeigel im Laufe seines Erwachsenwerdens kräftige Stacheln, die ebenfalls mit den Kalkplatten durch Muskeln und Sehnen verbunden sind. Die Stacheln bleiben beweglich.

Zwischen den Stacheln sind Pedicellarien, die kleinen Greifzangen ähneln. Manche Arten benutzen sie zur Jagd,

Deutlich zu sehen: 5 Strahlen

Seeigelmaul mit kleinen Greifern

Stachelteppich im Detail

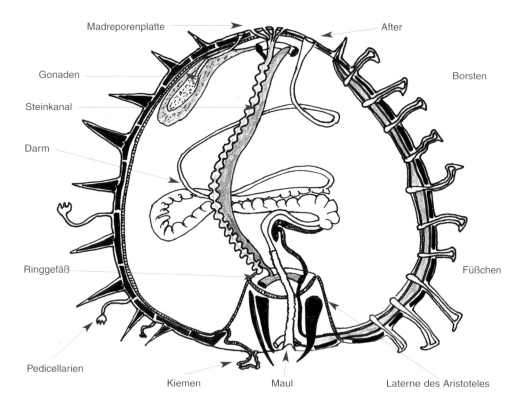

Madreporenplatte — After
Gonaden
Steinkanal
Darm
Ringgefäß — Füßchen
Pedicellarien
Borsten
Kiemen — Maul — Laterne des Aristoteles

einige wie der Giftzangen-seeigel können damit sogar dem Menschen gefährlich werden, die Zangen durch-dringen die Haut.

Die **Füßchen**, die im Stachel-dickicht zu finden sind, gehö-ren zu den inneren Bauteilen des Seeigels. Neben der Fortbewegung können sie auch zur Nahrungsaufnahme oder als Sinnesorgan dienen. Sie werden über Gefäße gesteuert, die ringförmig an-geordnet sind. Die Ringe lau-fen in verschiedenen „Höhen" um das Innere des Seeigels, vor allem im Bereich von Maul und After. Über den Steinkanal und die Madre-porenplatte stehen sie mit der Außenwelt in Verbindung. Dieses Gefäßsystem arbeitet mit klitzekleinen Pumpen, die über Muskeln gesteuert wer-den, und mit Ausgleichs-behältern, ähnlich einem Hydrauliksystem.

Stark vereinfachter Querschnitt durch einen typischen Seeigel, links nur mit Füßchen, rechts mit Stacheln und Pedicellarien

Eine weitere Besonderheit ist die „**Laterne des Aristo-teles**". Hier wird nichts beleuchtet, vielmehr trägt die-ses kuppelartige klitzekleine Bauwerk den Namen seines Entdeckers, des alten Griechen Aristoteles. In die-sen Kalkbögen finden die Kiefer ihre Aufhängung.

Die meisten Stacheln sind hohl

Stacheln des Violetten Seeigels

Dem Lederseeigel auf die Pelle

Steinseeigel

Familie	Echinidae
Art	Paracentrotus lividus
Englisch	Purple Sea Urchin

Verbreitung

Mittelmeer, Nordsee, Kanaren

Gefährlichkeit

Symptome

- Stacheln bohren sich je nach Druck tief in Haut und Gewebe, besonders die Füße sind gefährdet

- die Stacheln verursachen intensive Schmerzen, sind aber nicht giftig

- bleiben die Stachelwunden unbehandelt, drohen Entzündungen der Wunden

Biologie

Vor allem in den kühlen Meeresregionen kommt der acht bis maximal 13 Zentimeter große Steinseeigel vor. Mit seinen Zähnen kann sich dieser Ritter der Meere in Kalkgestein fressen und so richtige Löcher bohren, die ihm dann als zusätzlicher Schutz dienen.
Der Steinseeigel kommt teilweise massenhaft vor. Er weidet im Flachwasser Algenwiesen ab und sorgt so dafür, dass die grünen Teppiche nicht alles überwuchern. Leider schmeckt sein Inneres vor allem den Mittelmeerbewohnern, die nicht nur den lukullischen Genuss suchen. Sie glauben, dass die Fortpflanzungsorgane des Seeigels auch ihren kleinen Organen guttun. Und so erweist sich die mangelnde Manneskraft auch hier wieder einmal als Bedrohung des ökologischen Gleichgewichts.

Erste Hilfe

- Stacheln vorsichtig mit Pinzette entfernen

- abgebrochene Spitzen mit Zitronensaft oder Essig beträufeln. Die Säure löst den Kalk in der Regel auf

- Nadeln nicht „herausoperieren", das ist Aufgabe eines Arztes!

Vorbeugung

- Strandschuhe oder Füßlinge mit fester Sohle schützen am besten

- Vorsicht beim Schnorcheln und Tauchen im Flachwasser – Bauch und Knie einziehen, insbesondere nachts!

Achtung: Kontakt!

Schwimmer, Taucher oder Spaziergänger – alle fürchten die Stacheln dieses häufigen Flachwasserbewohners. Nachts ist die Gefahr einer bei Fehltritt dauerhaften Beschäftigung mit den Stacheln am größten, denn da sind Seeigel besonders aktiv. Die Stacheln sind aber nicht giftig, sondern nur hohl.

Die Füßchen sorgen für festen Halt auf den Felsen

In manchen Gegenden des Mittelmeers ist der Steinseeigel verschwunden, da komplett aufgesammelt

Dieser kleine Krebs nutzt den Schutz der Stacheln

Die Färbung der Steinseeigel ist variabel

Schwarzer Seeigel

Klasse	Stachelhäuter
Familie	Arbaciidae

Verbreitung

Mittelmeer, Ostatlantik

Biologie

Den kleinen schwarzen Piekser kennt fast jeder, der schon einmal das Mittelmeer besucht hat, denn er gehört zu den am weitesten verbreiteten Seeigeln dieser Region. Außerdem kommt er in der Regel gleich in Massen vor. Da er Algen abweidet, ist er eigentlich gut zu entdecken, wenn man nicht gerade barfuß über Felsen balanciert, denn dann sieht man ihn oft nur als stachelige Masse in der eigenen Fußsohle.

Wie die meisten Seeigel ist der Schwarze Seeigel allerdings vorwiegend nachtaktiv, tagsüber versteckt er sich meist in Spalten und Höhlen. Hier findet er auch leicht Platz, denn er ist verhältnismäßig klein, nur acht Zentimeter groß. Taucher finden ihn bis in maximal 50 Meter Tiefe, deutlich wohler fühlt er sich aber im Flachwasserbereich, wo Algen, seine Hauptmahlzeit, zahlreicher sind.

Achtung: Kontakt!

Die Stacheln des kleinen Fieslings brechen leicht ab. Da er außerdem in Scharen vorkommt, kann man auch als Taucher leicht einen Felsen streifen, der von ihm besetzt ist. Generell aufpassen sollte man beim Griff in Felsspalten, etwa bei Wellengang. Hier sitzt der Schwarze Seeigel besonders gern. Strandspaziergängeer sollten vor allem beim Weg über karstiges Gestein vorsichtig sein.

Gefährlichkeit

Symptome

- auch bei diesem Stachler sind Füße, Hände und bei Schwimmern und Tauchern auch Knie am meisten gefährdet

- die Stacheln sind nicht giftig. Jedoch Vorsicht, wenn sie in Gelenke stechen, dann ist ein Arztbesuch unvermeidbar

- bleiben die Stachelwunden unbehandelt, drohen Entzündungen der Wunden

Erste Hilfe

- die Stacheln vorsichtig mit einer Splitter-Pinzette entfernen

- abgebrochene Spitzen mit Zitronensaft oder Essig beträufeln. Nicht behandelte Kalknadeln können sich verkapseln und dauerhaft druckempfindlich bleiben

- Wunden mit Jodtinktur oder Alkohol desinfizieren

Vorbeugung

- Strandschuhe oder Füßlinge mit fester Sohle beim Gang am oder im Wasser tragen!

- Vorsicht beim Schnorcheln und Tauchen im Flachwasser

Der abgeweidete Fels bleibt kahl zurück

Der Schwarze Seeigel wird nur rund acht Zentimeter groß, kommt aber in großen Mengen vor

Die Farbe der Stacheln kann variieren

Dieser Seeigel hat einen Anker vor Giglio erklommen

Diademseeigel

Familie	Diadematidae
Arten	Diadema antillarum u.a.
Englisch	Long-spined Sea Urchin

Verbreitung

Mittelmeer, Rotes Meer, Indo-Pazifik

Gefährlichkeit

Symptome

- Stich extrem schmerzhaft
- leichte Schwellung und Hautrötung
- Hautregion wird teils gefühllos und durch eindringenden Farbstoff wochenlang bläulich
- Bruchstücke verkapseln sich unter der Haut

Biologie

Diademseeigel können enorm zahlreich auftreten, einige Dutzend pro Quadratmeter. Sie sind vorwiegend nachtaktiv, doch tummeln sie sich auch tagsüber in Spalten und Höhlen in oft größeren Versammlungen. Ihre natürlichen Feinde sind Drücker- und Lippfische.
Auch die Diademseeigel raspeln mit ihrem hochentwickelten Kauapparat Algen von festem Untergrund ab. Mit zahlreichen Saugfüßen sichern sich die Seeigel Fortbewegung und Halt. Diademseeigel besitzen lichtempfiindliche Organe, mit denen sie Bewegungen erkennen können.
Oftmals leben Kardinalsfische im Stacheldickicht und nutzen ihren Schutz. In diesem Fall spricht man vom Kommensalismus: Eine Art profitiert von der anderen, ohne ihr zu nützen oder sie zu schädigen.
Tropische Diademseeigel haben besonders lange Stacheln, Mittelmeervertreter eher kurze.

Erste Hilfe

- Ägypten: Olivenöl auf Stacheln träufeln und dann abdecken, schließlich mit Limonensaft behandeln, macht Stacheln erst weich, Limone löst Kalk dann auf
- Indonesien: Urin auf Stacheln träufeln und abdecken, löst Stacheln auf
- oberflächlich eingedrungene Stacheln eitern nach einigen Tagen allein heraus
- tief eingedrungene Stacheln, vor allem in Gelenken, müssen chirurgisch entfernt werden

Vorbeugung

- Vorsicht bei Nachttauchgängen!
- nicht in Spalten oder Höhlen fassen
- Berührung vermeiden, umsichtig tarieren Füßlinge tragen!

Achtung: Kontakt!

Bei Kontakt dringen die Stacheln leicht in die Haut ein und brechen dort ab. In ihnen befindet sich ein Sekret, das in die Wunde eindringt. Der Stich ist auch durch dieses Sekret sehr schmerzhaft. Außerdem sind die Stacheln mit einer rauhen Oberfläche versehen, die es schwierig macht, sie zu entfernen.

Garnele mit fast perfekter Tarnung

Schwarzer Langstachelseeigel des Mittelmeers

Tropischer Diademseeigel mit extra langen Stacheln

Massenansammlung algenweidender Diademseeigel

Nahaufnahme des Halm-Diademseeigels

Auf dem Rücken tragen Seeigel eine Afterblase

Kardinalfische mit angepasster Färbung

Erlebnis

Riffprotektoren

von Paul W. Munzinger

Stechendes Erlebnis im Jemen

badflossen werden es auch tun. Das Hausriff hatte einen langen Steg für den bequemen Ein- und Ausstieg, was natürlich zuerst absolut kein Problem darstellte. Super einfacher Einstieg, so mag man das!

Aber dann: Mal wieder war ich von der UW-Landschaft so begeistert, dass ich die Flasche bis zum Anschlag aussaugte. Als dann noch eine Gruppe Delphine nette Spielchen mit uns trieb, vergaßen wir Zeit, Raum und Luft. Der bequeme und sichere Steg war ein paar hundert Meter entfernt, das Land aber recht nahe. An ein Zurücktauchen war nicht mehr zu denken, und zum langen Schnorcheln in diesem Wellengang mit kompletter Ausrüstung und Kameras hatten wir gleich gar keine Lust. Der kürzeste Weg ist die Gerade, und die schlugen wir mit Kompassunterstützung auch ein. Als wir fast an Land waren, zog ich meine Gummitreter aus

und wollte mich mit einer Welle sanft und elegant auf's Land treiben lassen. Pustekuchen! Eine Unterströmung zog mich wieder etwas hinaus, und mit der nächsten Welle ging's heftig und barfuß auf's Riffdach. Und dort lauerten die Stachelmonster und Lanzenträger in voller Pracht! Ihre Spitzen trieben sich durch Hornhaut und weichere Schichten binnen einer Sekunde in einen meiner Füße. Die Reaktion kann sich jeder gut vorstellen – am Schluss waren selbst meine beiden Knie noch lädiert. Mit diesen Stacheln intus zurücklaufen ging alles andere als gut, und die anschließende „Notoperation" von Roger Winter wird mir auf ewig in Erinnerung bleiben.

Ein paar schwarze Punkte sehe ich noch heute, doch nun Gott sei Dank ohne Schmerzen. Glück im Unglück hatte ich natürlich, dass es „nur" Diademseeigel waren. Denn wären es auch noch giftige Seeigel gewesen, hätte die Situation weitaus schlimmer ausgehen können. Seither sind Füßlinge und Fersenbandflossen für mich Pflicht, nicht nur Kür!

Durch dieses Erlebnis habe ich auf Behandlungen in anderen Ländern geachtet:

Reste der Stacheln von Diademseeigel erkenne ich noch heute in meinem Fuß. Der lang ersehnte Tauchurlaub stand vor der Türe, nochmals wurde die Checkliste des Veranstalters gewälzt. Der alte Haudegen Roger Winter schrieb an alle Mitreisenden der Gruppentour nach Al Mukalla im Jemen explizit: „...auf jeden Fall Füßlinge und Fersenbandflossen mitnehmen!"

Was soll's, dachte ich mir damals, das Gewicht kann ich doch sparen, Schwimm-

Die Lanzenträger lauerten auf dem Riffdach und stachen zu

1) Papaya mit viel Fruchtfleisch abschälen, auf betroffene Stellen auflegen und am besten mit Mullbinde sichern, sauberer Lappen oder T-Shirt geht auch.

2) Papaya zu Mus zerdrücken und einwickeln, dann ebenfalls direkt auf die Stelle bringen. Das Mus zieht die Seeigelspitzen langsam heraus, so dass man sie am Ende greifen kann. Am besten lässt man die Stelle über Nacht bedeckt, dann ist alles aufgeweicht und die Stachelreste lassen sich mit der Pinzette herausziehen. Alternative ist die Zitrone. Auch sie wird mit Fleisch geschält, dann drauf damit. Papaya ist aber besser, da sie eine intensivere Wirkung hat.

3) Ein Arzt in Manado hat eine umstrittene Methode demonstriert: mit festem Gegenstand, etwa einem Messerrücken, den Stachel regelrecht zertrümmern, was zunächst natürlich höllisch schmerzt, aber den Stachel in kleine Stücke teilt. Anschließend mit Zitrone beträufeln, damit sich der Kalk auflöst.

4) Essig – die wohl gebräuchlichste Art.

Lederseeigel
(Feuerseeigel)

Familie	Asthenosoma
Art	Astehnosoma varium
Englisch	Fire Urchin

Verbreitung

Indischer Ozean, Arabisches und Rotes Meer

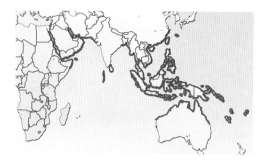

Biologie und Lebensweise

Bis zu stolzen 20 Zentimetern wird der Leder- oder Feuer-Seeigel groß. Das nachtaktive Tier ist wunderschön anzuschauen: kurze und oft büschelweise angeordnete Stacheln sowie eine dünne und lebhaft weiß, rot und orange gefärbte Haut. Die Haut ist an den Stachelspitzen zu weißen Blasen verdickt, in denen das Gift zur Verteidigung bereitgehalten wird.

Auch die Lederseeigel ernähren sich vorwiegend von Algen und Schwämmen, die sie vom felsigen Untergrund abschaben. Zwar ist der Lederseeigel äußerst giftig, doch besitzt er in Kugel-, Drücker- und Lippfischen natürliche Feinde. Selber bewegt sich der Lederseeigel überraschend schnell. Tagsüber lebt er in 20 bis 40 Metern Tiefe, des Nachts kommt er in seichtes Wasser.

Achtung: Kontakt!

Vor allem bei Nachttauchgängen drohen Kontakte mit dem giftigen Schönling. Leichte Berührung mit ungeschützter Haut genügt: Der Schmerz ist sofort blitzartig einsetzend, ähnlich einem Peitschenhieb. Die Verletzungen der Haut sind kaum sichtbar, Schäden wie Übelkeit oder Kreislaufprobleme treten eher als Reaktion auf den heftigen Schmerz auf, der nach rund 30 Minuten wieder abklingt.

Gefährlichkeit

Symptome

- sofort einsetzender heftiger und brennender Schmerz, wie ein Peitschenschlag
- Schmerz hält rund 20 bis 30 Minuten an
- evtl. Kreislaufprobleme, Muskelkrämpfe
- psychische Ausnahmereaktionen, z.B. Panik

Erste Hilfe

- je nach Intensität des Kontakts Tauchgang abbrechen
- mit Pinzette Stachelreste entfernen
- mit Alkohol und/oder Jodtinktur desinfizieren, kein heißes Wasser!

Vorbeugung

- Vorsicht bei Nachttauchgängen!
- Tropenanzug tragen, T-Shirt reicht nicht
- Berührung vermeiden, umsichtig tarieren

Die Hautsäckchen der Stachelspitzen sind voll Gift

Der Feuerseeigel ist der vielleicht schönste Vertreter seiner Zunft. Doch er ist zugleich extrem giftig!

Shrimps-Familie zu Hause

Schnecken im Gift-Schutz

Nachtaktiver Schönling

Giftzangenseeigel

Familie	Toxopneustidae
Art	Toxopneustes pileolus
Englisch	Flower Urchin

Verbreitung

Indischer Ozean, Arabisches und Rotes Meer

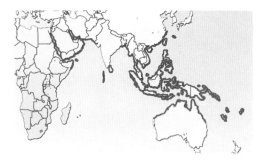

Biologie und Lebensweise

Dieser extrem giftige Seeigel kommt im Flachwasser von strömungs- und brandungsgeschützten Sand- und Geröllstränden sowie Seegraswiesen vor. Aber er wurde auch schon in bis zu 35 Meter Tiefe gesichtet. Das harmlos aussehende Giftfass auf zahlreichen Lauffüßchen wird bis zu 12 Zentimeter groß und tarnt sich gern mit Schalenresten und ähnlichen Utensilien, die es auf der Oberseite festhält. Dazu benutzt es dieselben Greiforgane, mit denen es sein Gift in unvorsichtige Angreifer injiziert. Die Greiforgane reißen übrigens beim Kontakt mit größeren Lebewesen ab und bleiben noch Stunden aktiv!

Achtung: Kontakt!

Absolutes „Finger weg!" Der Giftzangenseeigel ist extrem giftig und wird für einige Todesfälle verantwortlich gemacht. Durchdringen die Pedicellarien die Haut, wird das Gift injiziert. Die wahrscheinlich giftigsten kleinen Greifzangen sitzen an der Unterseite. Die blumenartigen Organe besitzen drei Backen, die wie kleine Greiforgane arbeiten. Mit ihnen durchdringt der Seeigel locker auch die menschliche Haut. Die meisten Unfälle passieren beim Hantieren mit dem Seeigel.

Gefährlichkeit

Symptome

- sofort einsetzender heftiger Schmerz, der nach etwa 60 Minuten nachlassen kann

- Lähmungserscheinungen von Gesichtsmuskulatur und Zunge, auch Extremitäten, möglich, die Stunden dauern können

- Übelkeit, Angstzustände

- evtl. Kreislaufprobleme, Muskelkrämpfe

Erste Hilfe

- Tauchgang abbrechen, Wasser verlassen

- Stachelreste und Pedicellarien mit Splitterpinzette vorsichtig entfernen

- Wunden mit Alkohol und/oder Jodtinktur desinfizieren

- bei schweren Stichverletzungen und Folgesymptomen Arzt aufsuchen

Vorbeugung

- Vorsicht bei Nachttauchgängen!

- jegliche Berührung vermeiden

Auf einem wenige Millimeter langen Stiel sitzen drei Klauen, die ineinander greifen. Im Innern dieser Greifzangen ist Drüsengewebe, welches das Gift produziert, das beim Zugreifen in die Wunde gepresst wird

Bis zu zwölf Zentimeter werden die extrem giftigen Seeigel groß. Tücke des Details: Sie tarnen sich gern

Die Pedicellarien sehen aus wie Blütenblätter

Mit den Giftzangen wird auch Beute gefangen

Bischofsmützen-seeigel

Familie	Toxopneustidae
Art	Tripneustes gratilla
Englisch	Cake Urchin

Verbreitung

Indischer Ozean, Arabisches und Rotes Meer

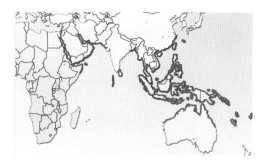

Biologie und Lebensweise

Auch die Bischofsmütze gehört zur Familie der Gift-Seeigel, die mittels ihres Klauenapparates Gift in ihre Opfer injizieren. Ganz ähnlich wie der Giftzangenseeigel lebt auch sein „behüteter" Verwandter in Seegraswiesen im Flachwasser und bis in maximal zehn Meter Tiefe in Korallenriffen. Die Farbe ist variabel, seine maximale Größe erreicht er mit etwa 15 Zentimetern.

Nachts weidet die Bischofsmütze auf Hartsubstrat und raspelt mit seinem Kauapparat Algen ab. Dabei tarnt sich der Seeigel mit allem, was ihm vor die kleinen Greifer kommt. Er zieht sich also sozusagen eine Mütze über den Kopf.

Achtung: Kontakt!

Auch von diesem Exemplar der Giftseeigel sollte man tunlichst die Finger lassen, denn wie alle anderen Mitglieder der Familie besitzt er ein leistungsstarkes Gift, allerdings nicht so stark wie beim Giftzangenseeigel.

Wie so oft helfen hier gute Tarierung und vor allem Distanz zum Riff, um Ärger aus dem Weg zu gehen. Schwimmer sollten von tauchenden Kollegen gewarnt werden, vor allem vor nächtlichem Badevergnügen, denn den Flachbereich teilen sich Seeigel und bloße Füße!

Gefährlichkeit

Symptome

- sofort einsetzender heftiger Schmerz, der nach etwa 15 Minuten nachlassen kann
- Übelkeit, Angstzustände
- Kreislaufprobleme, Muskelkrämpfe möglich
- Lähmungen von Gesichtsmuskulatur, Zunge und Extremitäten möglich

Erste Hilfe

- nur bei mehreren Stichen Tauchgang abbrechen, Wasser verlassen
- Stacheln und Pedicellarien mit Pinzette vorsichtig entfernen
- Wunden mit Alkohol und/oder Jodtinktur desinfizieren

Vorbeugung

- Vorsicht bei Nachttauchgängen!
- jede Berührung vermeiden
- im Flachwasser und im Ein- und Ausstiegsbereich besondere Vorsicht

Das helle Flachwasser ist die Heimat der Seeigel

Wunderschön, aber ebenfalls ziemlich gifitg: der Bischofsmützenseeigel aus dem Indopazifik

Die Bischofsmütze liebt es, sich zu tarnen

Oftmals kaum zu sehen, daher Schuhe tragen!

Erlebnis

Bobets Meisterstunde

von Paul W. Munzinger

Eduardo „Bobet" Cruz

Mit über 7000 Inseln sind die Philippinen ein wahres Taucherparadies. Direkt im Herzen liegt die Gruppe der Visayas, auf denen die Sea Explorers ein abwechslungsreiches Inselhüpfen anbieten. Auf sechs Inseln haben die Exilschweizer Tauchbasen aufgebaut, die alle miteinander kombiniert werden können.

Wir sind in Cabilao angelangt, einer kleinen Insel vor Bohol. Seit 12 Jahren arbeitet dort der ehemalige Koch Eduardo „Bobet" Cruz als Guide und Tauchlehrer. Über 8000 Tauchgänge hat der 34jährige sympathische Philippino an den Flossen,

fast alle hat er vor der Haustüre unternommen. Keine Frage: Niemand anders kennt das Tauchgebiet besser als er. Als ich ihm von unserem Buch über gefährliche Meerestiere erzähle, spitzt er die Ohren und bietet mir einen interessanten Nachttauchgang an.

Gesagt, gemacht: Keine fünf Minuten sind vergangen, und schon deutet er mit einem kleinen Metallstab auf die Seegraswiese. Eine Bischofsmütze liegt gut getarnt dazwischen, ein paar Meter weiter liegt eine noch weitaus giftigere Spezies, der Giftzangenseeigel. Fast im Minutentakt geht's Schlag auf Schlag. Bobet

schreit in seinen Lungenautomaten, als er eine hochgiftige braune Teppichanemone sieht. Nur nachts hat sie ihre Tentakel draußen. Ein Kaninchenfisch hat sich etwas daneben zur Ruhe gelegt.

Kurz vor der Riffkante deutet er auf eine grüne Bäumchenanemone, mit der auch nicht zu spaßen ist. Wir tauchen auf 14 Meter Tiefe ab, wo die Wohnhöhle eines Fangschreckenkrebses liegt. Unter einem Korallenstock hat sich ein Doktorfisch zu Bett gelegt, und die farbigen, frechen Anemonenfische darüber haben sich tief in ihre Wirtstiere eingekuschelt.

Wir tauchen wieder höher. Im Sandgrund deutet mein Buddy wild auf irgendetwas, das ich aber nicht erkenne. Ganz nahe pirsche ich mich

Links Bischofsmütze, rechts Giftzangenseeigel

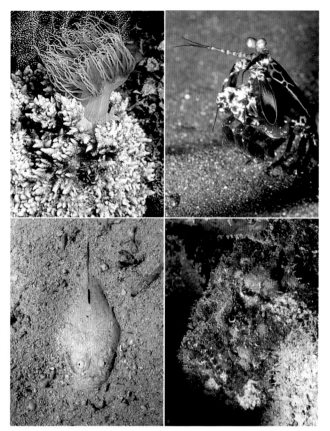

Kleine und größere Monster, alles in nur einer Stunde!

ran und entdecke eine winzige Doppelreihe von kleinen Zähnen. Vorsichtig stochert Bobet mit seinem Dirigentenstab darunter, und zum Vorschein kommt ein grimmig aussehender Himmelsgucker. Die Lampen sind ihm viel zu hell, und nach ein paar Minuten gräbt er sich wieder ein.

Schon wieder ein Schrei, und wiederum erkenne ich es nur sehr schwer: Zwei Höckeraugen und ein aufrecht stehendes Maul lugen aus dem Sand, es ist ein gut getarnter Teufelsfisch.

Aufgeregt funkelt später mein Guide mit seiner Lampe in eine Höhle, in der

sich ein rot-gelb gefärbter Steinfisch breit gemacht hat.

Eine Stunde voller Highlights vergeht wie im Flug, wir tauchen auf: „Vorsicht Mann, vielleicht sehen wir noch einen Blauring-Oktopus im seichten Wasser beim Rauslaufen!"

Der einheimische Wassermann liebt das Tauchen über alles. „Solche Guides gibt es äußerst selten", so sein Chef Chris Heim. „Mit dem kannst du drei Wochen verbringen, und er zeigt dir bei jedem Tauchgang was Neues."

Biologie

Seesterne

**Stamm: Stachelhäuter
Klasse: Asteroida**

Seesterne in der Baja California

Neben den Seeigeln gehören die Seesterne sicher zu den bekanntesten Vertretern der Stachelhäuter. Ihre Verwandtschaft zum Seeigel ist auffällig. Noch deutlicher tritt bei den typischen Seesternen die **Fünfstrahligkeit** auf (die Dornenkrone ist ein Sonderling!). Auch die inneren Organe gleichen sich bis auf wenige Unterschiede. Klar, dass alle Versorgungsleitungen auch in die letzten Armzipfel gelegt sein müssen. Ist auch passiert, daher die leichten Abweichungen.

Aber Stacheln und Kalkplatten unter der Haut sind genauso zu finden wie das verflixte **Ambulakralsystem**. Hier sogar noch ein bisschen ausgeprägter, denn die Bio-Hydraulik der Stachelträger ist für den „rasanten" Seestern, der ja wirklich emsig zu Fuß unterwegs ist, noch wichtiger als bei den lahmen Seeigeln. Von den Seegurken wollen wir gar nicht reden!

Dornenkronen-Varianten

Die Arme werden natürlich nicht nur biohydraulisch bewegt, sondern auch durch Muskeln. Apropos Arme: Bis auf Mutationen heißt es: Give me five! Auch die Dornenkrone oder Kissenseesterne haben eine Anzahl von Armen, die sich immer durch Fünf teilen lässt.

Während beim Seeigel die **Stacheln** überwiegend der Abwehr dienen, sind sie beim Seestern auch zuständig für anfallende Grabarbeiten, außerdem für die Zufuhr von

Das Regenerationsvermögen ist erstaunlich

Ertappt: Bewohner der Aboral-, also Oberseite

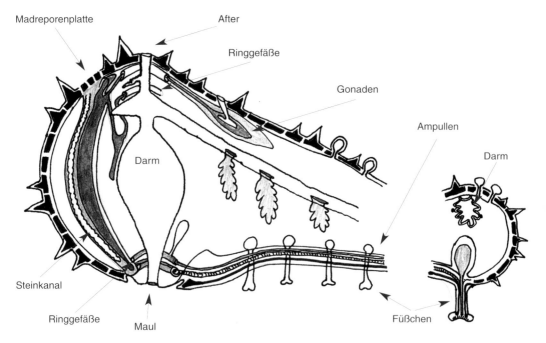

Madreporenplatte   After

Ringgefäße

Gonaden

Ampullen

Darm

Darm

Steinkanal

Ringgefäße

Maul

Füßchen

Von der Seite gesehen sieht der Seestern aus wie eine Keule. Der Arm ist verkürzt dargestellt

Frischwasser und damit fressbarem Plankton oder zur Abstützung in weichem Boden.

In Sachen **Mahlzeit** sind Seesterne wenig wählerisch, aber ziemlich erfinderisch. Einige fressen kleinste Bodenlebewesen, andere verdauen ihre Nahrung durch den vorgestülpten Magen-Darm-Trakt schon außerhalb. Raffiniert sind dabei die Seesterne, die sich auf Muscheln spezialisiert haben. Sie greifen sich die Muschel und ziehen mit ihren Saugnäpfen die Schalen auch gegen heftigsten Widerstand der Muschel etwas auseinander. Durch diesen kleinen Spalt schieben sie ihren Magen ins Muschelinnere. Die drüsige Oberfläche setzt dann Stoffe frei, die den Muskel der Muschel lähmen. Mit den Saugnäpfen wird die Muschel dann weiter auseinandergezogen und schließlich aufgefressen.

Seesterne sind in der Regel **getrenntgeschlechtlich**. Manche Arten machen im Laufe der Zeit eine natürliche Geschlechtsumwandlung durch, werden je nach Umweltbedingung männlich oder weiblich.

Allen gemein ist die erstaunliche Fähigkeit zur Reproduktion fehlender Körperteile.

Der Riesenseestern zieht die Arme zum Schutz an

Die Dornenkrone ist der Schrecken jeder Koralle

Dornenkrone

Odnung	Spinulosida
Art	Acanthaster planci
Englisch	Thorns Starfish

Verbreitung

Indo-Pazifik, Rotes und Arabisches Meer

Biologie und Lebensweise

Die Dornenkrone hat besonders bei Tauchern einen ganz schlechten Ruf. Das hat sie aber nicht etwa ihrer Giftigkeit zu verdanken, sondern weil sie sich mit Herzenslust über Korallenpolypen hermacht und ganze Stöcke regelrecht auslutscht.

Die Schäden, die die Dornenkrone anrichtet, sind für das Korallenriff verheerend, denn die Dornenkrone rückt in Großfamilien an und geht ungemein gründlich vor. Zurück bleibt eine kahle weiße Wüste, ähnlich der nach einer Korallenbleiche, die langsam zerfällt, da jetzt Wind und Wellen freie Bahn auf kahle Riffe haben.

Und die sind weltweit durch Coral Bleaching sowieso schon vorgeschädigt!

Achtung: Kontakt!

Dornenkronen besitzen in dem Schleim, der ihren Körper überzieht, zahlreiche giftige Stoffe. Zusätzlich sind sie mit reichlich spitzen Stacheln „gesegnet", für die selbst dünne Handschuhe oder Schuhwerk kein Hindernis sind. Die Stacheln sind ungiftig, aber der Schleim der Dornenkrone wird bei jedem Piekser unter die Haut befördert. Und das Gift ist alles andere als ungefährlich, es ist blutzersetzend und gewebezerstörend. In Kontakt kommen vor allem Taucher, die das Riff „retten" wollen und die Tiere berühren.

Gefährlichkeit

Symptome

- Stacheln dringen leicht und tief ein und brechen dann oft ab
- sofort einsetzender starker Schmerz, der bei mehreren Stichen unerträglich werden kann
- um die sich bläulich verfärbenden Einstichstellen bilden sich Ödeme (Wasseransammlungen)
- Übelkeit, Erbrechen und Kreislaufprobleme möglich

Erste Hilfe

- Wasser verlassen
- Stacheln mit Pinzette entfernen, zerbröseln aber leicht. Evtl. röntgen lassen, sonst drohen Gewebewucherungen um Kalkreste
- Wunden mit Alkohol und/oder Jodtinktur desinfizieren

Vorbeugung

- jede Berührung vermeiden
- überall, wo Dornenkronen auftauchen, besondere Vorsicht. Dornen dringen selbst durch Strandschuhe

Von diesen Pieksern lässt man besser die Finger!

Nein, wir mögen es nicht! Dieses stachelige Monster der Meere wird bis zu 60 Zentimeter groß

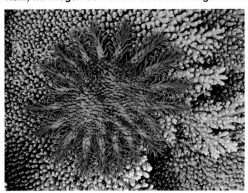

Die Tage dieser Tischkoralle sind wohl gezählt

Auf Wanderschaft: Die Dornenkrone ist nachtaktiv

Biologie

Schnecken

Die Gehäuse vieler Schnecken sind kunstvolle Gebilde

Die Kegelschnecken tragen nicht nur ein kunstvoll produziertes Eigenheim auf ihrem Rücken, welches sie vor ihren Fressfeinden schützt. Sie sind zudem ausgezeichnete Jäger, die sich auf den **Giftpfeil** als Waffe spezialisiert haben. Und anders als bei den Nacktschnecken, die ihr Gift nur zur passiven Verteidigung einsetzen, greifen die Kegelschnecken mit ihrer Giftzunge auch an. Alle Kegelschnecken sind Fleischfresser, die ihre Beute mittels chemischer Sinnesorgane orten.

Unter den etwa 500 verschiedenen Arten von Kegel- oder Konusschnecken werden drei Typen deutlich. Die einen haben sich auf **Würmer** spezialisiert. Sie schießen ihren Giftpfeil in den Körper des Wurms und warten, bis er gelähmt ist, dann wird er ver-

Während die Nacktschnecken sich von ihrem Gehäuse verabschiedet haben und auf ihre Ungenießbarkeit setzen, sind die Kegelschnecken den komplett entgegengesetzten Weg gegangen.

Fast allen Schnecken gemein ist die Anlage eines **Schneckenhauses**. Diese kalkige Schutzhöhle Marke Eigenbau ist ein Merkmal aller Weichtiere. Bei Muscheln und Kopffüßern waren nur andere Architekten am Werke, aber dazu später mehr.

Blick auf eingezogenen Rüssel

Neben dem muskulösen Rüssel ragen Augen aus dem Gehäuse

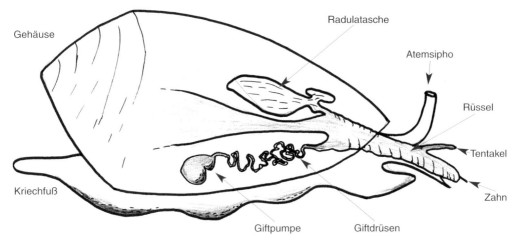

Gehäuse

Radulatasche

Atemsipho

Rüssel

Tentakel

Zahn

Kriechfuß

Giftpumpe   Giftdrüsen

Oben: Bei Kegelschnecken werden die Giftharpunen der Raspelzunge, der Radula, getrennt vom eigentlichen Gift gebildet. Erst im Rüssel werden die Harpunen „geladen". Links: Die Reichweite der Giftzunge ist erstaunlich groß

nascht. Wenn der Wurm eine Röhre bewohnt, schießen sie einen Giftpfeil ab, der nach dem Treffer nicht abgestoßen wird, sondern mit der Schnecke in Verbindung bleibt. An dem mit Widerhaken besetzten Giftpfeil hängt der Wurm und wird, wenn er gelähmt ist, aus seinem Bau gezogen.

Die zweite Gruppe jagt **Schnecken**. Sie schießen ihren Giftpfeil ab und warten, bis er wirkt. Reicht das Gift nicht, wird ein zweiter oder dritter Pfeil abgeschossen. Das Nachladen ist wichtig, denn oftmals sind auch andere Konusschnecken Ziel der Attacken. Wirkt das Gift, erschlafft im Körper des Opfers der Spindelmuskel, der die Schnecken am hinte-

ren Ende des Eigenheims festhält und das Zurückziehen ermöglicht. Dann wird die Schnecke aus dem Gehäuse gezogen und verspeist.

Die dritte Gruppe hat sich auf meist bodenlebende **Fische** spezialisiert, die ebenfalls per abgeschossenem Giftpfeil betäubt und dann als Ganzes verschlungen werden.

Achtung: In diesem vermeintlichen Schmuckstück lauert der Tod!

Für solch ein Souvenir sterben?

Kegelschnecke

Familie   Conidae
Englisch   Cone Shell

Verbreitung

Indo-Pazifik, Ostatlantik, Mittelmeer, Westafrika

Gefährlichkeit

Symptome

- Schwere der Vergiftung hängt auch von Größe des Tieres ab, tödliche Fälle meist bei Tieren über 10 Zentimeter Größe

- starker, an Bienenstich erinnernder Schmerz beim Einstich

- leichte Schwellung

- erst nach rund 20 Minuten wird Einstichstelle gefühllos

- Taubheitsgefühl breitet sich aus über Extremität und Teile des Körpers, Muskellähmung folgt

- Schluckbeschwerden, Muskelschwäche, Sprachbeschwerden, Atemnot

- Bewusstseinstrübung, Atemlähmung, Koma

- bei überlebter Vergiftung noch bis zu einem Monat Muskelschwäche und Taubheitsgefühl

Biologie und Lebensweise

Kegelschnecken sind nachtaktive Tiere. Tagsüber ragt nur ihr Atemrohr aus Felsspalte oder Sandgrund. Der Giftapparat ist hochkompliziert und dreigeteilt: Die Giftblase ist von dicken Muskelschichten umgeben und funktioniert als Pumpe. Die Giftdrüse selber ist ein Schlauch, der sich in den Schlund öffnet. Hier warten schon die Giftzähnchen, die in einer extra Tasche, dem Radulasack, gebildet werden. Bis zu 100 dieser Chitinzähnchen warten hier auf Einsatz. Der Giftzahn wird immer nur einmal verwendet und bleibt in der Beute stecken, durch Widerhaken gesichert.
Die Schnecken fressen ihre Opfer ganz, dabei kann sich das Maul erstaunlich weit öffnen.

Achtung: Kontakt!

Die einzige Art von Kegelschnecke, die es im Mittelmeer gibt (Conus mediterraneus) ist völlig ungefährlich, andere Arten jedoch sind für Todesfälle verantwortlich. Diese Arten kommen in subtropischen und tropischen Gewässern vor und gehören zur Gruppe der Fischjäger.
Die Giftzunge durchdringt auch Handschuhe. Außerdem ist der Radius, in dem die Giftzunge noch zustechen kann, erstaunlich groß, reicht locker auch um das Tier herum, also Finger weg!

Erste Hilfe

- sofort Wasser verlassen. Schneckengehäuse, wenn möglich, mitnehmen zur Identifikation, aber Vorsicht!

- rascher Transport zum Arzt, Schnelligkeit ist lebensrettend

- Atmung kontrollieren, falls nötig: künstliche Beatmung

Vorbeugung

- jede Berührung vermeiden, auch am hinteren Ende des Gehäuses!

- aus Naturschutzgründen sollten auch keine leeren Gehäuse erworben werden

Am Ende des Rüssels sitzt der Giftzahn. Der Rüssel ist sehr beweglich und reicht um das Tier herum

Biologie

Fische

Stachliger Schönling: der Red Sea Walkman oder Teufelsfisch

Es gibt mindestens 20 000 Fischarten, die in allen möglichen Gewässern durch die Gegend schwimmen. Ob Hai oder Schiffshalter, ob Anemonenfisch oder Zackenbarsch, sie alle gehören zur großen Gruppe der Wirbeltiere, besitzen also eine **Wirbelsäule** und Knochen oder Knorpel beziehungsweise Gräten. Wirklich gefährlich sind davon natürlich nur wenige. Doch im Repertoire ist alles versehen, was Schwimmern und Tauchern keinen Spaß macht: giftiger Schleim, nadelspitze Zähne, giftige Stacheln und furchterregende Gebisse. Sogar Lutscher und Sauger lauern auf Unvorsichtige!

Die meisten der giftigen Flossenträger lieben ihre Ruhe und verstecken sich bei Annäherung, sind nur bei allzu großer Nähe bedrohlich. Von den bissigen Fischen genießt der **Hai** natürlich einen besonderen Ruf. Doch viel „gefährlicher", da wirklich ein schwimmender Miesepeter, ist der **Drückerfisch**. Doch auch bei denen gilt, dass Unvorsicht und Unkenntnis Ursache von Vorfällen ist. „Böse" Fische gibt es nicht!

Werfen wir einen Blick auf die schuppigen Genossen, so fällt von außen erstmal ihr Flossenkostüm auf. Bis auf wenige Ausnahmen dienen die **Flossen** der Fortbewegung, nur der Knabe links oben hat zusätzlich Brustflossen zu stelzenförmigen „Hilfs-Füßen" umgebaut. Aufgehängt sind die Schwimmpropeller an einer Wirbelsäule, die sich vom Schädelbereich bis an die Wurzel der Schwanzflosse zieht. Bei den Knorpelfischen ist diese Stütze noch relativ

Doktorfisch

Anemonenfisch

Schaukelfisch

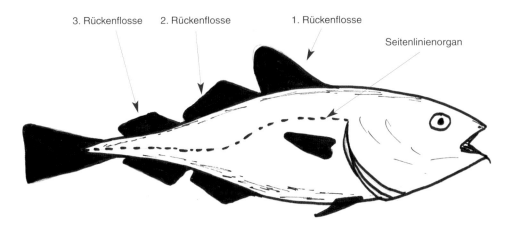

3. Rückenflosse 2. Rückenflosse 1. Rückenflosse

Seitenlinienorgan

Schwanzflosse   2. Afterflosse   1. Afterflosse   Brustflosse   Bauchflosse

weich, bei den Knochenfischen, also dem Rest der Zunft, ist sie tatsächlich knöchern. Die Knorpelfische, zu denen Haie und Rochen gehören, sind eine der ältesten Wirbeltier-Familien.

Der **Schädelbereich** umschließt ein ziemlich hochentwickeltes Gehirn, in welchem die Sinneseindrücke zusammenlaufen und von dem aus der Fisch gesteuert wird. Neben dem Augensinn haben Fische zahlreiche besondere Sinnesorgane entwickelt, wovon das **Seitenlinienorgan** eines der auffälligsten ist. Kleine Sinnesknospen sind in einer Reihe vom Kiemendeckel bis an die Schwanzwurzel aufgereiht. Sie sind in der Lage, Druckwellen aufzunehmen. Damit spürt der Fisch Bewegungen im Wasser, denn jede Bewegung erzeugt ja Druckwellen. Und er merkt, wenn er sich etwa Korallen nähert, denn auch er stößt ja Druckwellen bei seiner Bewegung aus. Diese Wellen empfängt er dann.

In Sachen **Augen** ist es nicht so gut bestellt. Zwar können einige Schuppenträger sogar Farben erkennen, doch so richtig scharf sehen sie nicht.

So sieht der „optimale" Fisch aus. Brust- und Bauchflosse sind paarig, alle anderen Flossen je nur einmal ausgebildet

Jeder Angler wird bei seinem Tun Zeuge davon, denn sonst wären seine künstlichen Köder ziemlich witzlos.

Hören können die meisten Fische, die einen ähnlichen Aufbau des Innenohres haben wie alle anderen Wirbeltiere. Vielfach ist das Gehör gekoppelt an die Schwimmblase, die als Verstärker dient. Kreislaufgerätetaucher merken dies, denn ihre fast lautlosen Geräte lassen die Distanz zu Fischen deutlich schrumpfen.

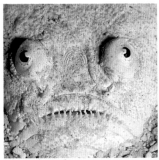

Himmelsgucker

Barrakuda

Buckel-Drachenkopf

Kapitale Netzmuräne

Putzerfisch im Juwelenbarsch

Schuppenkleid. Anhand dieser Schuppen kann man übrigens das Alter von Fischen genau bestimmen, denn sie wachsen mit dem Fisch mit und entwickeln Jahresringe, ähnlich den Bäumen.

Nur Haie und ihre knorpeligen Verwandten haben einen anderen Hautaufbau. Sie besitzen nämlich ein Kleid, das aus lauter kleinen Zahnplatten besteht und daher rauh ist wie Sandpapier. Von diesen **Hautzähnen** kann man übrigens auch die Entwicklung der Zähne ableiten, die bei Haien noch beneidenswert robust sind. Fällt nämlich einer der Beißerchen aus, klappt einfach ein neuer Zahn aus einer tieferen Zahnrinne nach oben. **Revolvergebiss** wird diese Zahnarzt-feindliche Technik genannt.

Auch in Sachen **Schwimmblase** haben die Haie ein

Die **Haut** der geschuppten Genossen wird meist von einer zusätzlichen Schicht Schleim überzogen, die dafür sorgt, dass Gevatter Fisch sozusagen durch die Fluten „glitscht". Außerdem wirkt sie als Infektionsschutz. Bis auf die Meeraale (Conger) und einige andere Sonderlinge tragen alle Fische ein

Sonderleben, denn sie haben keine. Der größte Rest der Fischwelt freut sich über dieses „innere Jacket", das den Fisch im lebendigen Zustand „unsinkbar" macht. Gesteuert wird die Gasblase entweder durch Gaszufuhr über den Vorderdarm, der durch Luftschnappen an der Wasseroberfläche gefüllt wird, oder

Gefährliche Schönheiten: Grauhai und …

… Blaupunktrochen, beides Knorpelfische

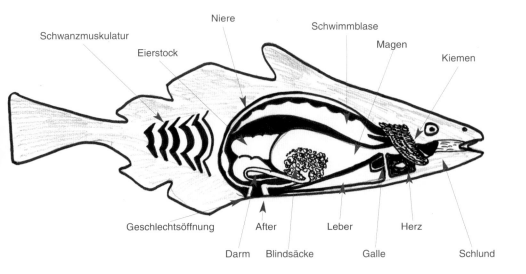

Schwanzmuskulatur — Niere — Eierstock — Schwimmblase — Magen — Kiemen

Geschlechtsöffnung — After — Leber — Herz

Darm — Blindsäcke — Galle — Schlund

durch spezielle Hautabschnitte an der Schwimmblasenwand, die in der Lage sind, aus dem vorbeiströmenden Blut Gas aufzunehmen.

Diese Fähigkeit, Gase aus Flüssigkeiten zu gewinnen, haben vor allem die **Kiemen**, die Luftversorgungseinheiten der Fische. Sie sind ein besonders stark durchblutetes Organ, das aus Hautblättchen besteht. Gleichzeitig sind sie stark zerfurcht, was für eine enorm große Oberfläche sorgt. Diese große Oberfläche wird von einem stetigen Wasserstrom umspült. So gelangt Sauerstoff, der im Wasser gelöst ist, an die Hautoberfläche, die für das Gas durchlässig ist und wo Blut darauf wartet, die Moleküle durch den Körper zu tragen.

Viele Fische sind in der Lage, ihre **Farbe** zu verändern. Dies gelingt, indem sie spezielle Farbzellen in ihrer Haut eingelagert haben. Diese Zellen haben eine Anzahl von Farbkörnchen. Die werden ausgebreitet oder zusammengezogen, je nach Notwendigkeit. Vor allem bodenlebende Fische nutzen diese Fähigkeit.

So liegen die inneren Organe eines typischen Flossenträgers

Schuppen des Titan-Drückers

Bruststachel des Rotfeuerfischs

Schwimmender Sonderling: Schiffshalter

Schluckspecht mit Saugeffekt: Flacher Drachenkopf

Verbreitung

warme Meere weltweit, bis Nordsee, Flussmündungen in Afrika, Asien, Südamerika

Biologie und Lebensweise

Rochen gehören zu den Knorpelfischen, sind also verwandt mit den Haien. Ihre Körperform ist stark abgeflacht, die Brustflossen vergrößert und mit dem Rumpf zusammengewachsen. Die Rückenflosse fehlt, der Schwanz ist lang ausgezogen und dient neben der Verteidigung als Steuerorgan.

Stachel- oder Stechrochen sind Räuber, die meist bodenlebend nach Nahrung im Sand suchen. Dabei sind sie nicht wählerisch, verspeisen Muscheln, Weichtiere, Krebse, Plattfische und sogar, bei entsprechender Größe, bodenlebende Haie oder eigene Verwandte.

Es gibt riesige Süßwasserformen, die in ihren Gebieten teils zu den gefürchtetsten Fischen überhaupt gehören!

Achtung: Kontakt!

Es sind einige Todesfälle durch Verletzungen mit Stachelrochen bekannt geworden. Die Tiere benutzen ihren Stachel nur zur Verteidigung. Da sie sich aber auf ihre Tarnung verlassen, schwimmen sie selten weg. Strandwanderer oder Schwimmer im Flachwasser sind daher besonders gefährdet. Der Stachel wird über den Kopf oder seitlich geschlagen und durchdringt locker auch Gummistiefel. Besondere Vorsicht daher vor allem bei Sandböden.

Gefährlichkeit

Symptome

- bei Stich rasende und sich steigernde Schmerzen, Stachel reißt mit Widerhaken tiefe Wunden und bricht oft auch noch ab

- meist stark blutend, Haut erscheint zunächst um die Wunde grau, dann gerötet und blau werdend

- Ödembildung, die die ganze Extremität umfassen kann. Haut wird oft taub

- evtl. Schweißausbrüche, Angstgefühle, Erbrechen, Herzrhythmusstörungen

- bei Stichen in Brust- und Bauchbereich schwere Vergiftungen und innere Blutungen wahrscheinlich

- Kreislaufkollaps und Tod möglich

- durch Sekundärinfektionen unbehandelter Wunden kann Amputation notwendig sein

Erste Hilfe

- sofort Wasser verlassen

- Stachel, wenn möglich, entfernen. Aber nur, wenn er nicht zu tief steckt!

- Wunde mit Seewasser spülen und sofort Arzt aufsuchen

- nicht mit Heißwasser behandeln (in alten Büchern zu findende Behandlungsmethode), da Verbrühungsgefahr

- Wunde nicht einschneiden, einreiben oder Staubinde anlegen

Vorbeugung

- schlurfender Gang im Flachwasser vertreibt die Rochen

- der Stich erfolgt blitzschnell, daher sollten auch Taucher die Tiere nicht bedrängen

Dieser große Stachelrochen wurde aufgeschreckt. Ruckartig erhebt er sich aus dem Sand und flieht

Schwarzpunkt-Stachelrochen im „freien Flug"

Eingegraben ist ein Rochen kaum zu sehen

Blaupunktrochen

Familie   Dasyatidae
Art   Taeniura lymma
Englisch   Blue-spotted Fantail Ray

Verbreitung

Rotes Meer bis Zentralpazifik

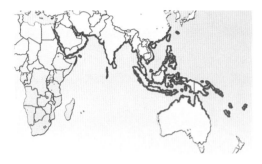

Biologie und Lebensweise

Der Blaupunktrochen gehört zur Familie der Stachelrochen. Er ist weitverbreitet und dank seiner blauen Punkte etwas leichter zu entdecken als seine Verwandten. Die Punkte sind in ihrer Intensität variabel, je nach Erregungszustand des Rochens.

Der Blaupunktrochen hat zwei Stacheln an seinem Schwanz, die bei Gefahr ausgeklappt werden können. Er ernährt sich von Würmern, Garnelen und Einsiedlerkrebsen, die mit einem kräftigen Malmgebiss geknackt werden.

Bei Flut kommt der Blaupunktrochen ins Flachwasser, sonst ist er bis etwa 20 Meter Tiefe zu finden. Er wird bis zu 100 Zentimeter groß.

Achtung: Kontakt!

Der Blaupunktrochen wartet nicht ganz so lange, bis er die Flucht ergreift, wie andere Vertreter seiner Zunft. Daher kommen Unfälle mit ihm weit weniger häufig vor, obwohl er der wohl am weitesten verbreitete Rochen in Korallenriffen ist.

Durch das schnelle Aufschwimmen können ihn Taucher auch leichter entdecken. Doch Achtung: Kommt man ihm zu nahe oder treibt ihn in seinem Versteck in die Enge, dann peitscht auch er mit seinem Stachelschwanz blitzschnell.

Gefährlichkeit

Symptome

- wie bei Stechrochen allgemein: starke Schmerzen, Stachel reißt tiefe, blutende Wunden und bricht oft ab
- Haut um die Wunde grau, dann gerötet und blau werdend, Haut wird oft taub
- evtl. Schweißausbrüche, Angstgefühle, Erbrechen, Herzrhythmusstörungen
- bei Stichen in Brust- und Bauchbereich schwere Vergiftungen und innere Blutungen möglich

Erste Hilfe

- sofort Wasser verlassen
- Stachel, wenn möglich, entfernen. Aber nur, wenn er nicht zu tief steckt!
- Wunde mit Seewasser spülen und sofort Arzt aufsuchen

Vorbeugung

- schlurfender, schabender Gang im Flachwasser vertreibt die Rochen
- Abstand halten zu den Tieren, auch als Taucher und besonders bei Höhlen

Zwei ausklappbare Stacheln zieren den Schwanz

Bei Annäherung ist Vorsicht geboten, denn aus ruhiger Position schlägt der Rochen blitzschnell zu

Den Augen entgeht keine Bewegung

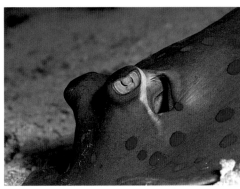

Was unter dem Rochen ist, wird gefressen

Erlebnis

Die Sekundenpeitsche

von Paul W. Munzinger

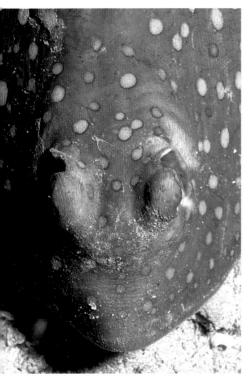

Macht auch Ägypter platt

Dieses gerade im Roten Meer beliebte Fotoobjekt versteckt sich oft unter Tischkorallen, liegt getarnt im Sand oder ist auch in kleinen Höhlen anzutreffen. Und zwar leider meist so, dass man nur sein unfotogenes Hinterteil sieht. Das wiederum verleitet einige übereifrige Tauchguides teilweise dazu, seine unvorteilhafte Position für uns zu verändern. Klar sollte man das gefälligst nicht tun, doch wer hält sich schon immer an alle Regeln im Leben?

Tatsächlich erlebt habe ich folgende Situation im Roten Meer: Ein ägyptischer Obermacho als Tauchführer musste sich mal wieder vor seinen weiblichen Gästen beweisen und konnte es einfach nicht lassen. Er wedelte mit der Hand und wollte den schönen Blaugepunkteten aus dem Schlafversteck treiben, damit ihn alle sehen konnten. In Sekundenschnelle aber peitschte das Tier in seiner Notsituation über den eigenen Körper hinweg, genau in die Hand des Tauchmeisters, denn der Rochen hatte keine Fluchtmöglichkeit nach vorne. Und so schnell, wie das Tier seinen Schwanz als Peitsche benutzt, kann fast niemand ausweichen, selbst unser ägyptischer Macho nicht!

Unser Tauchguide hatte eine schlimme Stichverletzung, verbunden mit einem stechenden, permanenten Schmerz. Die Hand schwoll auf das Doppelte an, und dies drei volle Tage lang. Gut, dass wir einen Mediziner an Bord hatten, der ihn mit schmerzmildernden Mittelchen versorgte.

Doch das Tauchen konnte sich der Held für die nächsten Tage abschminken. Und das als Tauchführer mit Gästen an Bord!

Der Schwanz peitscht nach vorne über das Tier hinweg

DIVING WITH FRIENDS.

SPAIN
MALDIVES
EGYPT

www.euro-divers.com

Adlerrochen

Familie	Myliobatidae
Art	Aetobatus narinari
Englisch	Eagle Ray

Verbreitung

weltweit in warmen Gewässern

Biologie und Lebensweise

Mit den weißen Rückenflecken ist der Adlerrochen deutlich von anderen Rochen zu unterscheiden. Wie ein Vogel scheint der oft in Schwärmen vorkommende Räuber über das Riff zu fliegen. Bis zu 350 Zentimeter wird das Tier groß, doch meist trifft man auf deutlich kleinere Exemplare.
Mit seiner Wühlnase durchgräbt der Rochen Sand und Schlamm auf der Suche nach Mollusken, also Schnecken, Muscheln und vor allem Kopffüßer.
Sein Schwanz ist „geschmückt" mit sechs Stacheln, die auch er geschickt zur Verteidigung einzusetzen weiß.
Meist sehen ihn Taucher über strömungsreichen Riffen schweben.

Achtung: Kontakt!

Neben Tauchern und Schwimmern sind auch Angler gefährdet, die den Jäger an der Leine haben und einholen wollen, denn in seinem Kampf schlägt der Rochen auch an Land noch blitzschnell zu. Handschuhe oder Gummistiefel bieten keinen Schutz, und die Bewegung ist viel zu schnell, um ihr ausweichen zu können. Bei großen Rochen können allein die Stacheln bis zu 30 Zentimeter lang werden. Diese knöchernen Schwerter sind zudem eingekleidet in giftiges Gewebe, das beim Schlag auch noch in die Wunde kommt.

Gefährlichkeit

Symptome

- wie bei Stechrochen: starke Schmerzen, der lange Stachel reißt tiefe, blutende Wunden und bricht oft ab

- Haut um die Wunde grau, dann gerötet und blau werdend, Haut wird oft taub

- evtl. Schweißausbrüche, Angstgefühle, Erbrechen, Herzrythmusstörungen

- bei Stichen in Brust- und Bauchbereich besondere Vorsicht, denn neben der tiefen Wunde drohen ernste Infektionen

Erste Hilfe

- sofort Wasser verlassen

- Stachel, wenn möglich, entfernen. Aber nur, wenn er nicht zu tief steckt!

- Wunde mit Seewasser spülen und sofort Arzt aufsuchen

Vorbeugung

- schlurfender, schabender Gang im Flachwasser vertreibt die Rochen

- auch bei Adlerrochen Abstand halten und den Tieren immer Fluchtmöglichkeit geben

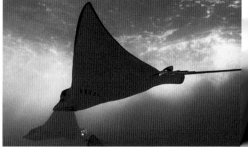

Sechs Stacheln sitzen an dem langen Schwanz

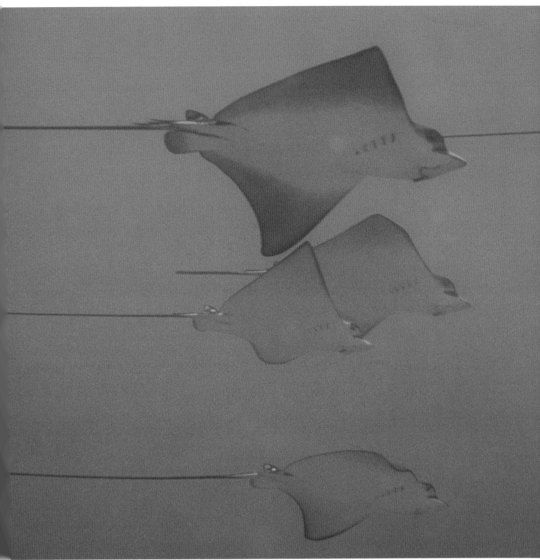

Adlerrochen sind leicht zu erkennen, denn ihre „Hundeschnauze" macht sie unverwechselbar

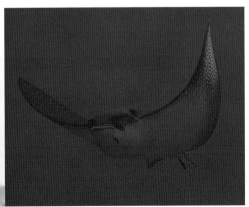

Adlerrochen sind gute und gewandte Schwimmer

Die Wühlschnauze dient dem Graben im Sand

Petermännchen
Drachenfisch, Weberfisch

Familie   Trachinidae
Englisch   Weeverfish

Verbreitung

Nordsee, Atlantik, Mittel- und Schwarzes Meer

Biologie und Lebensweise

Petermännchen oder Weberfische sind die wohl giftigsten Vertreter aller Schuppenträger in Europa. Sie sind mit vier Arten vertreten: dem Gewöhnlichen oder Großen Petermännchen (*Trachinus draco*), welches an Atlantik-Küste, Mittel- und Schwarzem Meer vorkommt, der Viperqueise (*T. vipera*), die man im Mittelmeer und in europäischen Küstengewässern findet, dem Strahlen-Petermännchen (*T. radiatus*) der afrikanischen Mittelmeerküste und dem Spinnen-Petermännchen (*T. araneus*). Zur Laichzeit im Frühjahr und Sommer suchen die Petermännchen die flachen Küstenbereiche auf und sind dort dann oft sehr häufig. Tagsüber sind sie versteckt, nachts aktiv.

Achtung: Kontakt!

Schuhe schützen, denn die stacheligen Verlängerungen der Rückenflosse, die bei Annäherung aufgestellt werden, dringen nicht durch stabile Sohlen. Die Tiere flüchten nicht, ganz im Gegenteil: Taucher, die zu aufdringlich wurden, sind auch schon attackiert und gestochen worden.
Das Gift der Stacheln wird von Drüsengewebe gebildet. Es befindet sich in einer Linie auf der Rückseite der Stacheln in einer Rinne, der Giftdrüse. Die Stacheln sind beweglich und können so aufgestellt werden.

Gefährlichkeit

Symptome

- Stich ist sehr schmerzhaft, Schmerz setzt sofort ein und steigert sich in den nächsten 20 bis 30 Minuten, breitet sich dabei aus, kann bis zu 24 Stunden anhalten, danach wird Einstichstelle taub

- Wunde blutet zunächst, Bildung von Ödemen, dann evtl. rund um Einstichstelle Bildung kleiner Hautbläschen

- kalter Schweiß, Bewusstseinstrübung, Brechreiz bis hin zu Kreislaufkollaps möglich. Vorsicht vor Sekundärinfektionen!

Erste Hilfe

- Stachel und Gewebsreste, die noch in der Wunde sind, entfernen

- Wunde desinfizieren (Jod, Alkohol), nicht einschneiden oder abbinden!

- heißes Wasser als Behandlung ist strittig, da oftmals die Gefahr einer Verbrühung größer ist als der Nutzen (s. S. 294)

Vorbeugung

- bei Strandspaziergängen stabile Sohlen

- Taucher sollten Abstand halten

- Vorsicht auch für Angler, auch tote Fische stechen noch!

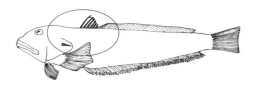

Flossenstrahlen der ersten Rückenflosse und je ein Dorn auf dem Kiemendeckel sind giftig

Petermännchen sind alles andere als scheu. Herausfordernd blicken sie jeder Gefahr entgegen

Grimmig schaut der giftige Kerl aus dem Sand

Das Gewöhnliche Petermännchen auf der Lauer

Petermännchen im Sandgrund vor Teneriffa

Auffällig sind die oben angesetzten Augen

Erlebnis

Italienische Attacke

von Richard Schöps

Aus dem Sand schauten nur zwei Augen hervor ...

Das Erlebnis liegt schon ein paar Jahre zurück. Ich hatte in Hamburg einen Tauchkurs belegt und wollte auf Elba meine im Becken erworbenen Kenntnisse im offenen Meer einsetzen. Mit meiner Frau fuhr ich an die herrliche Bucht von Biodola, an einen wunderschönen Sandstrand. Ich wollte Abtauchübungen machen und schwamm ohne Gerät etwa 200 Meter hinaus.

Außer Sand war nichts zu sehen, das Wasser war etwa fünf Meter tief. Plötzlich sah ich zwei Augen aus dem Sand schauen. Ich tauchte näher heran, machte eine kleine Bewegung mit meiner Hand, und ein Fischlein schwamm rund einen Meter weiter und buddelte sich wieder ein. Was für ein possierliches Kerlchen, dachte ich, schwamm an die Wasseroberfläche, um Luft zu holen, und tauchte wieder ab. Ich fand ihn auch und machte wieder eine Hand-

bewegung, um ihn erneut schwimmen zu sehen. Das war zuviel für ihn: Wie ein Blitz schwamm er auf mich zu, plötzlich verspürte ich einen stechenden Schmerz an meinem Bauch und am linken Oberschenkel.

Sofort schwamm ich an die Wasseroberfläche. Ich blutete stark, und der Schmerz war fast unerträglich. Ich schnorchelte schnell ans Ufer, das Blut lief schon an meinem Bein herab. Da kein Arzt in der Nähe war, empfahl mir eine Mitarbeiterin des nahe gelegenen Hotels, nach Portoferraio ins Krankenhaus zu fahren.

Inzwischen begann das Bein stark anzuschwellen, die Stichwunde am Bauch ebenfalls. Ich weiß nicht, wie wir es schließlich doch noch

Zunächst ließ sich das possierliche Tierchen aufscheuchen

Die zweite Annäherung war zuviel: Wie ein Blitz schoss der Fisch auf mich zu ...

geschafft haben, in die Klinik zu kommen. Vor allem, da ich das letzte Stück zu Fuß gehen musste!

Dummerweise machten die Ärzte gerade Mittagspause, und ich musste eine Stunde warten. Die Schmerzen ließen nicht nach, wurden sogar immer stärker. Endlich kam ich an die Reihe.

Ich versuchte dem Arzt, der kein Deutsch sprach, klarzumachen, dass mich ein Fisch gebissen hätte, das war jedenfalls meine Vermutung. Er zeigte mir eine Tafel mit diversen Fischabbildungen und ich sollte ihm zeigen, welcher Fisch es gewesen sei. Ich konnte ihn tatsächlich identifizieren und zeigte ihm den Fisch. Seine Antwort: Dragina vipera.

Ich spreche kein Italienisch und konnte mir daher nur zusammenreimen, dass es sich wohl um einen giftigen Fisch handelte. So war es auch, ich war von einem Petermännchen gestochen worden. Der Fisch hat hinter den Kiemen auf dem Rücken Giftstacheln, mit denen er ein Eiweißgift verspritzt. Ein Gegengift gäbe es nicht, so der Arzt. Ich erhielt eine schmerzstillende Spritze und Kalzium.

Endlich wieder in Hamburg begab ich mich ins Tropeninstitut, wo man schon häufiger von solchen Verletzungen gehört hatte, aber leider ebenfalls kein Gegenmittel kannte. Ich hatte zirka ein Jahr mit den Beschwerden zu tun, die Schwellung nahm nur langsam ab, die Einstichstellen blieben sehr hart.

Was jedoch viel schlimmer war, war, dass ich Angst hatte, ins Wasser zu gehen. Ich hatte regelrecht eine Phobie, sah in jedem kleinen Fisch ein Petermännchen. Jahre später traf ich einen Autoren, der ein Buch über Korallenfische zusammenstellte. Ich erzählte ihm davon und fragte, ob er ein Gegenmittel kenne. Die einzige Lösung sei, so der Experte, extreme Hitze, etwa sehr heißes Wasser. Das würde das Eiweißgift binden.

Erst zehn Jahre nach dem Vorfall habe ich wieder angefangen zu schnorcheln und zu tauchen. Eines habe ich aus der Sache gelernt: Ich störe keinen Fisch mehr in seiner Umgebung, das kann zu einem ganz bösen Ende führen!

Himmelsgucker

| Familie | Uranoscopidae |
| Englisch | Stargazer |

Verbreitung

Mittelmeer, Atlantikküste, Rotes Meer, Indo-Pazifik, Karibik

Biologie und Lebensweise

Wie die verwandten Petermännchen bewohnen Himmelsgucker Sandflächen, in denen sie eingegraben auf Beute lauern. Manche Arten ködern mit „Wurmattrappen", also eigenen Körperanhängen, unvorsichtige Beutefische, die dann durch das aufgerissene Maul eingesogen werden.

Die Stacheln der oberen Kiemendeckel besitzen typische Rinnen, die auf Giftdrüsen schließen lassen, allerdings sind diese nicht sicher belegt. Die Stacheln der Rückenflosse sind ungiftig. Neben den Stacheln besitzen die Himmelsgucker aber noch elektrische Organe, mit denen sie Stromschläge austeilen können und die anscheinend auch zur Desorientierung von Beutetieren dienen.

Achtung: Kontakt!

Es gibt ältere Berichte, die den Himmelsguckern sogar tödliche Vergiftungen zuordnen, doch ist man über die Giftigkeit der Stacheln heute eher der entgegengesetzten Meinung, hält sie also eher für ungiftig. Todesfälle sind wahrscheinlich eher das Produkt von Sekundärinfektionen der Stichwunden, doch ganz sicher ist man auch heute noch nicht, ob der Fisch nicht doch, zumindest zeitweise, mit dem Stich giftige Sekrete absondert. Die elektrischen Schläge haben eine Stärke von rund 50 Volt.

Gefährlichkeit

Symptome

- Stich ist sehr schmerzhaft und blutet bisweilen mäßig

- Bildung von Ödemen möglich, allerdings ohne Nekrosen (absterbende Körperzellen) wie bei Petermännchen

- schwache bis mittlere Stromschläge sind möglich, außerhalb des Wassers stärker zu spüren als unter Wasser

Erste Hilfe

- Stachel und Gewebsreste, die evtl. noch in der Wunde stecken, vorsichtig entfernen

- Wunde desinfizieren (Jod, Alkohol), nicht einschneiden oder abbinden!

- obwohl immer noch ab und an zu lesen, wird in moderner medizinischer Literatur von heißem Wasser als „Giftzerstörer" abgeraten

Vorbeugung

- stabile Sohlen schützen bei Strandspaziergängen

- Angler und Fischer sollten besonders vorsichtig sein, der Fisch wehrt sich heftig

Auf dem Rücken sitzen zwei spitze Stacheln, die Kiemendeckel sind mit je einem Dorn versehen

Die nach oben schauenden Augen gaben dem Fisch seinen Namen. Grimmig schaut er nach Beute

Bis zu 50 Zentimeter lang wird der Himmelsgucker

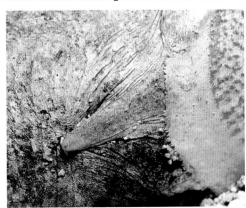

Selten fotografiert: Stacheln des Kiemendeckels

Erlebnis

Suche nach den Sternen

von Klaus Strickmann

Nanu! Was ist denn das? Etwa die Überreste eines toten Fisches?

Wir möchten von einem Taucherlebnis aus Ägypten, genauer Dahab, berichten. Wir, das sind meine Frau Sabine und ich, Klaus Strickmann (Feuerwehrlehrtaucher und FIT/Tauchlehrer).

Beim Nachttauchgang am wunderschönen Lighthouse Riff in Dahab tauchten meine Frau und ich auf der Suche nach den kleinen bunten Nacktschnecken als „Beute" für das Makro-Objektiv über den Sandgrund. Da wir schon oft bei diesen Nachttauchgängen von Plattfischen überrascht wurden, etwa von den wunderschönen Blaurandseezungen, sah ich bei dem nächsten Fleck genauer hin: Auf dem Meeresgrund lag ein undefinierbares Objekt, was ich zunächst für das Skelett eines Plattfisches hielt. Nach dem Fingerzeig zu meiner Frau und der Unterwasserbekreuzigung wegen des vermeintlich toten Fisches wollte ich es mit meinem Lampenkopf, so will es die christliche Sitte und der Anstand, „begraben".

Doch was war das? Der vermeintlich tote Fischkörper bewegte sich zuckender Weise und verschwand von selber tiefer im Sand! Das wollte ich genauer wissen. Mit meinem Lampenkopf grub ich seitlich unter den Fisch und brachte „IHN" damit zum Vorschein. ER war ein Fisch, der etwa 35 Zentimeter lang und ziemlich klobig war. Meine Frau nutzte die Gelegenheit und

gucker, der giftig ist und bis zu 50 Volt starke aussenden kann.

Tja, das bestätigt wieder einmal, dass man die Unterwasserfauna und -flora doch so belassen sollte, wie man sie vorfindet, denn das Herausholen des Fisches hätte auch böse Folgen für mich haben können. Mein Grundsatz für die weiteren Tauchgänge ist ganz klar: Alles bleibt so, wie es ist, und der Lampenkopf ist nur noch zum Leuchten und Suchen nach den neuen Unterwasserbegegnungen gedacht!

**Von wegen toter Fisch!
Quicklebendig, aber scheu**

**Der Himmelsgucker kann auch
Stromschläge verteilen!**

knipste los. Gottseidank hatte sie eine eigene Kamera dabei. Nur zirka 15 Sekunden später und einen halben Meter weitergeschwommen, waren von diesem seltsamen Fisch nur noch die Augen zu sehen, er war wieder im Sand verschwunden.

Wir beendeten den Tauchgang und holten sofort unseren Fischführer heraus, um dieses sonderbare Wesen näher kennenzulernen. Dabei stellte sich heraus, dass meine Aktionen in Sachen Ausgraben reichlich kühn waren, denn es war wohl der Dollfuss-Himmels-

Perfekt getarnt lauert der Himmelsgucker auf Beute

Seltene Aufnahmen: Der Himmelsgucker schwimmt nur ungern und gräbt sich sofort wieder ein

Drachenkopf
(Skorpionsfisch)

Familie   Scorpaenidae
Englisch   Scorpionfish

Verbreitung

weltweit in warmen und gemäßigten
Gewässern, auch Flussmündungen

Gefährlichkeit

Symptome

- nach Stich sofort einsetzender brennender Schmerz, der sich in den folgenden Stunden bis zur Unerträglichkeit steigern kann

- um blutende Einstichstelle bildet sich ein roter Hof und ein sich ausdehnendes Ödem, das oft die gesamte Extremität umfasst und tagelang anhalten kann

- nach Abklingen der Schmerzen oft Taubheit um die Einstichstelle

Biologie und Lebensweise

Drachenköpfe oder Skorpionsfische sind eine große Gruppe von Fischen, die neben den eigentlichen Skorpionsfischen u.a. auch die Feuer- und die Steinfische beinhalten.
Der Kopf der giftigen Genossen ist stark vergrößert und mit Knochendornen gespickt. Die Augen stehen hervor, die Mundöffnung ist überproportional groß. Und das mit gutem Grund, denn Drachenköpfe sind Lauerjäger. Scheinbar ruhig liegen sie meist auf dem Grund, gut getarnt durch Färbung, Gestalt und Körperanhänge. Schwimmt ein Beutetier vorbei, wird das Maul blitzartig aufgerissen. Der Unterdruck erzeugt einen Sog, der die Beute in das teilweise grotesk groß aufgerissene Maul komplett hineinbefördert. Klappe zu, Mahlzeit gesichert!

Erste Hilfe

- sofort Wasser verlassen

- Wunde, wenn möglich, säubern und desinfizieren. Keine Staubinde!

- Heißwasser-Methode (s. S. 294) ist nicht zu empfehlen

Vorbeugung

- Strandschuhe tragen, allerdings bieten diese keinen totalen Schutz

- für Taucher gilt: Finger weg und Tiere nicht einengen oder anfassen!

Achtung: Kontakt!

Die bis zu 50 Zentimeter großen Tiere verfügen über 12 bis 15 giftige Strahlen der Rückenflosse, Bauch- und Afterflosse sind zusätzlich mit Giftpaketen versehen.
Ähnlich den Petermännchen verlassen sich die Skorpionsfische auf ihre Tarnung und schwimmen nur ungern weg. Fühlen sie sich bedroht, stellen sie ihre Stacheln auf und drohen, greifen allerdings nicht an.
Da Drachenköpfe auch im Flachwasser vorkommen, sind neben unvorsichtigen Tauchern auch Strandläufer gefährdet.

12 bis 15 Strahlen der Rückenflosse, die ersten 2 der Bauch- und die 3 der Afterflosse tragen Gift

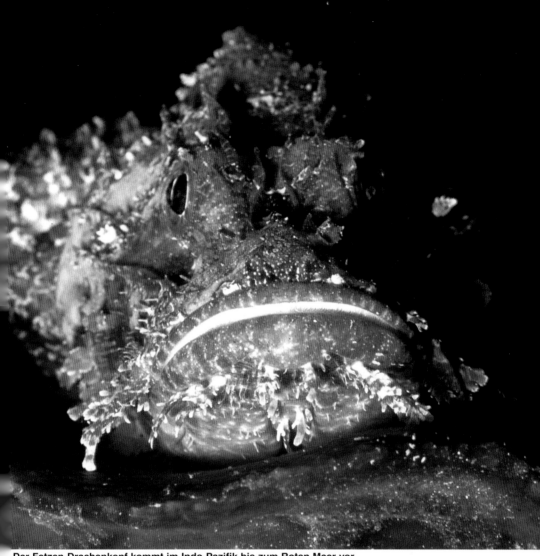

Der Fetzen-Drachenkopf kommt im Indo-Pazifik bis zum Roten Meer vor

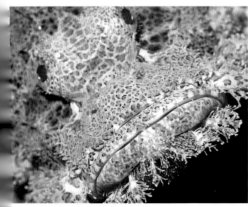

Flacher Drachenkopf aus dem Roten Meer

Großer Drachenkopf oder Meersau aus Mittelmeer

Erlebnis

Meister Grimmig
von Paul Munzinger

Selbst mit Taucherlampe kaum zu erkennen: Buckel-Drachenkopf

Ein Meister der Tarnung, der nicht mehr getoppt werden kann und überall im Mittelmeer vorkommt, ob als Kleiner oder Großer Drachenkopf, den man auch Meersau nennt. Sie sind so ideal ihrer Umgebung angepasst, dass man sie ohne geübtes Auge nur sehr schwer erkennen kann, selbst Aufnahmen ohne Blitzlicht werden beim Betrachten zu Suchbildern. Wenn man mit den Händen „sehen" will und dem Drachenkopf zu nahe auf die Pelle rückt, fährt das Tier seine Stacheln am Rücken und an den Kiemen aus.

Lampen oder Blitzgeräte machen ihn sichtbar

Aber Achtung: Gerade diese sind es, die super gefährlich sind. Ein höllisch stechender Schmerz folgt sofort nach der Berührung. Dass die Tiere bis zum bitteren Schluss eisenhart sitzen

bleiben, zeigt folgendes Erlebnis:
Am Ende eines tiefen Tauchganges wurden noch ein paar Gegenlichtaufnahmen geschossen. Ich war mit einem Doppelgerät

Das Hantieren mit den Tieren ist brandgefährlich!

unterwegs und setzte mit leichten Tarierproblemen rückwärts auf den Boden auf. Doch es war zum Glück nur eine Steinhalde, nichts wurde plattgewalzt. Alles war soweit klar, wir tauchten auf und machten den vorgeschriebenen Sicherheitsstopp. An der Oberfläche sollte mir der Schiffsführer mein schweres Doppelgerät abnehmen. Doch ein Schrei folgte: Zwischen den beiden Tauchflaschen hatte sich ein Drachenkopf verkrallt! Alle Versuche, den giftigen Kerl irgendwie herauszubringen, nutzten nichts, sondern machten die Situation immer noch schwieriger, denn er verkeilte sich immer weiter. Und natürlich waren seine Stacheln jetzt in absoluter Drohstellung. Das Gerät wurde wieder bis auf den Grund gebracht, jetzt ohne Taucher, und eine Viertelstunde gewartet: Doch der bärtige Geselle wollte (oder konnte?) nicht mehr heraus! Leider, denn wir mussten ihn schließlich aus seiner Notlage „erlösen", alles andere wäre Tierquälerei gewesen.

Ein für den Drachenkopf leider tödliches Abenteuer

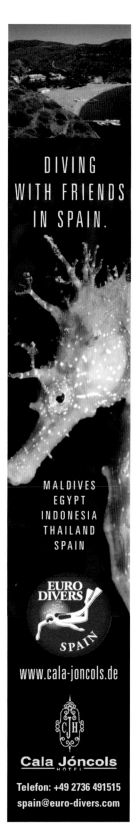

Flacher Drachenkopf

Flacher Drachenkopf

Bärtiger Drachenkopf in Drohstellung

Rückenstacheln des Skorpionsfisches

Großer Drachenkopf aus dem Mittelmeer

Buckel-Drachenkopf oder Falscher Steinfisch

Buckel-Drachenkopf

Flacher Drachenkopf

Bärtiger Drachenkopf

Steinfisch
(Teufelsfisch)

Familie	Scorpaenidae
Art	Synanceja verrucosa
Englisch	Stonefish

Verbreitung

Indo-Pazifik, Rotes und Arabisches Meer

Gefährlichkeit

Symptome

- nach Stich sofort einsetzender extremer Schmerz, der innerhalb von Minuten schier unerträglich wird und zum Schock führen kann. Schmerz kann bis zu zwei Tage unverändert stark anhalten!

- um Einstichstelle bildet sich ein Ödem, Hautblasen und oft Hautnekrosen

- Schwächegefühl, Übelkeit und Erbrechen, Durchfall, Kopfschmerzen, Herzrasen bis Kreislaufkollaps

- Sekundärinfektionen leicht möglich

Erste Hilfe

- sofort Wasser verlassen, Verletzten bergen, Schock- und Ertrinkensgefahr!

- Wunde, wenn möglich, säubern und desinfizieren. Heißes Wasser lindert Schmerzen
- umgehend Arzt aufsuchen

Vorbeugung

- die kräftigen Rückenstrahlen stechen auch durch Strandschuhe, daher vor allem im Flachwasser von Korallenriffen besondere Vorsicht

- für Taucher gilt: Absolute Vorsicht, ganz besonders bei Abstiegen auf Sandgrund

Biologie und Lebensweise

Steinfische sind die giftigsten Fische überhaupt. Auf ihr Konto sollen einige Todesfälle gehen. Wer den Stich überlebt, hat auf jeden Fall lange „Freude" daran.

Steinfische haben ihre schwimmende Fortbewegung fast ganz eingestellt. Die Schwimmblase ist zurückgebildet, dafür „hoppsen" die Tiere eher mit ihren Brustflossen, wenn sie sich einmal fortbewegen.

Die Schuppen sind reduziert, dafür ist die Haut übersät mit warzenartigen Erhebungen. Auch die Steinfische sind lauernde Jäger, die ihre Beute schlicht verschlucken. Sie kommen im Flachwasser der Korallenriffe vor, sind aber sehr schwer zu finden, da extrem gut getarnt (daher der Name!)

Achtung: Kontakt!

Vorsicht bei Spaziergängen über Korallenriffe, ob als Spaziergänger oder Taucher, denn hier verstecken sich die Steinfische. Sie greifen nicht an, schwimmen aber auch nicht davon.

Es gibt zwar ein Antiserum, das jedoch nur in Australien. Die Behandlung einer Stichverletzung sollte durch einen Arzt, am besten im Krankenhaus, erfolgen, denn es entwickelt sich leicht eine Infektion der Wunde, die zu Amputationen oder sogar zum Tode führen kann.

Giftig: die ersten 13 Strahlen der Rückenflosse, die jeweils ersten 2 der Bauch- und 3 der Afterflosse

Deutlich ist das oberständige Maul zu erkennen, das Stein- von Skorpionsfischen unterscheidbar macht

Schönheit sieht anders aus!

So sieht man sie meist (fast nicht): nahezu unsichtbar getarnt

Erlebnis

Auf einmal warens zwei!
von Paul Munzinger

Steinfischgift ist zehnmal stärker als das des Rotfeuerfischs!

Hat man die Tarnkünstler unter den Giftfischen erst einmal entdeckt, findet man sie meist immer wieder, denn ihr Revier ist nicht allzu groß, und stinkefaul in punkto Ortswechsel sind sie auch. Für die Tauchführer sind sie „willkommene" Fische, denn der Aha-Effekt der Gäste ist groß. Und die Fotografen und Filmer steigen nach der „Entdeckung" des stacheligen Gesellen meist mit einem fetten Grinsen aus den Fluten – man ist zufrieden. Fast jede Tauchbasis in den Tropen hat so sein fies aussehendes Maskottchen. Ein richtig dickes Exemplar residiert seit Jahren am Jackson Riff vor Tiran und ist relativ einfach zu finden: Es gibt eine gelbe und große Salatkoralle auf der ruhigeren Südseite. Von dieser muss man etwa zehn Meter mit der linken Schulter am Riff Richtung Osten tauchen. Auf etwa acht Meter Tiefe gibt es mehrere kleine Sandflächen am Hang, die etwa einen Quadratmeter groß sind. In einer von denen sitzt ein wahres Monster, allerdings wie immer bei Steinfischen mit Supertarnung.

Nach einem Tauchgang im herrlichen Korallengarten entdecke auch ich endlich das Tier, das Filmende ist aber bereits angekündigt. Also nichts wie raus, eine Oberflächenpause und nochmals mit frisch geladener Kamera rein ins geliebte Nass. Kurze Orientierung, dann hab ich ihn: Das Pokerface sitzt immer noch unverändert da. Ein echtes Prachtexemplar! Vorsichtig tariere ich mich ganz genau aus, denn natürlich rücke ich dem Giftpilz mit der Kamera ziemlich nahe, und taumelnd in seinen bösartig-giftigen Stacheln landen, das ist das Letzte, was ich mir wünsche. Aus allen Positionen nehme ich den Kerl auf, das Filmende naht erneut. Im Sand möchte ich mich

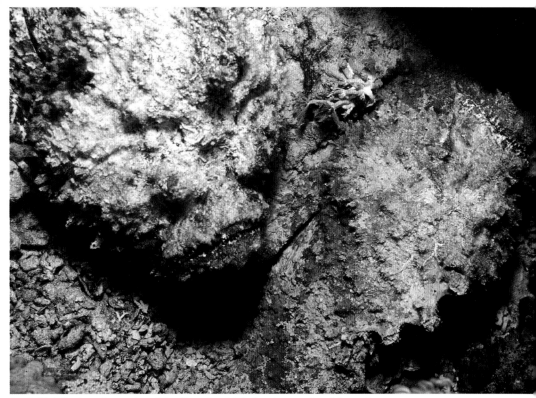

Auch Steinfische mögens kuschlig. Das aber hätte ins Auge gehen können!

am Schluss ganz vorsichtig abstützen, um eine ungewöhnliche Schussposition zu bekommen. Doch dann durchzuckt mich ein eisiger Schreck: Auf einmal spreizen sich daraus große Flossen. Was ich die ganze Zeit überhaupt nicht bemerkte, war sein giftiger Kollege, der noch besser getarnt keine 20 Zentimeter ohne einen Mucks zu machen daneben lag. Sofort zucke ich zurück, denn das Schicksal einiger fotografierender Kollegen, die sich einen Stich vom giftigsten aller Flossenträger eingefangen haben, ist mir wohlbekannt. Eine mehrmonatige Schaffenspause kann ich mir wahrlich nicht wünschen. Merke: Einer kommt selten allein…

Rotmeer-Walkman
(Filament-Teufelsfisch)

Familie	Scorpaenidae
Art	Inimicus filamentosus
Englisch	Red Sea Walkman

Verbreitung

Rotes und Arabisches Meer, Indo-Pazifik

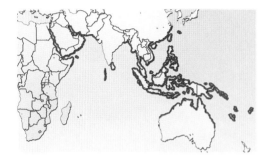

Biologie und Lebensweise

Mit dem Red Sea Walkman, auch „Indischer Walkman" genannt, haben wir einen besonders schönen und giftigen Vertreter der Skorpionsfische vor der Taucher- oder Lesebrille. Bis zu 25 Zentimeter wird der fiese Schönling groß, er wurde in Tiefen bis 55 Meter gesehen. Die ungewöhnlich umgeformten Brustflossenstrahlen benutzt er als „Laufbeine", daher der Name. Meist allerdings ist der schwimmfaule Geselle bis zu den Augen eingegraben und lauert im Sand auf Beute.
Fühlt er sich bedroht, spreizt er seine Brust- und Schwanzflossen wie einen farbenprächtigen Fächer auf.

Achtung: Kontakt!

Die Rückenflossenstrahlen sind extrem giftig, daher ist auch bei diesem Skorpionsfisch besondere Vorsicht geboten. Wie eigentlich immer über Sandböden in tropischen Meeren sollte man auf seine Tarierung achten, sonst setzt es Giftiges. Im Sand hinterlässt er dank seiner „gehenden" Fortbewegung Spuren, die der geübte Taucher erkennen kann. So findet er das Tier.
Für Schwimmer besonders unangenehm: Das Tier liebt das Flachwasser und lässt sich auch durch schlurfende Schritte nicht vertreiben.

Gefährlichkeit

Symptome

- sofort einsetzender brennender Schmerz, kann sich über Stunden noch bis ins Unerträgliche steigern
- um Wunde bildet sich ein roter Hof, dann ein Ödem, das ganze Extremitäten erfassen kann
- nach Abklingen des Schmerzes Gefühllosigkeit der Einstichstelle
- bei mehreren Stichen auch Übelkeit, Schweißausbruch, Blässe, Herzklopfen und Schwächegefühl
- Symptome klingen meist nach einem Tag wieder ab, Todesfälle nicht bekannt

Erste Hilfe

- Tauchgang abbrechen, Wasser verlassen
- keine Staubinde anlegen, die Wunde nicht einschneiden und auch kein Heißwasser!
- Wunde reinigen und desinfizieren, falls nötig Tetanusprophylaxe
- bei schweren Stichverletzungen und Folgesymptomen Arzt aufsuchen

Vorbeugung

- gutes Tarieren vermeidet den Kontakt
- Vorsicht bei Wanderungen im Flachwasser, vor allem über steinigen Grund: immer Strandschuhe tragen!
- gerade Angler sind gefährdet, denn auch dicke Lederhandschuhe schützen nicht immer, daher hier besondere Vorsicht

Bei Bedrohung werden die Flossen gespreizt

Die Teufelsfische bilden eine ganze Familie, die sich vom Roten Meer über den Indo-Pazifik verbreiten

Brustflossenstrahlen zum Laufen   Verwandte Teufelsfische   Geschwommen wird nur ungern

Erlebnis

Das Wandern ist des Fisches Lust

von Paul W. Munzinger

Die prächtigen Brustfflossen spreizt er zur Warnung. Wenn das nichts nützt, kommen die giftigen Rückenstacheln zum Einsatz, die dann hochgeklappt werden und auf Unvorsichtige warten

Es gibt Tauchplätze, die haben Kultcharakter. In Dahab am Sinai sind dies die „Bells", das „Blue Hole" und der „Canyon". Das besondere beim Letztgenannten ist ein tiefer Graben, der sich von tief unten weit jenseits der 40 Meter bis auf etwa zehn Meter zieht und in dem man wie in einem nach oben offenen Tunnel tauchen kann. Ein Blick nach oben mit der Silhouette der Ränder des „Canyons" ist einfach toll. Taucht man „richtig" aus, kommt man am Schluss des Tauchganges in einer kleinen Höhle heraus,

in der es von Glasfischen nur so wimmelt. Gefundenes Fressen für die vielen Rotfeuerfische, die hier ein leichtes Leben haben. Schon das wäre eine echte Attraktion und ein echt

gelungener Abschluss des Tauchganges. Wäre da nicht der skurrilste aller Fische, der mir je begegnet ist, denn er ist das wahre Highlight: der Rotmeer-Walkman. Nur ganz zufällig entdecken wir

Die Brustflossen machen den Walkman zum „Läufer"

Nur bei Bedrohung spreizt der Walkman seine Flossen ab, ansonsten versteckt er sich

ihn, als ein Taucher davor falsch tariert ist und ganz nahe an den Sandgrund kommt. Plötzlich sehe ich zwei warnende leuchtend gelbe Brustflossen. Kurzentschlossen packe ich den Kameraden und ziehe ihn ein Stückchen höher. Nochmal gut gegangen, denn ein Stich des kleinen Fieslings bedeutet in der Regel das Ende eines Tauchurlaubs. Übrigens geht er hier nicht alleine auf Tour: Ein kleineres Exemplar ist nie weit entfernt. Also aufgepasst und niemals am Boden kriechen, denn das Tierchen sticht wie der Teufel! Und so sieht er auch aus.

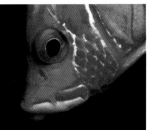

Schaukelfisch

Familie   Scorpaenidae
Englisch   Leaf Scorpionfish

Verbreitung

Rotes und Arabisches Meer, Indo-Pazifik

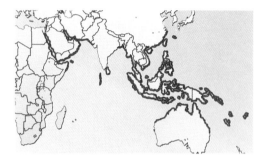

Biologie und Lebensweise

Während die anderen Vertreter der Familie eher dem trägen Bodenleben zugewandt sind, ist der Schaukelfisch ein Spiel der Wellen und Strömungen. Jedenfalls tut der kleine Schurke so, denn er taumelt vor allem in den Ästen von Geweih- oder anderen Korallen wie ein unschuldiges Blatt im Wind. Solange, bis ihm die geeignete Beute vor's Maul schwimmt, dann ist es mit der Gemütlichkeit schlagartig vorbei.
Der Körper der Schaukelfische ist schmaler als bei den übrigen Skorpionsfischen, dazu ist er deutlich kleiner, selten über zehn Zentimeter lang. Entsprechend geringer ist auch sein Potential an Giftdrüsen.

Achtung: Kontakt!

Besonders Taucher sollten sich vor zu intensivem Kontakt mit dem scheinbar so zarten Wesen hüten, denn wie alle Vertreter der Skorpionsfische besitzt auch der Schaukelfisch über das stattliche Arsenal an Giftgewebe, welches in Rücken, Brust- und Afterflosse auf Einsatz wartet. Allerdings ist der Fisch beweglicher als seine bodenlebenden Kollegen, daher nicht „tritt- oder tariergefährdet". Strandwanderer werden von dem Fisch nicht gefährdet, denn er bevorzugt das etwas tiefere Gewässer intakter Korallen.

Gefährlichkeit

Symptome

- sofort einsetzender brennender Schmerz, der wesentlich stärker ist als bei dem „zarten" Geschöpf vermutet

- um blutende Einstichstelle bildet sich ein roter Hof und ein sich ausdehnendes Ödem, das oft die gesamte Extremität umfasst und tagelang anhalten kann

- nach Abklingen der Schmerzen oft Taubheit um die Einstichstelle

- ernstere Symptome sind nicht bekannt

Erste Hilfe

- Tauchgang abbrechen, Wasser verlassen

- keine Staubinde anlegen, die Wunde nicht einschneiden und auch kein Heißwasser!

- Wunde reinigen und desinfizieren, falls nötig Tetanusprophylaxe

Vorbeugung

- gutes Tarieren vermeidet den Kontakt

- Taucher sollten nicht versuchen, Schaukelfische vor der Kamera „in Position" zu bringen, denn irgendwann wird es auch diesen Fischen zu bunt

Im Gegenlicht fast durchsichtiges Exemplar

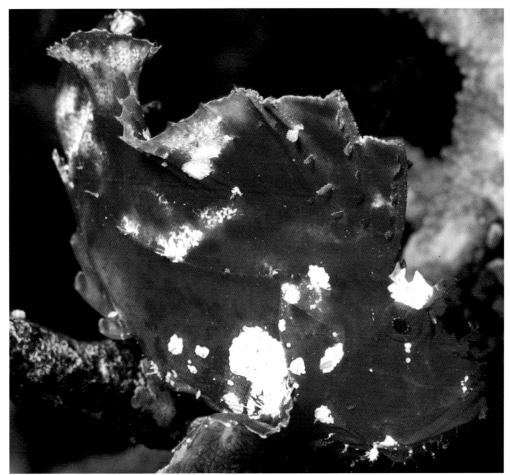

Rund zehn Zentimeter werden die Schaukelfische nur groß. Oft kommen sie zu mehreren vor

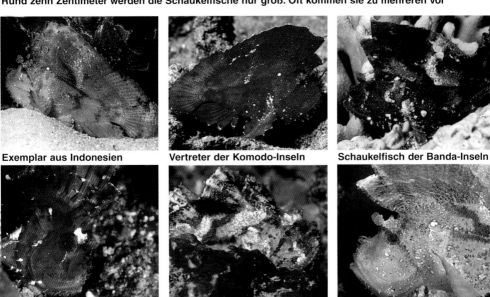

Exemplar aus Indonesien

Vertreter der Komodo-Inseln

Schaukelfisch der Banda-Inseln

Komodo/Indonesien

Yap/Mikronesien

Malediven/Indischer Ozean

Rotfeuerfisch
(Zebrafisch)

Familie	Scorpaenidae
Englisch	Lion Fish, Fire Fish

Verbreitung

Rotes und Arabisches Meer, Indo-Pazifik

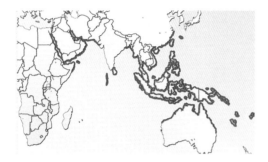

Biologie und Lebensweise

Feuerfische sind nicht nur die auffälligsten aller Skorpionsfische, sondern auch in einiger Hinsicht Ausnahmen. So sind sie Schwimmer geblieben, allerdings eher von gemächlicher Natur. Speziell in den Dämmerstunden morgens und abends gehen sie, oftmals zu mehreren, auf Jagd nach kleinen Fischen und Krebsen, indem sie ihre Brustflossen spreizen und so ihre Beute regelrecht zusammentreiben. Ein schneller Happs, und dann Mahlzeit.
Häufig sind sie in Spalten und Höhlen zu finden, vor denen sich der Fischnachwuchs herumtreibt und dann leicht zur Beute wird. Rotfeuerfische bevorzugen die oberen Riffregionen, in denen ihre Beute zuhause ist.

Achtung: Kontakt!

Auch im Benehmen sind Rotfeuerfische eine Ausnahme. Anstatt auf Tarnung und Giftstachel zu vertrauen, greifen in die Enge getriebene Tiere sogar selber an! Ruckartig schwimmen sie auf den vermeintlichen Feind zu und versuchen, diesen zu stechen. Und das mit unerwarteter Geschwindigkeit. Taucher sollten also darauf achten, weder im Freiwasser den schönen Stechlingen zu nahe zu kommen noch im Flachwasser über einen Rotfeuerfisch zu tauchen, der sich dadurch bedroht fühlen könnte.

Gefährlichkeit

Symptome

- sofort einsetzender brennender Schmerz, der sich noch steigert und bis zu 24 Stunden anhalten kann

- um die Wunde bildet sich ein roter Hof, dann eine Schwellung (Ödem), die noch wochenlang andauern kann

- nach Abklingen der Schmerzen in der Regel Gefühllosigkeit der Einstichstelle

- Übelkeit, Erbrechen, Atemnot, Brust- und Bauchschmerzen, Schwächegefühl, Herzrasen sind möglich

Erste Hilfe

- Tauchgang abbrechen, Wasser verlassen

- keine Staubinde anlegen, die Wunde nicht einschneiden und auch kein Heißwasser! Maximal Heißwasser-Kompressen sind sinnvoll

- Wunde reinigen und desinfizieren, da Gefahr von Sekundärinfektionen besteht

Vorbeugung

- gefährdet sind ganz besonders Taucher, die den Rotfeuerfischen zu nahe kommen. Daher gilt vor allem für sie: Finger und Flossen weg!

Giftig: die ersten 13 Strahlen der Rückenflosse, die jeweils ersten 2 der Bauch- und 3 der Afterflosse

Die federartig angeordneten „Waffen" werden zur Jagd oder zur Abwehr potentieller Feinde gebraucht

Die Stachelstrahlen ragen über den Flossensaum

Auch der Rotfeuerfisch „fängt" mit Unterdruck

Zebra-Zwergrotfeuerfisch

Pfauenaugen-Zwergfeuerfisch

Kurzflossen-Zwergfeuerfisch

Kurzflossen-Zwergfeuerfisch

Kurzflossen-Zwergfeuerfisch

Gewöhnlicher Rotfeuerfisch

Rotfeuerfische aus dem Roten Meer (Pterois volans)

Der Kurzflossen-Zwergfeuerfisch bevorzugt Seegras, Sand und Geröll

Schwarzer Antennenfeuerfisch

Kaninchenfisch

Familie	Siganidae
Englisch	Rabbitfish

Verbreitung

Indo-Pazifik, ins Mittelmeer eingewandert

Gefährlichkeit

Biologie und Lebensweise

Eigentlich ist er ein typischer Korallenriffbewohner, doch über den Suez-Kanal ist der Kaninchenfisch auch mit zwei Arten ins Mittelmeer eingewandert. Andere Arten sind sogar bis in die Süßwasserregionen der Flussmündungen des Indo-Pazifik vorgedrungen.
Mit scharfen Zähnen und seiner charakteristischen „Kaninchenschnauze" und mümmelnden Bewegungen weidet er Algenrasen ab. Meist kommt er paarweise, seltener auch in größeren Gruppen vor. Dabei wird er bis zu 50 Zentimeter lang, der Körper ist dabei stark abgeflacht. Der Kaninchenfisch kann seine Färbung blitzschnell ändern.

Achtung: Kontakt!

Der Kaninchenfisch hat fast rund um den Körper kurze, kräftige Stacheln, die mit Giftdrüsen versehen sind. Diese entladen sich, sobald der Stachel eindringt, durch Druck auf das an der Basis liegende Gewebe, welches das Gift dann in einer Rinne bis zur Stachelspitze und dann in den Körper des Angreifers injiziert. Interessant und wirkungsvoll ist außerdem, dass der erste Stachel der Rückenflosse nach vorn zeigt und natürlich damit die Wirkung der stacheligen Rüstung noch dramatisch verstärkt.

Symptome

- starker, sofort einsetzender Schmerz, der in der Literatur mit der Wirkung eines Skorpionsstiches verglichen wird
- Schmerz lässt aber rasch nach
- auch hier: Vorsicht vor Sekundärinfektionen, die das Krankheitsbild eines eigentlich ungefährlichen Stiches dramatisch verschlechtern können

Erste Hilfe

- Tauchgang abbrechen, Wasser verlassen
- Wunde reinigen und desinfizieren
- falls nötig, Tetanusimpfung auffrischen

Vorbeugung

- der Kaninchenfisch ist nicht aggressiv, sondern schwimmt bei zu dichter Annäherung davon. Ausnahme: Er wird in die Enge getrieben
- gefährdet sind insbesondere Angler und Fischer, weder Schwimmer noch Taucher

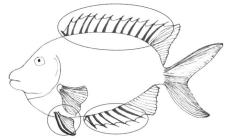

13 Strahlen der Rückenflosse, je 2 der Bauch- und 7 der Afterflosse geben dem Fisch seine Rüstung

Die Flecken der Kaninchenfische sind variabel, hier der Goldflecken-Kaninchenfisch von den Philippinen

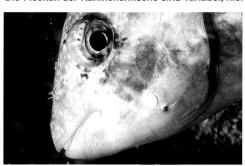

Charakteristische „Mümmel-Schnauze"

Die Rückenflosse ist verziert mit 13 Giftstacheln

Kaninchenfische leben oftmals paarweise

Nächtliches Tarnkleid im Roten Meer

Korallenwels

Familie   Plotosidae
Englisch   Barbel Eels, Eel Catfish

Verbreitung

Rotes Meer, Indo-Pazifik, Karibik

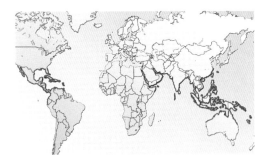

Gefährlichkeit

Biologie und Lebensweise

Korallenwelse haben mit Korallen überhaupt nichts am Hut, der Name führt völlig in die Irre. Vielmehr fühlen sich die aalähnlichen Tiere über Sand- und Schlammboden im Flachwasser wohl, wo sie einer Lawine gleich den Boden aufwühlen und nach Nahrung, Krebsen, kleinen Fischen und auch Bodenpartikeln suchen. Dabei stöbern die ersten Tiere einen Fund auf und stürzen sich bis zu den Brustflossen in den Grund. Die folgenden Tiere überschwimmen die ersten und stoßen dann ebenfalls zu, dann die nächste Reihe, bis schließlich die erste Reihe wieder hinten anschließt.

Achtung: Kontakt!

Obwohl sie das Flachwasser lieben, sind Schwimmer und Badende nicht gefährdet, denn die Tiere sind nicht aggressiv und schwimmen bei zu großer Nähe einfach weiter. Auch Taucher werden es kaum schaffen, einen Korallenwels so in die Enge zu treiben, dass er seine Stacheln einsetzt. Mehr Chancen auf stachlige Bekanntschaft haben da schon Angler und Aquarienbesitzer, bei denen die Korallenwelse hoch im Kurs stehen. Die Giftstacheln können einrasten und besitzen Widerhaken, mit denen sie neben der erheblichen Giftwirkung böse Wunden reißen können.

Symptome

- sofort einsetzender brennender Schmerz, der oft stundenlang, bis zu einem Tag, anhält

- Einstichstelle verfärbt sich und schwillt an, Ödem kann sich über ganze Extremität ausbreiten

- Übelkeit, Erbrechen, Kreislaufkollaps sind eher selten, aber möglich

- bei großen Welsen kann auch die Wunde selber durch die Widerhaken des Stachels problematisch sein

Erste Hilfe

- Tauchgang abbrechen, Wasser verlassen

- Stachelreste entfernen, Wunde reinigen und desinfizieren

- heiße Umschläge lindern Schmerz, bergen aber die Gefahr von Verbrühungen

Vorbeugung

- Finger weg bei allzu großer Annäherung, denn die Giftstachel rasten regelrecht ein und reißen blutige Wunden

Die ersten Strahlen von Brust- und Rückenflosse sind stark vergrößert und neben Giftdrüsen mit Widerhaken „verziert"

Wie eine „Fresswalze" scheint ein quirliger Ball an Laibern über den Meeresboden zu rollen

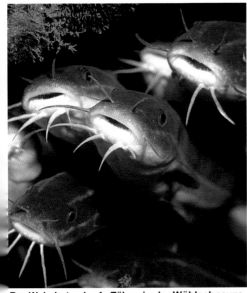

Der Wels hat scharfe Zähne in der Wühlschnauze

Die Barteln sind hochsensible Tastorgane

Mit den Tastern wird der Boden abgesucht

Bissverletzungen

Bisse sind sicherlich die spektakulärsten Verletzungen, denen sich Wasserbesucher aussetzen können. Doch sind Begegnungen mit dem Gebiss von Meeresbewohnern wesentlich seltener als mit deren Stacheln

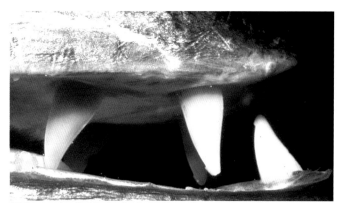

Nicht nur der Haifisch, der hat Zähne: Barrakudagebiss

Die Wirkung von Bissen ist ganz unterschiedlich, je nach beabsichtigter Wirkung des Beißenden. Grosse Ausnahmen sind der Blauring-Oktopus und die Seeschlangen, die mit ihrem Biss Gift injizieren, um Beute zu jagen. Was wir an Land von Schlangen und Spinnen durchaus kennen, ist im Meer anscheinend nicht „en vogue". Gift wird per Stachel injiziert, und damit hat's sich. Wird allerdings Gift per Biss injiziert, wird's auch gleich gefährlich.

Alle anderen „Beißer" setzen ihre Mundwerkzeuge vor allem zur Jagd ein, um Beute festzuhalten und zu zerkleinern. Oder, wie in den meisten Fällen, wenn sie auf den *Homo aquaticus* treffen, um sich oder ihren Nachwuchs ihrer Haut zu erwehren. So passen wir trotz altertümlicher Schauergeschichten mitnichten in das Beuteschema eines Barrakudas. Und auch die wirklich aggressiven Zeitgenossen eines Korallenriffs, die Drückerfische, schützen lediglich ihr Revier, wenn sie Taucher attackieren.

Natürlich haben auch die Haie hier ihren Platz gefunden, und zwar ausgedehnt. Wenngleich die allermeisten

Kiefer, die gefürchtet sind: Salzwasserkrokodil

Unangenehm, wenn angefüttert: Zackenbarsch

Der Weiße Hai hat eines der imposantesten Gebisse aller Raubtiere dieses Planeten

Arten sich maximal bei allzu großer Aufdringlichkeit ihre Beißerchen zeigen, so gibt es doch einige wenige Exemplare, die auch einen ordentlichen Happen Mensch nicht verachten. Warum denn auch nicht? Schließlich sind wir in den Augen der Haie nichts anderes als zweibeinige Proteinlieferanten. Der Hai hat jedenfalls keine moralischen Bedenken, wenigstens mal einen Biss zu probieren, auch wenn dies heutzutage in einer Art „Hai-Manie" fast ins Gegenteil gedeutet wird. Doch gerade die großen Menschenhaie sind unter Wasser Zeitgenossen, mit denen man vorsichtig umgehen sollte.

In den meisten Fällen aber passen wir einfach nicht in das Beuteschema dieser wunderschönen Räuber. Der Autor dieser Zeilen gäbe einiges darum, einmal einem stattlichen Vertreter von Tiger- oder Makohai im Wasser zu begegnen. Okay, allerdings nicht, wenn der betreffende Herrscher der Meere der Meinung sei, der Schreiberling würde genug Anreize aussenden, um einmal einen kecken Biss zu wagen...

Auch einige Exoten haben in diesem Kapitel ihren Platz gefunden. Ein Treffen mit Salzwasserkrokodilen wird wohl nur den wenigsten Tauchern jemals passieren. Wenn, dann zählt dies aber sicherlich zu den gefährlichsten.

Der Waran ist ein Grenzfall, denn er ist eigentlich ein schwimmender Landbewohner. Doch da er vor allem von tauchenden Reisenden in seiner Heimat rund um das indonesische Komodo besucht wird, hat auch er hier seinen Platz gefunden.

Und dass Seelöwen und -hunde nicht nur putzig sind, sondern auch durchaus bissig sein können, wenn man sich falsch verhält, lässt Vergleiche mit vierbeinigen Tierchen in der Obhut des Menschen zu. Die sind übrigens in der Regel weitaus gefährlicher, da ein Zusammentreffen mit den neurosegeplagten Teams Herrchen/Hund einfach viel häufiger passiert...

Biologie

Kraken

**Stamm: Weichtiere
Klasse: Kopffüßer**

Deutlich ist das Atemrohr zu sehen, welches Frischwasser ansaugt

Respektlos ausgedrückt sind Kraken nichts anderes als Schnecken ohne Hütte, dafür mit ein paar Ärmchen mehr. Doch da wir voller Respekt sind, reden wr lieber von den am höchsten entwickelten Tieren im Reich der Wirbellosen, ausgestattet sowohl mit ganz erstaunlichen Sinnesorganen und Fähigkeiten sowie einer ausgeprägten Intelligenz. Da übrigens haben wir Zweibeiner in Sachen Evolution wohl Glück gehabt: Die meisten Vertreter der Kopffüßer, wie sie auch heißen, werden nur ein bis anderthalb Jahre alt. Hätten Tintenfische ein Menschenleben lang Zeit, ihre Intelligenz zu trainieren, würde man heute wohl statt Tintenfischringen in Essig und Öl

Menschenhäppchen a la „frutti di sapiens" verspeisen und statt mit zehn Fingern mit acht Armen seine Gedanken in die Tastatur des Rechners hämmern...

Die Anzahl der Arme macht die drei großen Gruppen der Kopffüßer unterscheidbar:

acht Arme bedeuten Kraken, zehn Arme sitzen am Tintenfisch, und 50 und mehr Arme besitzt der urtümliche Nautilus.

An den Armen sitzen eine ganze Reihe von Saugnäpfen, die die Greifer zu universellen Werkzeugen machen. Mit diesen Werkzeugen greift, ertastet und läuft oder schwimmt der Krake durch die Umwelt.

Gegessen wird per Schnabel, ähnlich den Vögeln. Diese zwei Zangen aus Horn sind muskulös und können, vor allem beim normalen Oktopus, ganz schön kneifen, weswegen er hier auch Aufnahme im Buch gefunden hat. Die Giftinjektion des Blaugeringelten Oktopus ist die ganz große Ausnahme.

Von dem Gehäuse, welches die verwandten Schnecken und Muscheln ziert, ist beim

Vertreter der verwandten Tintenfische: Flammender Sepia

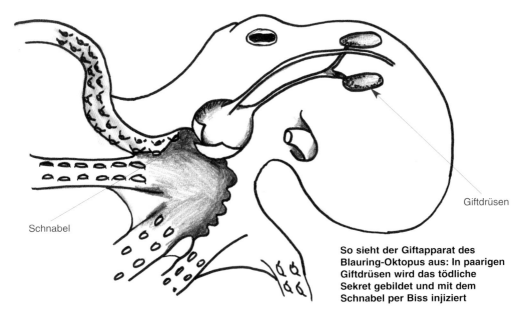

Schnabel

Giftdrüsen

So sieht der Giftapparat des Blauring-Oktopus aus: In paarigen Giftdrüsen wird das tödliche Sekret gebildet und mit dem Schnabel per Biss injiziert

achtarmigen Kraken nichts übrig geblieben. Die Tintenfische besitzen noch einen Rest davon, allerdings zu einer innen getragenen Platte zurückgebildet, dem Schulp. Der sich übrigens getrocknet ab und an im Käfig von Wellensittichen findet, um daran die Schnäbel zu wetzen – Ironie der Evolution. Nur der Nautilus ist noch ein deutlicher Vertreter der scha-

lenbewehrten Zunft, aber das Tier ist extrem selten und völlig ungefährlich, daher hier nur am Rand erwähnt.

Ganz ungewöhnlich sind die Sinnesleistungen der hochentwickelten Kraken. Ihre Augen etwa sind, obwohl gänzlich anders entwickelt als bei den Wirbeltieren, in ihrer Leistungsfähigkeit mit der angeblich „höchsten" aller Evolutionsklassen ver-

gleichbar. In den Spitzen ihrer Arme haben sie zahlreiche Sinneszellen, die auch feinen chemischen Reizen nachgehen können.

Und mittlerweile ist durch zahlreiche Experimente nachgewiesen, was Taucher schon längst ahnten: Die Tiere besitzen eine ausgeprägte Lern- und Spielfähigkeit, sind also nicht umsonst Tauchers Lieblinge.

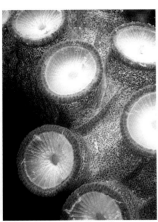

Saugnäpfe mit Zahnreihen

Urtümlich: Nautilus mit Schalen

Hochentwickelte Organe: Augen

Blauringoktopus

Klasse	Kopffüßer
Art	Hapalochlaena lunulata
Englisch	Blue-Ringed Octopus

Verbreitung

gesamte Coral Sea

Biologie und Lebensweise

Es gibt zwei Arten von Blauring-Oktopussen, die beide ähnlich giftig sind. Das Gift (übrigens identisch mit dem des Kugelfischs) gelangt über den Speichel nach einem Biss in den Körper des Opfers. Es gibt also keinen Stachel oder einen Giftschnabel.

Der Blauring-Oktopus ist wie seine gesamte Verwandtschaft ein aktiver Jäger, der im Flachwasser, aber auch an Korallenriffen sein Revier hat. Er ist recht klein, wird selten größer als 20 Zentimeter (Spannweite). Das Gift, das er verwendet (Tetrodotoxin), kommt im Tierreich oft vor, allerdings vor allem zur passiven Verteidigung. Nur der Blauring-Oktopus setzt es aktiv zur Jagd ein.

Mit seinem intensiven Farbspiel zeigt er den Grad von Erregung an, in dem er sich befindet. Der Oktopus „läuft" auf seinen Armen, schwimmt nur selten mit Rückstoßprinzip.

Achtung: Kontakt!

Das Tier ist sehr scheu, daher sind Schwimmer und Taucher kaum gefährdet, solange sie den Oktopus nicht berühren. Der Schnabel ist winzig, ein Biss wird kaum bemerkt. Daher schützen auch Handschuhe wirkungsvoll. Gleichzeitig ist dies aber auch tückisch, denn die Vergiftung wird nur bei rascher Hilfe überlebt. Also Finger weg bei „niedlichen" Oktopussen am Strand!

Gefährlichkeit

Symptome

- Biss wird kaum oder gar nicht bemerkt

- Schwächegefühl, Atembeschwerden, Prickeln in Gesicht, Extremitäten und Nacken, Gefühllosigkeit

- Übelkeit, Erbrechen, Lähmungen, Blutdruckkrisen

- Atemlähmung, Atemstillstand, Tod möglich

Erste Hilfe

- die Schnelle der Behandlung entscheidet: sofort Arzt aufsuchen!

- Wunde nicht ein- oder aufschneiden. Festes Bandagieren oder kurzzeitige Staubinden sollen die Verbreitung des Gifts aufhalten, solange keine Symptome da sind

- treten erste Symptome auf, ist das zu spät, dann Vorbereiten auf künstliche Beatmung

Vorbeugung

- auf keinen Fall mit bloßen Händen berühren!

- vor allem bei Spaziergängen an der australischen Küste gilt: Finger weg!

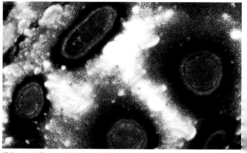

Die schönen Ringe können intensiv leuchten

Selten ist der schöne Kopffüßler größer als 20 Zentimeter, doch Größe zählt in Sachen Giftigkeit nicht!

Der Oktopus ist sehr scheu

Solange er kann, flüchtet er

Sein Biss wird kaum bemerkt

Erlebnis

Trauma in Australien

von Marco Röschmann

Der folgende Fallbericht über einen Unfall mit einem Blaugeringelten Oktopus stammt aus den Archiven von aqua med reise- und tauchmedizin in Bremen.

Matthias K., ein 25jähriger Student aus Kiel, verbrachte in Australien

nicht von den Felsen ab-

Das Unternehmen betreut Berufs- und Sport- taucher weltweit und unterhält einen ärzt- lichen Notrufdienst, über den medizinische Hilfe weltweit angefordert werden kann.
Infos erhalten Interessierte unter 0421/960 59 00 oder im Internet unter www. aqua-med.de.

einen sechs- wöchigen Studien- aufenthalt. Dabei waren auch mee- resbiologische Beobachtungen im

zurut- schen. Dennoch machten sie sich einen Spaß daraus, möglichst weit von Stein zu Stein zu springen.

Norden von Queensland auf Cape York geplant. In Weipa traf er mit einer örtlichen Biologengruppe zusammen. Eines Abends unternahmen er und zwei seiner Kollegen einen Spaziergang an der Küste. Die jungen Biologen zogen sich die Schuhe aus und gingen dabei auf den im knöcheltiefen Wasser lie- genden Steinen entlang. Sie bemerkten dass es ihnen in der Dunkelheit schwer fiel,

Doch dann geschah das Unglück: Matthias rutschte von einem Stein ab und fiel ins Wasser. Er konnte sich aber mit den Armen abfan- gen, lediglich seine Hose wurde nass. Unter dem Gelächter seiner Kollegen richtete er sich wieder auf und versuchte, weiter zu gehen.
Doch bereits nach wenigen Minuten bemerkte er, dass er Schwierigkeiten hatte,

sich auf dem rechten Fuß zu halten. Da er sich an der rechten Knöchelseite auch eine Schürfwunde zugezogen hatte, führte er die Symptome zunächst darauf zurück. Schon bald spürte er allerdings eine leichte Taubheit und eine Zunahme der Beschwerden. Daher entschloss er sich, den weiteren Weg am Strand entlang zu gehen. Bereits die wenigen Meter zurück zum Ufer machten ihm zunehmend Schwierigkeiten, und so tat er etwas, das ihm letztlich das Leben retten sollte: Er rief seine Kollegen zu Hilfe, die zu diesem Zeitpunkt knapp 100 Meter vorgegangen waren.

Denn noch ehe Matthias den Strand erreichte, konnte er sich nicht mehr auf den Beinen halten. Er stürzte und spürte, dass die Taubheit und ein Kribbeln auf beide Beine übergriff. Dann bekam Matthias Atemnot und einen, wie er später sagte „riesigen Kloß im Hals". Er konnte inzwischen weder sprechen noch atmen und er spürte ein erstickungsähnliches Gefühl. Er bekam zunehmend Angst und Panik, war aber nicht in der Lage, sich zu bewegen oder sich zu äußern.

Seine Kollegen hatten zunächst nicht den Ernst der Lage erfasst und dachten, dass Matthias sich tot stelle. Zunächst machten sie noch Witze. Matthias konnte alles hören und mitbekommen. Aber er war absolut bewegungslos.

Schließlich erkannten seine Kollegen die Situation. Während der eine mit Beatmungsversuchen begann, alarmierte ein anderer den Rettungsdienst. Wenig später traf der Notarzt ein.

Obwohl derartige Zwischenfälle in der Region selten sind, hat der Notarzt schnell auf eine Vergiftung durch depolarisierende Muskelrelaxantien getippt, wie sie auch vom Blaugeringelten Oktopus verwendet werden. Damit der Patient die weitere Behandlung nicht spürte, bekam er durch den Arzt ein starkes Beruhigungsmittel und ein leichtes Schlafmittel gespritzt.

Matthias K. wurde insgesamt acht Stunden künstlich beatmet, bevor die Giftwirkung nachließ. Nach einem weiteren Tag im Krankenhaus konnte er ohne Beschwerden, aber mit einem traumatischen Erlebnis, entlassen werden.

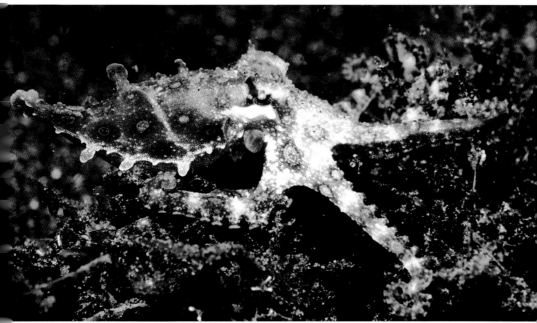

Den Biss hat Matthias gar nicht bemerkt, die Folgen seines Sturzes waren allerdings dramatisch

Erlebnis

Der Saugnapf
von Paul W. Munzinger

Begegnung im Jemen. Mit Geduld zeigt sich der Krake

Zwar gelten die „gemeinen" Kraken als gar nicht so gemein, sondern vielmehr als ausgesprochen harmlose Tiere. Doch dass auch ihr Spieltrieb, verbunden mit einem kräftigen Schnabel und acht ziemlich muskulösen Armen, ahnungslose und vorwitzige Taucher durchaus erschrecken können, zeigt folgende Geschichte:

Ein altes Spiel mit einem der intelligentesten Tiere der Meere: rauslocken aus dem Versteck und neugierig machen. Was folgt, ist zuerst eine Geduldszeremonie, aber irgendwann kommen

Keine Schale, kein Panzer, da muss man auf der Hut sein!

die gewieften Gesellen, getrieben durch Neugier und Spieltrieb, doch heraus. Erst ganz langsam, dann aber in voller Größe. Famos, was acht Arme so alles anstellen können, wenn sie auf Erkundung sind. Neugierig wird alles betastet und befummelt – Petting auf oktopussisch! Selbst eine Wanderung über Tauchers Körper ist schon mal drin: von den Händen, über das Jacket bis zum Lungenautomaten.

Aber spätestens hier kann es sogar gefährlich werden, wenn die Arme mit den vielen Saugnäpfen an Maske und Lungenautomaten kommen, denn meist versucht man jetzt, das Tierchen irgendwie umzudirigieren. Dumm, wenn man dabei an die Unterseite kommt und der auf einmal ganz schön

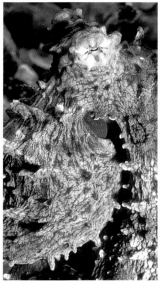

Die Neugier lässt die klugen Kerle nicht lange im Versteck

große Krake sich dabei erschreckt und Angst bekommt: Ein schmerzhafter Biss durch das Schnabelmaul kann die unerwartete Folge sein. Besonders, wenn man wie ich nie Hand-

Schreckhafte Naturen aufgepasst: Die Mittelmeer-Arten können ganz schön groß werden!

schuhe trägt. Hat man sich auf ein Spielchen eingelassen, gibt der Oktopus den Takt vor. Also cool bleiben, mit sanfter Gewalt die Fangarme abwehren. Irgendwann wird's auch dem Kraken langweilig, dann hört er von alleine auf.

Fotografen aufgepasst: Bei Nahaufnahmen mit Rähmchen der Nikonos- oder Sea&Sea-Kameras kann es schon mal vorkommen, dass plötzlich ein tastender Arm um den Bildausschnittsrahmen greift, wenn man ihnen zu nahe an die Saugnäpfe rückt. Spätestens dann, wenn der Oktopus seine Beute in die Höhle ziehen will, wird's für die Kamera sehr gefährlich.

Da hilft nur eines: nicht locker lassen und Geduld beweisen, bis er wieder abläßt. Denn ein gewaltsames Wegziehen hätte zumindest bei der Nikonos ein Anheben des Bajonettes mit Wassereinbruch zur Folge. Für die Kamera fatal!

Es ist kein Taucherlatein, dass ich tatsächlich meine Kamera schon komplett vor dem Versteck eines größeren Exemplares habe liegen lassen und sie später wieder abgeholt habe. Natürlich ist das dort ein Risiko, wo viel getaucht wird. Denn das "Fundstück" wird sicherlich gerne von anderen Ahnungslosen „geborgen". Und der Krake ist längst weg!

Biologie

Fische und ihr Gebiss

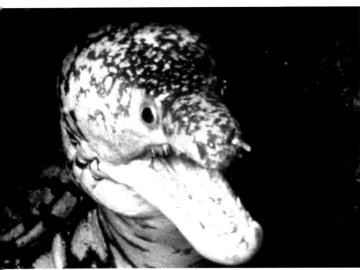

Muränen haben nadelspitze Zähne, mit denen sie die Beute packen

Und der Haifisch, der hat Zähne...
Und was für welche! Der Vorzeige-Beißer ist nämlich ausgerüstet mit einem **Revolver-Gebiss**. Der Name kommt nicht etwa daher, dass Haifische zum Duell antreten, wenn sie auf Beute stoßen, sondern durch ihre Fähigkeit, Zähne, die beim Zubeißen und Zerreißen der Beute ausfallen, einfach „nachklappen" zu lassen. Im Gaumen und Oberkieferbereich, wo bei uns maximal Zahnfleischentzündungen sitzen, haben die urtümlichen Räuber nämlich eine fast unerschöpfliche Quelle an Zahnreihen aufgestapelt. Sobald einer der Beißerchen vorn ausfällt, klappt von hinten ein neuer steiler Zahn nach oben. Dieser Mechanismus passt perfekt zum Verhalten der meisten großen Haie. Die brauchen ihr Gebiss nämlich nicht zum feinen Zermahlen der Nahrung, sondern zum **Zerreißen** der Beute. Und da dies unter Wasser ohne stützende feste Umgebung schwierig ist, reißen und rucken die Haie an dem Körper größerer Tiere wie wild herum. Klar, dass das die Zähne extrem belastet.
Der größte aller Haie, gleichzeitig auch der größte Fisch überhaupt, ist der Walhai.

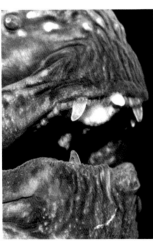

Furchterregend: Seewolf-Beißer

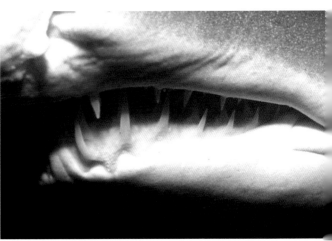

Hier hat der Zahnarzt nichts zu tun: Gebiss eines Sandtiger-Hais

Der hat seine Zähne ganz anders im Einsatz. Er hat sie nämlich vervielfacht und gleichzeitig zu einer Art **Reuse** umgebaut. Wie ein Gitter zieren diese „Barten" den Innenraum des Schlunds und filtern Plankton aus dem Wasser, das durch's weitaufgerissene Maul hineinströmt. Den gleichen Trick nutzen die gigantischen Mantas, die ebenfalls mit aufgerissenem Maul auf Kleinsttierfang aus sind.

Den Trick mit den **Barten** haben sich ein paar Millionen Jahre später einige pferdeähnliche Geschöpfe abgeschaut, denen es an Land zu langweilig wurde und die daher wieder ins Wasser zurückgingen: die Wale.

Ganz andere Zähne weisen die Drückerfische auf. Sie haben kräftige **Hauer** im Kiefer sitzen, mit denen sie nicht nur Taucher zwicken können, sondern für die auch die Schalen von Krebsen und

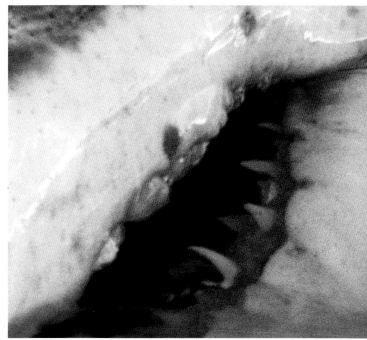

Haie reißen Stücke aus ihrer Beute, belasten ihre Zähne extrem

Muscheln kein Hindernis sind. Diese Technik der rohen Gewalt haben die Seewölfe perfektioniert, ihr Gebiss gleicht dem eines furchterregenden **Nussknackers.** Vor ihnen ist kein Panzer sicher. Der Mensch aber schon, denn das Tier ist ausgewiesen scheu. Wie bei allen Fischen mit derartigen Power-Gebissen ist der Kopf bullig, denn hier müssen wahre Muskelpakete sitzen, um den Kraftakt des Knackens zu vollbringen.

Barschartige wie der Zackenbarsch haben weitere Zahnreihen im Gaumen, die verhindern, dass die gepackte Beute wieder ins Wasser zurückflutscht.

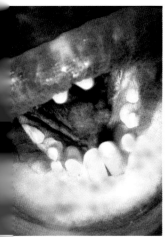

Knackt Schalen: Drückerfisch

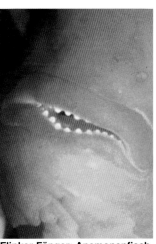

Flinker Fänger: Anemonenfisch

Zahnruinen a la Himmelsgucker

Barrakuda
(Pfeilhecht)

Klasse	Knochenfische
Art	Sphyraena sp.
Englisch	Barracuda

Verbreitung

Indopazifik, Karibik, Mittelmeer

Biologie und Lebensweise

Der Name Pfeilhecht macht deutlich, was die schlanke Silhouette schon verrät: Barrakudas sind Sprinter. Sie können bis zu 100 Kilometer pro Stunde schnell werden, allerdings nur über kurze Distanz.

Dieser Sprint dient in der Regel dazu, Beute zu ergreifen. Schlägt der erste Angriff fehl, lässt der Barrakuda normalerweise von weiteren Angriffen ab.

Der Große Barrakuda wird bis zu rund zwei Metern groß. Wie alle Barrakudas ernährt er sich von Fischen, hauptsächlich jagt er Riff-Bewohner wie Papageienfische, Grundeln, Kofferfische oder auch Makrelen.

Dadurch ist auch der Verzehr von Barrakudas nicht ohne, denn der Räuber reichert Gifte seiner algenfressenden Beutetiere in seinem eigenen Fleisch an (s. S. 286).

Achtung: Kontakt!

Die Angriffslust der Barrakudas ist regional unterschiedlich. So gelten sie im karibischen Raum als deutlich aggressiver als anderswo. Doch im Allgemeinen ist der Barrakuda eher eine Attraktion als eine Bedrohung. Lediglich ältere, allein lebende und große Exemplare können tatsächlich auch von sich aus Attacken starten. Generell sind sie neugierig und fliehen nicht gleich vor Tauchern.

Gefährlichkeit

Symptome

- einzelner Angriff mit heftigem Biss
- oftmals, vor allem bei großen Exemplaren, starker Blutverlust durch größere Wunden
- nach Angriff Schock mit bekannten Schocksymptomen: Schweißausbruch, Schwindelgefühl, Übelkeit, Blutdruckkrisen
- Gefahr von Sekundärinfektionen der Wunde

Erste Hilfe

- nach Attacke das Wasser verlassen
- Blutung stoppen durch Verband, notfalls Druckverband
- Wunde desinfizieren, da ansonsten Gefahr von Infektionen besteht
- Arzt aufsuchen zur weiteren Wundbehandlung

Vorbeugung

- Fisch nicht durch blinkende Gegenstände provozieren
- generell jedes Anfüttern vermeiden, das Mitführen von jeglichem Futter sowieso

An Außenriffen findet man auch Schwärme

Der Große Barrakuda (Sphyraena barracuda) wird bis zu zwei Metern groß und lebt in der Regel allein

Das Gebiss ist höchst eindrucksvoll

Die Beute wird im Sprint gefangen

Erlebnis

Die Riffpolizei
von Paul W. Munzinger

Irgendwo in der Karibik, das Boot ankert gerade. Der letzte Tauchgang war Spitzenklasse. Es vergehen noch ein paar Minuten und wir springen ins Wasser. Und wie aus dem Nichts kommen die typischen Vertreter dieser Region mehr als neugierig herangeschwommen: die Barrakudas. Im Gegensatz zu den Arten am Roten Meer sind die karibischen Vertreter meist Einzelgänger, vor denen wir auch ordentlich Respekt haben.

Keine Beißerchen, mit denen Taucher zu intensiv Kontakt suchen

Denn sie sind die wahre Riffpolizei. Haben sie ein Ziel, etwa einen kranken Fisch, entdeckt, schwimmen sie exakt und blitzschnell darauf zu. Wir Taucher gehen dabei den Methusalems besser aus dem Weg, denn ihre Zähnchen sind berüchtigt. Wie schnell die Pfeilhechte, wie sie auf Deutsch gerne genannt werden, sein können, zeigt mir ein Einheimischer aus dem karibischen Idyll Belize: Mit seinem Tauchermesser funkelt er in der Sonne und macht so ein wahres Prachtexemplar, das die ganze Zeit

schon neugierig um uns herum war, richtig neugierig. Zunächst passiert nichts. Ganz langsam schwimmt der Guide ein paar Meter über den Sandgrund, der Barrakuda dicht bei ihm, und lässt dann das Messer nach unten fallen.
Wie ein Torpedo stürzt der bis eben noch entspannte Barrakuda auf den vermeintlich kranken Fisch, um ihn zu verschlingen. Denn das Blinken des Messers ähnelt den hellen Bauchschuppen, die ein Fisch nach oben dreht, wenn er krank ist. Dieses Signal ist für den

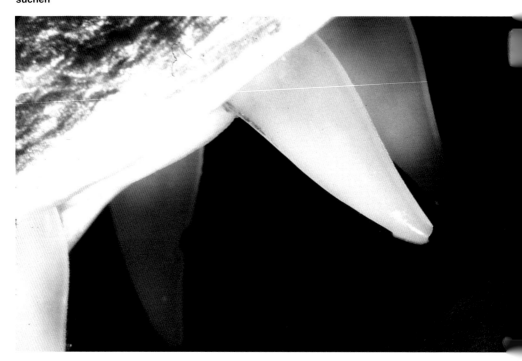

Oft begleiten Barrakudas einen ganzen Tauchgang

Barrakuda unwiderstehlich. Aber er riecht schon bald den falschen Braten.

Doch es vergehen keine zwanzig Sekunden, und aus dem Einzelgänger wird eine kleine Barrakudaschule, die das Geschehen aus der Distanz beobachtet haben muss und jetzt ihr Glück versuchen will. Das Tauchermesser packt der Guide erst wieder ein, als der ganze Fischzauber vorbei ist und die Truppe enttäuscht abzieht. Denn auch er hat vor den ganz Großen mehr als Respekt und muss es als Einheimischer wirklich wissen!

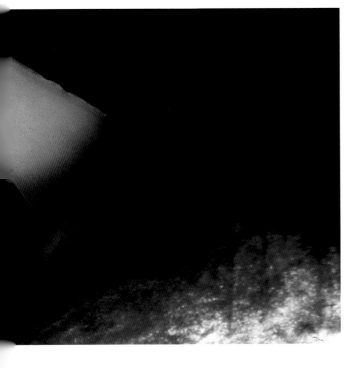

Riesige Barrakuda-Schwärme am Hausriff von Nabucco/Indonesien

Pfeilhechte im Roten Meer bei Ras Muhammad

Wie wollen die Barrakudas eigentlich alle satt werden?

Muräne

Klasse	Knochenfische
Familie	Muraenidae
Englisch	Moray Eel

Verbreitung

tropische und subtropische Meere weltweit

Biologie und Lebensweise

Zehn Gattungen und mehr als 100 Arten – der Bauplan „Muräne" hat sich in vielen Meeren bewährt. Dabei bevorzugen sie die warmen Regionen der Korallenriffe.

Muränen sind Verwandte der Aale, von denen sie sich unter anderem durch das Fehlen der Brustflosse unterscheiden. Das Maul dient als Frischluft-Pumpe. Durch dauerndes Öffnen und Schließen wird Wasser durch die weit hinten liegenden Kiemenspalten gepresst, dadurch gelangt Sauerstoff an die Kiemenbögen.

Bis zu zwei Meter werden die größten Vertreter lang, die Wirbelzahl kann bis zu 260 betragen! Muränen sind Räuber, die sich vor allem nachts auf Beutefang durchs Riff machen. Tagsüber verstecken sie sich in Höhlen, nur der Kopf schaut dann heraus.

Achtung: Kontakt!

Neben der Vergiftung durch Genuss des Muränen-Fleisches (Ciguatera, s.S. 286) kann auch die Muräne selber unvorsichtigen Tauchern gefährlich werden, die den Fisch durch zu große Nähe zum Angriff verleiten. Vorsicht ist bei angefütterten Exemplaren geboten, denn dadurch verlieren die Tiere ihre natürliche Scheu – nicht ungefährlich bei dem muskulösen Fisch!

Gefährlichkeit

Symptome

- Muränen können intensiv beißen

- die Wunden bluten stark, die Zähne hinterlassen tiefe Löcher

- nach Angriff Schock möglich: Schweißausbruch, Schwindelgefühl, Übelkeit, Blutdruckkrisen

- Gefahr von Infektionen der Wunde durch Schleim der Haut der Muräne

Erste Hilfe

- nach Attacke das Wasser verlassen

- Blutung stoppen

- Wunde desinfizieren, da ansonsten Gefahr von Infektionen besteht

- Arzt aufsuchen zur weiteren Wundbehandlung

Vorbeugung

- Finger weg von Muränen, auch keine Mutproben „erfahrener" Taucher

- generell jedes Anfüttern vermeiden, da angefütterte Muränen aggressiv sein können, wenn das Futter fehlt

Die Geistermuräne wechselt im Alter ihr Geschlecht, sie ist erst Männchen, dann Weibchen

Zwar haben Muränen nadelspitze Zähne, doch ist ihr Biss nicht giftig, wie in älteren Büchern zu lesen

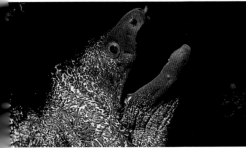

Mit dem Maul pumpt die Muräne frisches Wasser

Tagsüber sitzen die Tiere in der Regel in Spalten

Erlebnis

Den Bart gekrault
von Richard Schöps

Im März 2002 machten meine Frau und ich eine Tauchsafari auf den Malediven.

Da meine Frau erkältet war, tauchte ich mit Mary, der Leiterin der Tauchsafari. Immer wieder hatte sie uns vor kleinen, aggressiven Bart-Muränen gewarnt. Etliche von uns waren schon attackiert worden. Doch dass es mich schließlich auch erwischen sollte, konnte ich damals noch nicht ahnen.

Mary fotografierte, ich war in ihrer Nähe. Da sie mit der Kamera in der Hand ziemlich schwerfällig war und die Strömung wirklich stark, hielten wir uns mit spitzen Fingern an Korallenblöcken fest. Zwar achte ich in der Regel sehr darauf, nichts anzufassen, was mich verletzen könnte, zumal ich beim Tauchen keine Handschuhe trage. Doch diesmal sollte die Vorsicht nicht ausreichen.

Ich beobachtete Mary beim Fotografieren. Plötzlich schoss eine kleine Muräne aus ihrem Loch, das ich gar nicht bemerkt hatte, und biss mir in den Handballen. Grünes Blut trat aus, und es blutete heftig. Natürlich war ich ziemlich geschockt. Um nicht abgetrieben zu werden, ließ ich links los und versuchte, mich jetzt mit meiner rechten Hand festzuhalten.

In dem Moment schoss eine zweite Muräne aus ihrem Unterschlupf und biss mich in den rechten Mittelfinger. Das war genug! Erschreckt ließ ich los und tauchte in den Strömungsschatten eines größeren Korallen-

Es gibt Zeiten, in denen einige Muränen-Arten äußerst aggressiv auf Taucher reagieren

blocks. Dank meiner Klopfzeichen kam meine Begleiterin schnell zu mir. Der Biss in der linken Hand war verhältnismäßig groß und blutete sehr stark. Mary drückte für einige Zeit die Wunde zu, aber wir tauchten noch nicht auf, sondern suchten nur eine etwas ruhigere Stelle und setzten den Tauchgang planmäßig fort. Das war zunächst auch kein Problem, denn erst über Wasser fingen die Wunden dann an, richtig zu schmerzen.

Zwei Tage später, am Manta Point, war Mary selber das Opfer. Sie war wieder fleißig am Fotografieren und hielt sich kurz fest. Das reichte: Sie wurde so schwer zwischen Daumen und Zeigefinger gebissen, dass sie gleich mehrere Tage ausfiel.

Also kann es selbst ausgewiesenen Profis passieren, die Umwelt falsch einzuschätzen!

Die zweite Muräne schoss hervor und biss mich in den rechten Mittelfinger

Riesen-, Graue und Große Netzmuräne

Große Netzmuräne

Drachenmuräne

Graue Muräne im Trio

Drückerfisch

Klasse   Knochenfische
Familie   Balistidae
Englisch   Triggerfish

Verbreitung

tropische und subtropische Meere weltweit

Biologie und Lebensweise

Zu den aggressivsten Fischen der Meere zählt ohne Frage der Drückerfisch. Wenn sie ihr Gelege schützen, sind die teilweise beachtlich großen Tiere zu jeder Attacke bereit. Die Eier werden vom Drücker in Sandböden platziert. Eifersüchtig werden sie und das eigene Revier bewacht. Dabei geht das Revier trichterförmig nach oben, so dass ein Wegschwimmen aus dem Bereich des Drückers eher seitlich nach unten erfolgen sollte als nach oben.

Drückerfische bevorzugen hartschalige Nahrung: Korallen, Schnecken, Muscheln und Krebse. Einige Arten sind auf Seeigel spezialisiert, die sie mit einem Wasserstrahl, den sie aus dem Mund unter den Stachelträger pusten, umdrehen. Danach macht sich der Drücker genüsslich über den ungeschützten Seeigel her.

Achtung: Kontakt!

Drücker greifen von sich aus an, wenn man in ihr Revier eindringt. Und sie beschränken sich nicht auf eine Attacke, bleiben hartnäckig am Taucher dran.

Neben dieser dackelähnlichen Beißattacke ist auch das Schuppenkleid der Drücker nicht ohne, denn es enthält bei einigen Arten im hinteren Bereich Dornen und Leisten, die ähnlich den Doktorfischen übel schneiden können.

Gefährlichkeit

Symptome

- Drücker haben keine Giftzähne, aber sehr starke Hauer, die tiefe Löcher in Ausrüstung und Haut stanzen können

- die Wunden bluten stark

- auch hier Schock möglich: Schweißausbruch, Schwindelgefühl, Übelkeit, Blutdruckkrisen

- Gefahr von Infektionen der Wunde

- neben Bisswunden drohen auch Schnittwunden durch Dornen

Erste Hilfe

- nach Attacke das Wasser verlassen

- Blutung stoppen, Wunde versorgen

- Wunde desinfizieren, da ansonsten Gefahr von Infektionen besteht

Vorbeugung

- Drückerfische generell im Auge behalten, um das Revier umgehen zu können

- bei Angriffen seitlich und nach unten wegtauchen

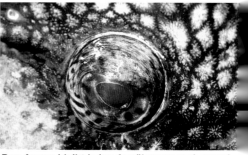

Den Augen bleibt keine Annäherung verborgen!

Der Titandrücker oder Riesen-Drückerfisch ist der größte aller Drücker, er wird bis zu 75 Zentimeter lang

Der Königin-Drückerfisch kommt in der Karibik vor

Der Leopardendrücker lebt im Indo-Pazifik

Erlebnis

Der Drücker und mein Retter

von Paul W. Munzinger

Jeder Taucher ist diesen Kerlen schon mal irgendwo in den Tropen begegnet. Sie gibt's in vielen Arten. Doch der schlimmste ist der Riesendrücker. Normalerweise machen sie einen Bogen um uns, legen sich etwas zur Seite und beäugen uns. Doch es gibt Zeiten, gerade bei Vollmond, in denen sie sich ganz anders verhalten: Nach kurzem Blick starten sie eine Attacke. Meist bewachen sie auf dem Boden ihr Nest, wo sie Eier abgelegt haben und diese nun vor anderen Fischen verteidigen. Zu erkennen ist dies leicht als Trichter im Sandgrund oder im leichten Abhang, auf dem alte und kleine Korallenstückchen zuhauf liegen. Der Drückerfisch liegt darin oder schwebt darüber, immer die Umgebung im Visier.

Obwohl wir weitaus größer sind als er, schlägt er meist sofort zu. Mehr Mut gibt's nur noch bei den kleineren Damsel- und Anemonenfischen. Sieht man den Frechdachs nicht und dringt unwissentlich in sein Revier ein, folgt eine Attacke nach der anderen. Und die Zeremonie ist immer die gleiche. Beäugen, sich auf die Seite drehen, und los geht's. Nicht nur zum Schein. Der Jung geht voll zur Sache! Sein Gebiss hat mich schon mehr als einmal in den Tauchanzug gezwickt, auch sieben Millimeter halten da nicht ab. Das Resultat sieht man nach dem Tauchgang: ein schöner und breiter Biss, der bald in allen Regenbogenfarben leuchtet.

Speziell Unterwasserfotografen müssen vorsichtig sein, wenn die großen runden Domeports als Spiegel wirken und die Drücker darin Feinde oder Rivalen sehen. Was folgt, sind gezielte, gnadenlose Attacken gegen die Kamera, deren Frontglas so einige Macken abbekommt. Da hilft nur noch eines: der geordnete Rückzug oder sogar raus aus dem Wasser. Denn bis zum wartenden Boot ist mir ein Königsdrücker auch schon gefolgt. Ihr Territorium geht aber trichterförmig nach oben

Drücker können so hartnäckig sein, dass sie Taucher bis auf's Boot zurück jagen

und oftmals hilft es mehr, sich schnell aus dem Staub zu machen in eine andere Richtung.

Weltklassetauchgebiete in punkto Korallen sind die Riffe um Tiran: Jackson, Woodhouse, Gordon und Thomas Reef. Doch trotz intensivem Tauchtourismus gibt's immer wieder spannende Begegnungen mit den Großen der Meere: Hammerhaie, Walhaie, Tigerhaie, Mantas und Delphine.
Das Nonplusultra ist natürlich eine Kreuzfahrt, da kann man fast rund um die Uhr tauchen. Ein Klassiker ist das Schiff „Ghazala I", das bereits seit 1987 im nördlichen Roten Meer kreuzt. Immer wieder haben es sich

die verschiedenen Kapitäne zur Aufgabe gemacht, den Gästen was Besonderes zu bieten. So auch das Schnorcheln und Tauchen mit Delphinen.
Als wir am späten Nachmittag vor Anker gehen, ist die Aufregung groß. Um die Bojen am Gordon Reef spielen zwei Delphine miteinander. Da heißt es, nochmals ABC anzuziehen und die Kamera mitzunehmen. Die beiden sind im vollen Liebesspiel und lassen sich durch uns nicht aus der Ruhe bringen. Ganz im Gegenteil. Ab und zu schwimmen sie schnell zu uns, stupsen uns vorsichtig an, lassen Luftblasen vor uns ab. Sie wollen mit uns spielen.
In diesem Erlebnisrausch

entdecke ich viel zu spät, dass ich an einem Drückergelege vorbeischnorchle. Mehrere gezielte Attacken folgen, mir bleibt kein anderer Weg, als das Weite Richtung Boot zu suchen. Doch was nun plötzlich vor meinen Augen passiert, gehört zu den schönsten Taucherlebnissen, die ich bisher hatte: Einer der Delphine sieht meine hoffnungslose Situation, gesellt sich zu mir und vertreibt den Aggressor ganz vehement. Und zwar derart, dass er das Weite sucht. Eine weitere „ruhige" halbe Stunde vergnügen sich die Delphine mit uns, dann wird es dunkel.

Was folgte, gehört zu den schönsten Taucherlebnissen, die ich je hatte…

Erlebnisse

Fisch-Spielchen
von Christian Schmidt

Mit dem frisch erworbenen Tauch-Schein ging's ab zum Tauchen vor Jais Aben in Papua Neuguinea.

Der Tauchguide wählte die „Magic Passage" aus, einen Riffkanal, der mit 27 Metern Tiefe die Lagune von Madang mit dem offenen Meer verbindet. Bereits auf dem Rückweg kam uns ein hübscher, recht großer Drückerfisch entgegen und wollte wohl mit mir spielen.

Na gut, ich tat ihm den Gefallen. Ich blubberte ihn an, und wenn er auf Tuchfühlung kam, schnappte meine Hand wie ein Fischmaul nach ihm. Das ging so einige Zeit, ich wunderte mich nur, warum der Tauchguide so einen aufgeregten Eindruck vermittelte – der Fisch wollte doch bloß spielen! Außerdem war er jetzt sowieso verschwunden.

Gleich darauf tauchte der Drücker wieder neben mir auf und begann erneut mit seiner „Spielerei". Diesmal aggressiver, wie mir schien, aber halt dennoch harmlos – der hat ja auch nur so ein kleines Maul!

Der Tauchguide war deutlich mehr beunruhigt und brach sogar, entgegen des in der Tauchprüfung soeben frisch Gelernten, ein Stück Koralle ab. Damit, so bedeutete er mir, sollte ich nach dem Fisch schlagen. Was ich natürlich empört abwies!

In der ganzen Zeit schwammen wir gemächlich weiter, und tatsächlich war der Drücker irgendwann verschwunden.

Kurz darauf machte ich noch eine Fisch-Begegnung, diesmal mit einem Büffelkopf-Papageienfisch. Auch so ein Korallenbeißer, aber deutlich

größer und eindrucksvoller. Dieser hier war mehr als einen Meter lang! Sofort schwamm ich hin, um ihn

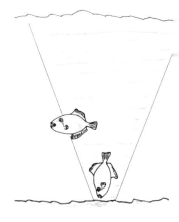

Das Revier der Drücker geht kegelförmig auseinander

mir aus der Nähe zu betrachten – aber Buddy und Tauchguide hielten großen Abstand und zogen schnell weiter. Was stellen die sich denn alle so an? Schweren Herzens ließ ich den Büffelkopf ziehen.

Die Auflösung kam später auf dem Schiff: Als der Drücker anscheinend mal kurz weg war, hatte er mich von hinten angegriffen und in meine Flossen gebissen. Da zeugten zwei beachtliche Löcher von seiner Beißkraft und Verteidigungswut.

Reichlich Biss-Power: Reste eine Seeigel-Mahlzeit

Der gelbe Drücker

von Tatjana und Harald Göttinger

Das Ganze spielte sich in Sharm El Sheikh ab. Wir waren an diesem Tag mit den Meeresbiologen von Reef Check unterwegs.

Wir waren gerade dabei, das Riff zu erkunden, als mich plötzlich etwas an der Flosse zog.

Zuerst dachte ich, es sei mein Mann gewesen, doch als ich mich umdrehte, sah ich einen riesigen gelben Drückerfisch. Was das bedeutete, war klar. Wir wussten, dass man sich von ihnen fernhalten soll, wenn sie ein Nest haben, doch wir sahen weder den nestbauenden noch einen patrouillierenden Drücker.

Unserem war das egal: Er verfolgte uns ein ganzes Stück und griff immer wieder an! Wir tauchten, so schnell es ging, in die entgegengesetzte Richtung des vermeintlichen Nests und wehrten ihn mit Lampen und Flossen ab. Trotzdem gelang es ihm, meinem Mann derart in die Flosse zu beißen, dass ihn ein großes Loch dauerhaft an diese Begegnung erinnern wird.

An Bord erzählte uns der Tauchguide, dass es bei Tiran einen Drücker gibt, der in der Lage ist, eine ganze Gruppe fertig zu machen. Er selber meidet diesen Tauchplatz!

Unterwasser-Tyrannen

von Guido Wittenauer und Susanne Schmitt

Wir waren in Dahab mit den Extra Divers und hatten einen Tagesausflug nach Ras Mohammed gebucht.

Vor dem ersten Tauchgang warnte uns der aufmerksame Guide vor den Drückern und zeigte auch ein Bild von den prächtigen Fischen. Wir konnten uns aber nicht recht vorstellen, dass so ein Fisch von sich aus einfach Taucher angreift, die ihm nichts tun. Sicher ist auch immer der Taucher mitverantwortlich, so unsere Meinung.

Der erste Tauchgang verlief dann auch ganz ruhig, wir hatten einige Exemplare gesehen, diese interessierten sich aber nicht für uns. Somit fühlten wir uns in unserer Annahme bestätigt. Den Nachmittagstauchgang machten wir in Ras Ghoslani. Wir dachten schon gar nicht mehr an die Warnung des Guides. Nach zirka 20 Minuten befanden wir uns in rund 12 Meter Tiefe.

Etwa 30 Meter vor uns war eine andere Tauchgruppe, die plötzlich anfing, wie wild umeinander zu fuchteln und in Richtung Oberfläche flüchtete. Als wir an die Stelle kamen, wurde klar, was da los war.

Zwei große Drücker fingen an, uns zu attackieren und in die Flossen beziehungsweise den Anzug zu beißen. Sämtliche Abwehrmaßnahmen wie Anblasen mit dem Oktopus oder schräg nach unten wegtauchen nutzten nichts.

Die Biester ließen erst von uns ab, als sich von hinten die nächste Tauchergruppe näherte, die natürlich ebenfalls prompt angegriffen wurde.

Beim Nachbriefing erklärte uns der Guide, dass das Revier des Drückerfisches kegelförmig in Richtung Oberfläche größer wird.

Somit war die Flucht schräg nach unten weg zwar richtig, half uns in diesem Fall aber leider nicht. Wahrscheinlich waren die Drücker durch die vielen Taucher so aufgeregt, dass sie sich nicht an ihre Spielregeln hielten.

Zackenbarsch

Klasse   Knochenfische
Familie   Serranidae
Englisch   Cod oder Grouper

Verbreitung

tropische, subtropische und gemäßigte Meere

Biologie und Lebensweise

Unter den Zackenbarschen findet man wahre Giganten. Der Riesen-Zackenbarsch ist mit etwa 2,70 Meter Gesamtlänge der größte aller Knochenfische des Riffs. Doch auch „normale" Zackis wie die berühmten „Potato-Cods" werden rund 1,50 Meter groß.

Zackenbarsche sind gemächliche Schwimmer, die mit ihrem riesigen Maul ab und an mal „einen schnellen Happen" einwerfen, indem sie die Futterluke blitzschnell aufreißen. Der entstehende Unterdruck saugt ein, was immer sich vor der Schnauze befindet. Doch auch Krebstiere verschmähen die „dicken Dinger" nicht. Leider ist die Unsitte immer noch verbreitet, Zackenbarsche mit gekochten Eiern zu füttern. Die Tiere vertragen diese unnatürliche Eiweiß-Diät nicht und sterben oftmals einen schnellen Tod an den „harmlosen" Mitbringseln.

Achtung: Kontakt!

Große Zackenbarsche haben kaum natürliche Feinde, solange sich keine Harpunettis nähern. Daher sind sie in der Regel neugierig und lassen Taucher auch recht dicht an sich heran. Vor allem bei angefütterten Exemplaren gilt aber, Vorsicht walten zu lassen, denn die hungrigen Gesellen „schlukken" auch mal Finger oder Hand. Und beim Zurückziehen kann es schmerzhaft werden.

Gefährlichkeit

Symptome

- Quetschungen und Hautabschürfungen, keine echten Bisswunden

- vor allem Hautabschürfungen durch das Zurückziehen „geschluckter" Finger oder Hände können stark bluten

- durch Kontakt mit Mundschleimhäuten Infektionen möglich, daher bei größeren Wunden desinfizieren

Erste Hilfe

- Tiere sind nicht aggressiv, Wunden meist harmlos, also Tauchgang in Ruhe beenden

- Wunde desinfizieren, da ansonsten Gefahr von Infektionen besteht

Vorbeugung

- Zackenbarsche nicht füttern, die meisten Unfälle passieren beim Hantieren mit Futter vor der Schnauze hungriger Zackis!

- bei aufdringlichen Zackis, die angefüttert wurden, auf Hände achten, denn die schlauen Fische wissen, dass sich in ihnen Futter verbergen könnte. Keine Finger hinstrecken, denn Zackis können sehr schnell werden!

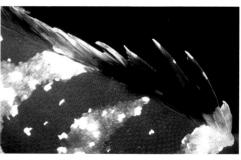

Die Rückenstacheln enthalten keine Gifte

Die Malabar-Zackenbarsche des südlichen Roten Meeres werden bis zu 1,20 Meter groß

Kartoffel-Zacki in Burma

Grimmiger Nassau-Grouper

Eine mächtig große Klappe

Anemonenfische

Klasse Knochenfische
Familie Pomacentridae
Englisch Anemonefish

Verbreitung

Korallenriffe weltweit

Gefährlichkeit

Symptome

- kleine, schmerzhafte und manchmal stark blutende Bisswunden, vor allem in den Fingern oder am Kopf

- Wunden können sich, wie jede offene Verletzung, entzünden

- Biss nicht giftig und durch die geringe Größe auch nicht gefährlich

Biologie und Lebensweise

Während die Zackenbarsche das obere Ende in Sachen Barsch-Größe darstellen, sind die Anemonenfische mit rund 12 bis 15 Zentimeter Körpergröße eher kleinwüchsig. Doch die bunten Zwerge sind gar nicht ohne. Zum einen fällt natürlich ihr Zusammenleben mit schützenden Anemonen auf, die zwar alle anderen Tiere vernesseln, nicht jedoch die kleinen bunten Fische, die durch den Nesselwald streifen. Sie sind in der Lage, eine eigene Schleimhülle zu erzeugen, die die Anemone davon abhält, die Nesselkapseln abzufeuern.

Auch die niedlichen Anemonenfische sind Räuber, die kleineren Fischen und Krebsen nachstellen. Ihr Maul mit den spitzen Zähnen verrät deutlich, dass sie alles andere als friedliche Algenfresser sind.

Erste Hilfe

- nach Tauchgang Wundblutung, falls nötig, stoppen durch Pflaster oder Verband

- Wunde desinfizieren, da ansonsten Gefahr von Infektionen besteht

Vorbeugung

- vor allem Fotografen sollten dem Tier ausreichend Fluchtmöglichkeit geben, denn rücken sie mit der Kamera bis in die schützende Anemone vor, verteidigt sich der Anemonenfisch auch mit den Zähnen

- für alle anderen Taucher gilt lediglich: Angucken ja, Anfassen nein, sonst zeigt Euch „Nemo", wozu er seine Zähne hat!

Achtung: Kontakt!

Von wegen niedlich! Wer sich ohne Kopfhaube oder mit vorwitzig gestrecktem Finger den Anemonenfischen nähert, kann durchaus unangenehm überrascht werden. Rückt man den kleinen Fischlein nämlich zu nahe, wissen die so ängstlich wirkenden Flossenträger durchaus, wie sie ihr Raubtiergebiss einsetzen. Das ist dann aber wirklich die letzte Verteidigung, ansonsten reicht die Anemone!

Verbogene Schnauze aus den Philippinen

Eigentlich ist der Anemonenfisch ein Liebling aller Taucher. Doch er kann auch ein kleiner Bösewicht sein!

Rotmeer-Anemonenfisch

Orangenflossen-Anemonenfisch

Rotmeer-Anemonenfisch

Schiffshalter
(Remora)

Klasse	Knochenfische
Familie	Echeneidae
Englisch	Remora

Verbreitung

tropische und subtropische Gewässer weltweit

Gefährlichkeit

Symptome

- per Unterdruck der Lamellen können erhebliche Unterblutungen der Haut entstehen, also ausgeprägte „Knutschflecken"

- wie bei allen Wunden Gefahr von Infektionen

- Achtung: Tiere können auch beißen (siehe Erlebnisbericht Seite 188)

Biologie und Lebensweise

Die charakteristische Saugscheibe der Schiffshalter ist entstanden aus einer Umwandlung der vorderen Rückenflosse. Die Flossenstrahlen sind geteilt, nach außen gebogen und zu Lamellen verbreitert. Werden sie aufgerichtet, entsteht ein Unterdruck, mit dem sich Schiffshalter an ihren schwimmenden Vehikeln festsaugen. Also beißen die Tiere eigentlich nicht, sondern saugen eher.

Die Tramper der Meere heften sich an fast alles, was groß ist und schwimmt. Ob Hai oder Wal, ob Manta oder sogar Taucher – der faule Genosse lässt sich gerne ziehen. Als Gegenleistung reinigt der schuppige Anhalter allerdings auch die Haut seiner „Taxis".

Der Schiffshalter gehört ebenfalls zur Familie der Barschartigen, ist also ein Räuber, der sich von seinem „Zugtier" in die Nähe von Fischschwärmen schleppen lässt.

Erste Hilfe

- Tauchgang in Ruhe beenden, da Wunden meist kaum bluten

- Wunde desinfizieren, ansonsten Gefahr von Infektionen

Vorbeugung

- Achtung bei freischwimmenden Remora-Exemplaren, denn hier ist eine teilweise überraschende Annäherung möglich, die den Taucher erschrecken kann

- saugt sich ein Schiffshalter fest, ist er in der Regel leicht durch Anstoßen wieder zu entfernen

Achtung: Kontakt!

Es gibt Orte, in denen Schiffshalter sich zu großen Scharen versammeln und auf Transport zu warten scheinen, etwa das berühmte „Remora-Wrack" auf den Malediven. Saugt sich ein Schiffshalter auf blanker Haut eines Tauchers fest, und er ist dabei alles andere als wählerisch, so handelt sich der Taucher einen ungemein originellen, aber reichlich schmerzhaften Knutschfleck ein.

Weißspitzen-Riffhai mit Schiffshalter im Schlepp

Bis zu einem Meter können die Schiffshalter lang werden. Ihre Schwimmblase ist zurückgebildet

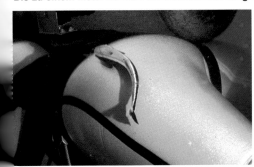

Per Neopren-Anhalter durch die Meere

Walhai mit einem ganzem Rudel von Remoras

Erlebnis

Per Anhalter durchs Meer
von Paul W. Munzinger

D i e Jungs mit dem Knopf am Kopf sind wirklich die faulen Socken der Weltmeere, denn sie hängen sich einfach an größere Tiere dran: an Schildkröten, Haie, Walhaie, Zackenbarsche oder Mantas.

Einer unserer ersten Begegnungen mit den Trampern der Ozeane war auf den Cayman-Islands. Meine bessere Hälfte musste mal wieder Modell im Riff schwimmen und bekam einen nagelneuen Tauchanzug in der unschuldigen Farbe Weiß. Ein kleiner Riffhai zog an uns vorbei und sah

dran, denn der war ja auch weiß. Eventuell schwimmt das Ding schneller, mag sich der faule Plattkopf gedacht haben.

Anfangs war dieses Spielchen noch lustig, denn der nette Anhalter umkreiste den ganzen Körper auf der Suche nach Halt und saugte sich immer wieder fest. Doch der Tauchgang neigte sich dem Ende und der Kerl ließ nicht ab von seinem neuen Transporter. Allmählich taten seine Ansaugbemühungen durch den dünnen Tauchanzug auch wirklich weh. Am Schluss kam Anni

Nur ein Tauchanzug schützt vor bösen Verletzungen der Haut

ihm weh zu tun. Nicht auszudenken, wenn dies ohne Tauchanzug passiert wäre.

Das nächste Geschehnis mit Knutschfleck-Feeling: Wir machen einen Sprung nach Zentralamerika und reisen mit dem Tauchkreuzfahrtschiff „Solmar V" zu den Socorro-Islands, oder, wie die Inselgruppe auf mexikanisch heißt: Islas Revilla Gigedos.

uns neue und größere Eindringlinge. Und was machte der unvermeidliche Schiffshalter, der am Hai dranhing? Flugs löste er sich vom kleineren Riffhai und hängte sich an den „größeren Fisch"

mit Schiffshalter am Anzug aus dem Wasser an Bord, und wir hatten Mühe, das Tier wieder in sein Element zu bugsieren, ohne

Bekannt sind diese Inseln wegen ihrer riesigen und überhaupt nicht scheuen Mantas.

Dazu ein paar Worte: Ich hasse die „Spielchen" mancher Meeresneurotiker wie die Pest, die sich an alles dranhängen müssen – ob an den Walhai, die Schildkröte oder an Mantas. Doch was sagt unser Divemaster beim obligatorischen Briefing vor dem Tauchgang?

Die Mantas wollen das hier so, ansonsten würden sie gelangweilt von dannen ziehen. Alles natürlich in Maßen und immer schön sanft, doch die Berührung ist echt von ihnen gewollt. Nicht zu fassen, alle meine Vorurteile sollten nicht mehr gelten?

Und tatsächlich. Wir springen in die Fischsuppe, und schon bald kommen zwei Meisterexemplare dieser Flattermänner neugierig zu uns. Da ich am Fotografieren bin, halte ich Abstand und bleibe soweit weg, dass die Riesentiere auch formatfüllend auf dem Foto auftauchen und nicht nur mit angeschnittenen Flossen.

Das scheint aber diesmal die ganz falsche Taktik: Sie reagieren tatsächlich äußerst gelangweilt und wenden sich von mir ab. Mein Buddy aber betätschelt und krault sie vorsichtig und ist der neue Liebling der beiden Mantas.

Plötzlich löst sich einer der beiden großen Schiffshalter, die aussehen wie Triebwerke, die auf dem Manta kleben, und beißt meinen Partner völlig überraschend heftig in die Finger. Das Blut strömt hervor, und mein Buddy verliert schlagartig alle Lust, mit dem Träger dieser fiesen Sauger weiter zu kuscheln. Noch tagelang nach diesem gar nicht zärtlichen Rendevouz schmerzt die Wunde und erinnert an die aggressiven Anhalter der Meere.

Diese Art von Attacke steht in keinem Lehrbuch. Ein Erklärungsversuch ist, dass der Schiffshalter wohl eifersüchtig geworden sein muss und den kraulenden Neoprenträger für einen unliebsamen Nebenbuhler in Sachen

Wer sagt denn, dass Schiffshalter nur träge Genossen sind, die sich durch die Gegend schleppen lassen? Dieser hier biss sogar heftig zu

Transport hielt. Die Theorie, dass er seinen Wirt sogar verteidigen wolle, ist allerdings eher unwahrscheinlich.

Biologie

Haie

Der Sandtiger hat ein furchterregendes Gebiss, gilt aber als relativ ungefährlicher Hai

Haie sind alles andere als **urtümliche** Vertreter der schwimmenden Zunft, wie oft zu lesen. Sie sind auch keine primitiveren Fische, nur weil ihr **Skelett aus Knorpel** statt aus „ordentlichen" Knochen besteht. Im Gegenteil: Knorpel ist von Vorteil, wenn man schnell wachsen will. Und Haie können sehr groß werden! Vielmehr geht man heute davon aus, dass Haie von Lebewesen abstammen, die sich aus dem Süßwasser wieder zurück ins Salzwasser entwickelt haben.

Was aber bei allen Legenden um die Räuber der Meere behauptet wird, nämlich, dass sie eine der erfolgreichsten Tiergruppen überhaupt seien und seit Jahrmillionen kaum größere Veränderun-

gen benötigt hätten, stimmt voll und ganz. Die Knorpelschwimmer haben einige Besonderheiten, die sie eben zum Superstar aller Raubtiere der Meere machen. Auf das **Revolver-Gebiss** sind wir ja schon eingegangen: In

den Kiefern sitzen in speziellen Taschen neue Zahnreihen. Fällt dem Hai jetzt ein Zähnchen aus, so klappt von hinten einfach ein neuer nach vorn und lässt den Räuber wieder unverschämt gemein aussehen. Dieses Verfahren

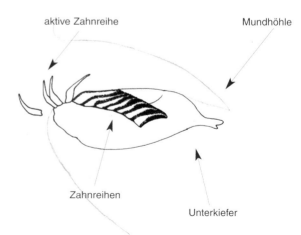

Zahn um Zahn: So funktioniert das Revolvergebiss der Haie

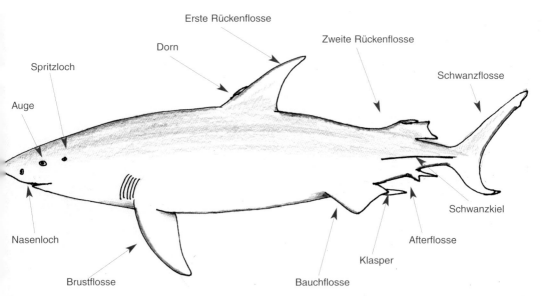

Erste Rückenflosse

Dorn

Zweite Rückenflosse

Spritzloch

Schwanzflosse

Auge

Nasenloch

Brustflosse

Bauchflosse

Klasper

Afterflosse

Schwanzkiel

Die Klasper sind das Kennzeichen männlicher Haie

ist deshalb so wichtig für den Räuber, da er mit seinen messerscharfen Zähnen seine Beute, die oftmals viel größer ist als er, zerkleinern muss. Und wer schon mal selber versucht hat, Arbeiten im Wasser zu bewältigen, weiß, dass man sich einfach mit jeder Kraft mitdreht, weil

man sich nirgends abstützen kann, dem Wasser fehlen eben die Balken. Da hilft nur, sich selber ruckartig zu bewegen, damit der eigene Schwung Kraft ausübt. Hat der Hai sich etwa in einem Walkalb verbissen, dann peitscht sein Schwanz und dreht ihn ruckartig. So reißt

er große Brocken aus seiner Beute. Und verliert im Eifer des Gefechts die Zähne, die die ganze Kraft übertragen müssen.

Haie haben fünf oder sieben offene **Kiemenspalten**, die, anders als bei Knochen-

Der bullige Stierkopfhai versteckt sich in Höhlen

Der Gitarrenhai ist ein Rochen in Haigestalt

fischen, nicht durch Kiemendeckel geschützt sind. Daher sind vor allem die grundlebenden Haie, die mit ihrer Schnauze im Boden wühlen, darauf angewiesen, die Kiemen irgendwie zu schützen, denn mit Sand in den Atemorganen lässt sich schlecht schnaufen.

Also haben die Haie **Spritzlöcher**, durch die sie in der Lage sind, Frischwasser auf die Kiemen zu pumpen.

Hai-Babys sind vollentwickelte kleine Räuber. Anders als Knochenfische, die sich über verschiedene Vorstufen entwickeln, ist Mini-Hai mit allem ausgestattet, was ihn groß macht. Um diese Reife zu erreichen, muss er ziemlich komplett zur Welt kommen. Viele Haie sind **lebendgebährend**, die Jungen wachsen also geschützt im Innern der Mutter heran. Doch was heißt geschützt: Bei manchen Haien fressen sich die Sprösslinge in der Gebärmutter schon gegenseitig auf. Von einer behüteten Kinderstube sind diese Genossen also weit entfernt! Andere Haie legen Eier, die den weitentwickelten Embryo enthalten. Damit sind sie das Drama der Lebendgeburt und Brutpflege gleich los. Auf jeden Fall ist diese Form der Aufzucht zeitintensiv, so dass Haie in Sachen Vermehrung

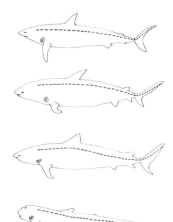

Körperformen verschiedener Haie: ganz oben Hochseebewohner, darunter Haie der tieferen Küstenregionen, dann Räuber der flachen Riffbereiche und unten Bodenbewohner

Der Wobbegong kommt vor Australien und Neu-Guinea vor und ist ein typischer Bodenbewohner

Dieser Sandtiger fängt an, sich leicht zu verspannen, der Rücken wird krumm, die Brustflossen steif

recht langsam sind. Würde der Mensch nicht erbarmungslos Jagd auf den oftmals fast ausgerotteten Hai machen, wäre dies auch kein Problem, denn natürliche Feinde hat der Hai kaum. Er steht eben am Ende einer

Sollte sich Ihr Lieblings-Hai in seiner Schwimmweise so verändern wie hier gezeigt, wird's im Wasser ungemütlich. Wie wärs mit einem Deko-Bierchen?

langen Nahrungskette und ist der Herrscher der Meere.

Haie haben hochentwickelte und unglaublich leistungsfähige **Sinnesorgane**. Sie sind extrem empfindlich für elektrische Felder, bemerken so etwa die Tätigkeit von Muskeln verletzter Fische. Die Organe, die dafür verantwortlich sind, heißen Lorenzinische Ampullen.

Ihr **Geruchssinn** lässt den der Hunde blass aussehen, sie können Blut in unglaublich geringer Verdünnung kilometerweit aufspüren. Die **Augen** sind dagegen meist nicht ganz so leistungsstark, obwohl etwa der Weiße Hai augenscheinlich

auch über Wasser sehen kann – bei Fischen alles andere als selbstverständlich, da sie dieselben Schwierigkeiten mit dem Sehen an Luft haben wie wir mit dem Sehen unter Wasser.

Haie **tasten** gerne mit dem Mund. Was bei menschlichen Babys regelmäßig für Verzückungen der Oma sorgt, kann etwa bei einem Tigerhai ganz anders aufgefasst werden, denn vor dem Gaumen sitzen keine weichen Saugleisten wie beim menschlichen Zwerg, sondern prächtig ausgebildete Zahnreihen. Daumenlutschen macht mit Haien also keinen Spaß!

Die folgenden Haiarten sind nur ein Ausschnitt aus einer Vielzahl von Haien, von denen einige mehr noch gefährlich sein können. Die häufigsten sind aber aufgezählt.

Schwarzspitzen-Riffhai

Klasse	Knorpelfische
Familie	Grundhaie (Carcharhinidae)
Englisch	Blacktip Reef Shark

Verbreitung

tropische und subtropische Gewässer des Indo-Pazifik bis östliches Mittelmeer

Gefährlichkeit

Symptome

- große Haie verursachen, wenn sie zubeißen, große, klaffende und ausgerissene Wunden, die stark bluten

- oftmals Schocksymptome, Schmerz dringt erst später ins Bewusstsein

- starker Blutverlust, Ohnmachtsgefahr

- Panikreaktionen möglich

Biologie und Lebensweise

Die schwarze Rückenflosse des kleineren Räubers ist unverwechselbar, vor allem, wenn sie bei seinen häufigen Streifzügen im Flachwasser der Korallenriffe über der Wasseroberfläche auftaucht.

Bis rund zwei Meter wird der Hai lang. Groß genug, um sich in Sachen Ernährung im Riff reichlich zu bedienen: Schildkröten, Seeschlangen, Doktor-, Lipp- und Drückerfische, Rochen, Sepien und Krebse – die Tafel für den flinken Räuber ist reich gedeckt. Doch der Schwarzspitzen-Riffhai muss auch aufpassen, nicht selber verspeist zu werden, denn andere Haie und große Zackenbarsche genehmigen sich gern mal einen der Riffhaie.

Schwarzspitzen-Riffhaie sind lebendgebährend, etwa drei bis vier Junge werden nach rund neun Monaten zur Welt gebracht.

Erste Hilfe

- nach Angriff sofort das Wasser verlassen, da weitere Angriffe möglich sind

- Blutung stoppen durch Wundverband, eventuell Kompressen

- Schockbehandlung

- Arzt oder besser Krankenhaus aufsuchen

Vorbeugung

- Vorsicht vor allem bei größeren Exemplaren und im Flachwasser, wo der Hai schlechter ausweichen kann

- auf keinen Fall Futter oder tote Fische mit sich führen und füttern, dies kann Angriffe provozieren

Achtung: Kontakt!

Zwar ist die Haiart nicht sonderlich groß, trotzdem kennt sie keine Furcht. Schwarzspitzen-Riffhaie sind neugierig und können, vor allem bei Ködern im Wasser, auch aggressiv werden. Da sie im extremen Flachwasser vorkommen, treffen sie auch mit Schwimmern und Badenden zusammen, die manchmal Opfer von Bissen werden, wenn sie den Haien zu nahe kommen.

Fast zwei Meter werden die schönen Haie lang

Schwarzspitzen-Riffhaie kommen bis ins extreme Flachwasser der Lagunen, hier sind sie aber am Riff

Typisch: spitze Schnauze und unterständiges Maul

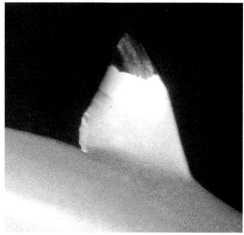

Merkmal ist die schwarze Spitze der Rückenflosse

Grauer Riffhai

Klasse	Knorpelfische
Familie	Grundhaie
Englisch	Grey Reef Shark

Verbreitung

tropische und subtropische Meere weltweit

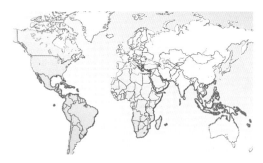

Biologie und Lebensweise

Karibischer-, Weißspitzen- und Grauer Riffhai bewohnen alle die Korallenriffe warmer Meere. Knochenfische, Kopffüßer und Krebse stehen auf ihrem Speiseplan. Vor allem in strömungsreichen Kanälen stellen sich oftmals mehrere Haie ein und warten auf vorbeischwimmende Beute.

Riffhaie gehören zur Familie der Grundhaie oder Carcharhinidae, die fast alle lebendgebährend sind. Neben den Riffhaien gehören unter anderem auch Blau- und Tigerhaie sowie Zitronen- und Gangeshaie zu den Grundhaien.

Der imposanteste Vertreter ist der Ozeanische Weißspitzenhai, der bis zu vier Meter lang, aber von Tauchern nur ganz selten gesichtet wird, da er ein typischer Hochsee-Hai ist. Von ihm sind auch unprovozierte Angriffe auf Menschen bekannt.

Achtung: Kontakt!

Große Riffhaie sind allgemein eher neugierig als scheu, manchmal lassen sie Taucher dicht an sich heran. Ihr Verhalten ändert sich, sobald Köder oder Futter im Wasser ist, dann werden sie schnell aufdringlich und auch aggressiv. Da Taucher ebenfalls in den Riffen unterwegs sind, sind die zahlreichen Grauen Riffhaie in die meisten Zwischenfälle zwischen Hai und Mensch überhaupt verwickelt.

Gefährlichkeit

Symptome

- große Haie verursachen, wenn sie zubeissen, große, klaffende und ausgerissene Wunden, die stark bluten

- oftmals Schocksymptome, Schmerz dringt erst später ins Bewusstsein, Panik möglich

- starker Blutverlust, Ohnmachtsgefahr

- Tod durch Verbluten oder Ertrinken möglich

Erste Hilfe

- nach Angriff sofort das Wasser verlassen, da weitere Angriffe möglich sind

- Blutung stoppen mit Verband oder Druckkompresse

- Schockbehandlung

- Notarzt verständigen oder Krankenhaus aufsuchen

Vorbeugung

- ruhige Schwimmweise bei Begegnung mit Tieren. Normalerweise sind diese Haie ungefährlich

- nicht füttern! Vorsicht bei Ködern im Wasser. Bei Fressrausch der Haie möglichst das Wasser verlassen

Bis 2,50 Meter werden ausgewachsene Tiere lang

Der Graue Riffhai wird bis zu zweieinhalb Meter lang und bevorzugt Riffkanten und Strömungs-Kanäle

Ein Grauer Riffhai wartet auf Abfälle vom Schiff

Der Graue Riffhai ist der häufigste Hai in jedem Riff

Die gewandten Räuber lieben starke Strömungen

Auf den Malediven sind Grauhaie oft zu sehen

Blauhai

Klasse	Knorpelfische
Familie	Grundhaie (Carcharhinidae)
Englisch	Blue Shark

Verbreitung

tropische und subtropische Gewässer weltweit

Biologie und Lebensweise

Blauhaie zählen zu den Räubern der Meere, die auch vor dem Menschen bisweilen nicht halt machen. Mit maximal 3,80 Metern Länge ist auch nicht einzusehen, warum „Zwerg Mensch" nicht ab und an mal einen Bissen wert ist.

Eigentlich ist der elegante, gemächliche Schwimmer aber eher scheu, zudem eher ein Hochseebewohner als ein Fan der flachen Küstengewässer. Zu seiner Lieblingsbeute gehören Kalmare, aber auch Krebse und sogar Krill reichen dem Blauhai. Natürlich verschmäht auch er einen kleinen, aber saftigen Artgenossen nicht. Und sollte sich ein vorwitziger Säuger in seine Nähe trauen, wenn er hungrig ist, dann wird auch der verputzt.

Blauhaie sind, einst eine der häufigsten Haiarten, heute drastisch dezimiert, eine Begegnung zählt zu Tauchers Glücksmomenten.

Achtung: Kontakt!

Blauhaie sind neugierig, meiden aber in der Regel den direkten Kontakt zum Menschen und sind nicht aggressiv. Nur, wenn zahlreiche Schlüsselreize kombiniert werden, etwa Blut im Wasser, schlagende Geräusche auf der Wasseroberfläche wie ein verletzter Fisch, dazu vielleicht noch andere Räuber in der Nähe, greift der Blauhai an. Belegt sind Angriffe auf Schiffbrüchige auf hoher See.

Gefährlichkeit

Symptome

- große Haie verursachen, wenn sie zubeißen, große, klaffende und ausgerissene Wunden, die stark bluten
- Schocksymptome, Schmerz dringt erst später ins Bewusstsein, Panik möglich
- starker Blutverlust, Ohnmachtsgefahr
- Tod durch Verbluten oder Ertrinken möglich

Erste Hilfe

- nach Angriff sofort das Wasser verlassen, da weitere Angriffe möglich sind
- Blutung stoppen, sonst Lebensgefahr durch hohen Blutverlust
- Schockbehandlung
- Arzt oder besser Krankenhaus aufsuchen

Vorbeugung

- Vorsicht bei größeren Exemplaren
- auf keinen Fall Köder oder tote Fische mit sich führen und füttern, dies kann Angriffe provozieren
- reagiert der Hai unruhig und beginnt, zackig zu schwimmen, Wasser möglichst verlassen

Ein zweites Lid schiebt sich beim Biss übers Auge

Heutzutage ist der Blauhai fast nur noch bei Käfigtauchgängen mit intensiver Fütterung zu bewundern

Der schlanke Körper, die stark unterständige Schnauze und die großen Brustflossen sind unverwechselbar

Hammerhai

Klasse	Knorpelfische
Familie	Hammerhaie (Sphyrnidae)
Englisch	Hammerhead Shark

Verbreitung

tropische und subtropische Gewässer weltweit

Gefährlichkeit

Symptome

- große Haie verursachen beim Biss klaffende und ausgerissene Wunden, die stark bluten
- nach Biss Schocksymptome und/oder Panik
- starker Blutverlust, Ohnmachtsgefahr
- Tod durch Verbluten oder Ertrinken möglich

Biologie und Lebensweise

Neun Arten zählt die Familie der Hammerhaie, die durch ihr ungewöhnliches Äußeres eine Sonderstellung unter den Haien haben. Sie haben kein Spritzloch und keine Barteln an den Nasenöffnungen. Ihre Schädelform scheint die Gesichtssinne, also Sehen, Hören, aber auch Riechen und elektrische Reize zu verstärken.
Hammerhaie werden bis zu fünf Metern lang. Sie fressen sich durch den gesamten Speiseplan der Knochenfische, verschmähen auch junge Artgenossen oder verwandte Haiarten nicht. Tintenfische, Kraken, Rochen und sogar Seeschlangen reichern das Menü zusätzlich an.
Hammerhaie sind lebendgebährend. Teilweise kommen sie in riesigen Schulen vor (vor allem Cortez-See). Solche Anblicke sind aber durch Raubfischerei selten geworden.

Erste Hilfe

- nach Angriff sofort das Wasser verlassen
- Blutung stoppen, sonst Lebensgefahr durch hohen Blutverlust
- Schockbehandlung
- Arzt oder besser Krankenhaus aufsuchen

Vorbeugung

- Vorsicht bei größeren Exemplaren
- Hai beobachten. Wenn aggressiv, Tauchgang möglichst abbrechen und Wasser verlassen

Achtung: Kontakt!

Neben fünf kleinen Arten gibt es vier große Vertreter der Hammerhaie, die auch für Angriffe auf Menschen verantwortlich zeichnen. Generell sind Hammerhaie zwar neugierig, doch reagieren sie sofort aufdringlich, wenn Köder im Spiel sind. Der Große Hammerhai hat auch schon Badende angegriffen, er kommt vor allem als Einzelgänger vor, den andere Haie meiden.

Bogenstirn-Hammerhai

Glatter Hammerhai

Großer Hammerhai

Mützen-Hammerhai

Noch immer rätseln Biologen, was der genaue Sinn der einzigartigen Kopfform sein soll

Schulen von Hammerhaien sind selten geworden

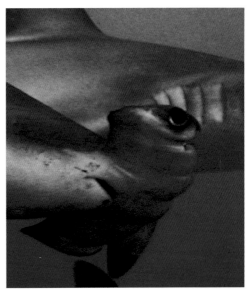

Diese Aufnahmen entstanden vor Galapagos

Weißer Hai

Klasse	Knorpelfische
Familie	Heringshaie (Lamnidae)
Englisch	Great White Shark

Verbreitung

tropische und subtropische Gewässer weltweit

Biologie und Lebensweise

Der Inbegriff der Gefährlichkeit im Wasser ist der Weiße Hai, und das nicht erst seit seinem „Kino-Erfolg". Rund sieben Meter Maximallänge, ein furchterregendes Gebiss und die Fähigkeit, den Kopf über Wasser zu heben und scheinbar seine nächste Beute zu fixieren – der Weiße Hai eignet sich hervorragend für Schauergeschichten. Leider, denn gemeinsam mit seinen Verwandten, dem Kurz- und dem Langflossen-Mako sowie dem Gewöhnlichen und dem Pazifischen Heringshai gehören die Weißen Haie zu den akut von der Ausrottung bedrohten Haiarten. Der Weiße Hai gilt als biologisch ausgestorben, seine mittlerweile winzige Population als zu klein zum Überleben. Heringshaie haben eine Körpertemperatur, die mehrere Grad höher als das umgebende Wasser ist. Die Muskulatur des Weißen Hais ist etwa fünf Grad wärmer als das Wasser. Das sichert ihm, da immer gut „aufgewärmt", beim Sprint zur Beute den vielleicht entscheidenden Vorteil.

Achtung: Kontakt!

Auch wenn es mittlerweile zum Glück etliche Fans des Weißen Hais gibt: Der Hai ist potentiell gefährlich, gilt wohl nicht zu Unrecht als der gefährlichste aller Meeresräuber. Doch eine Begegnung ist äußerst selten.

Gefährlichkeit

Symptome

- beißen Weiße Haie tatsächlich einmal zu, ist das Opfer mit Sicherheit mindestens schwer verletzt

- große Wunden oder fehlende Gliedmaßen mit massivem Blutverlust

- Schock, Panik und/oder Ohnmacht

Erste Hilfe

- nach Angriff sofort das Wasser verlassen, da weitere Angriffe möglich sind

- Blutung stoppen, sonst Lebensgefahr durch hohen Blutverlust

- Schockbehandlung

- notärztliche Versorgung einleiten

Vorbeugung

- Begegnungen im Freiwasser sind äußerst selten

- ruhig und besonnen Tauchgang beenden. Ein Aufenthalt im Freiwasser mit großen Weißen Haien sollte vermieden werden

Typische Aufnahme des Weißen Hais vom Boot aus

Der König der Meere in seinem Element – der Weiße Hai schwimmt ruhig, bis er auf seine Beute stößt

Alle Bilder entstanden in Südafrika bei Käfigtauchgängen mit angefütterten Haien

Leopardenhai

Klasse	Knorpelfische
Familie	Stegostomatidae
Englisch	Zebra Shark

Verbreitung

Rotes Meer bis Südafrika,
Indonesien bis Japan

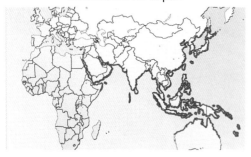

Biologie und Lebensweise

Stolze 3,50 Meter Länge kann ein ausgewachsener Leopardenhai erreichen. Trotzdem gilt er als meist ungefährlich für den Menschen, denn seine Nahrung besteht aus Schnecken, Muscheln, Krabben und Garnelen, die er bis in ihre Höhlen hinein verfolgt. Ab und zu erwischt er auf seinen nächtlichen Streifzügen auch einen Knochenfisch.
Nachts jagt der Leopardenhai, tagsüber ruht er in flachen Riffbereichen auf Sandgrund, stützt sich auf seine Brustflossen und „meditiert" vor sich hin.
Der Leopardenhai ist nicht lebendgebährend, sondern legt Eier ab, die etwa 20 Zentimeter lang werden können. Pro Wurf werden bis zu vier Eier abgelegt. Die Oberfläche dieser Eier ist klebrig, so haften sie leicht an den Oberflächen ihrer Verstecke.

Achtung: Kontakt!

Leopardenhaie sind in der Regel nicht scheu, lassen den Taucher tagsüber dicht an sich heran. Irgendwann verlieren sie aber die Geduld und schwimmen mit kurzen, kräftigen Bewegungen ein Stück weiter. Ist ein Taucher allerdings zu aufdringlich, dann weiß auch der Leopardenhai, wie er *Homo sapiens* zeigen kann, dass er einer der Könige der Meere ist, wie das Foto rechts beweist!

Gefährlichkeit

Symptome

- Biss eher unwahrscheinlich, Maul relativ klein und Hai wenig aggressiv

- wahrscheinlicher sind Abschürfungen der Haut, da der Hai recht zutraulich ist und dicht an Taucher herankommt

- Abschürfungen können tief sein und schmerzen sofort intensiv

- erfolgt doch ein Biss, dann mit den üblichen Symptomen von Haibissen

Erste Hilfe

- Wunde reinigen und desinfizieren, da ansonsten Gefahr von Infektionen droht

- Pflaster oder leichter Verband reichen bei Abschürfungen in der Regel aus

- bei Bissverletzungen Blutung stoppen, Wunde, die meist nicht groß ist, verbinden

Vorbeugung

- nicht zu dicht an Leopardenhaie heranschwimmen, da ruhende Tiere blitzschnell beschleunigen können

- mit den Pfoten ist das Anfassen verboten! Diese Regel sollte jeder Taucher verinnerlicht haben

Wird der Taucher zu aufdringlich, wird angegriffen!

Trotz ihrer beachtlichen Größe sind Leopardenhaie nur bei extremer Belästigung aggressiv

3,50 Meter können die massigen Tiere groß werden

Nachts werden vor allem Krebstiere gejagt

Bei vorsichtiger Annäherung bleiben sie ruhig

Blitzschnell kann die Ruhephase vorbei sein!

Ammenhai

Verbreitung

warme und gemäßigte Meere weltweit

Biologie und Lebensweise

Die zwei Barteln an der Nase sind die unverkennbaren Merkmale der Ammenhaie. Außerdem besitzen sie Furchen zwischen Nase und Maul. Bis zu 4,30 Meter werden diese meist grundlebenden Haie lang. Ihre bevorzugte Nahrung sind Krebse, Kraken und Seeigel, aber auch Rochen und Fische, die vor allem nachts erbeutet werden. Tagsüber ruhen die großen Tiere, oft in Gruppen, auf dem Grund oder in Höhlen und Überhängen.

Die Barteln tragen Geschmackszellen, die das Aufspüren der Beute erleichtern. Fische werden mit den Zähnen gepackt und zerkleinert, Schalentiere und Krebse mit den starken Kiefern zermahlen.

Die Jungen schlüpfen voll entwickelt, verlassen bereits in der Gebärmutter ihren dünnen Dottersack („ovovivipar").

Achtung: Kontakt!

Ammenhaie sind gerade tagsüber eher träge und lassen Taucher bisweilen dicht an sich heran. Doch sind Angriffe, auch unprovoziert, auf Taucher und Schnorchler bekannt. Vielleicht ist das teilweise ausgeprägte Revierverhalten in Verbindung mit Nachwuchs Ursache dieses Verhaltens. Beißt der Ammenhai zu, so hält er Beute oder Opfer mit erstaunlicher Zähigkeit fest.

Gefährlichkeit

Symptome

- Biss ist sehr fest und intensiv, Hai löst sich nur schwer vom Opfer
- tiefe Bisswunden und/oder Quetschungen
- mittlerer Blutverlust, starke Schmerzen
- Schock möglich, Panik wahrscheinlich

Erste Hilfe

- Blutung stoppen, Wunde nötigenfalls mit Druckverband versorgen
- Wunde reinigen und desinfizieren, da ansonsten Gefahr von Infektionen droht
- zur fachgerechten Wundversorung Arzt oder Krankenhaus aufsuchen

Vorbeugung

- in der Regel sind Ammenhaie zutraulich und lassen Taucher erstaunlich dicht an sich heran, doch ist Vorsicht geboten, wenn sich der Hai beengt fühlt
- auch hier gilt: nicht füttern! Wer Zeuge einer Fütterung werden will, sollte dies bei spezialisierten Basen machen, nicht selbst versuchen

Auffälligstes Merkmal sind die zwei Barteln

Ammenhaie sind in der Regel friedlich, solange man ihnen ihre Fluchtmöglicheiten nicht nimmt

Bodenlebewesen sollten sich in Deckung bringen

Mit den langen Brustflossen wird manövriert

Erlebnis

Hailights – Haiepisoden
von Paul W. Munzinger

Der Hammer

Wir sind auf großer Tour mit der bekannten „Pindito", die seit vielen Jahren in den Gewässern um Irian Jaya, den Molukken oder Komodo kreuzt. Ein furchtbares Haierlebnis liegt gerade hinter uns: Wir wurden Augenzeugen des grässlichen Shark-Finnings auf der Insel Manuk in der Banda-See. Über drei Dutzend tote Haileiber lagen auf dem Meeresboden.

Der Bursche ist sicherlich um die drei Meter lang!

Einen lebenden Hai haben wir bisher noch gar nicht gesehen. Edi Frommenwiler, der Eigner des Schiffes, macht mit mir gerade Aufnahmen für einen Film am Tauchplatz Batu Karang inmitten eines Makrelenschwarms. Plötzlich wird die Fischschule nervös. Instinktiv drehe ich mich um: Aus dem tiefen Blau des Wassers kommt geradewegs ein einzelner Hammerhai auf mich zu. Er macht absolut keine Anstalten, mir aus dem Weg zu gehen. Vielmehr habe ich das böse Gefühl, dass er es tatsächlich auf mich abgesehen hat. Der Bursche ist sicherlich um die drei Meter lang, doch im Sucher meiner Kamera ein kleiner Fisch, denn ich habe mein Fisheye-Objektiv dabei. Natürlich warte ich ab, bis er ganz nahe herankommt: Keine zwei Meter ist er nun entfernt, dann drücke ich ab. Im Moment des Blitzauslösens erschreckt

er derart, dass er zunächst von dannen zieht. Keine zwei Minuten vergehen, und der Räuber ist schon wieder bei mir. Dasselbe Spiel: abwarten und dann fotografieren. Immer wieder kommt er nur zu mir, obwohl wir eine fünfköpfige Tauchgruppe sind. Warum wohl? Die Erklärung dürfte in meinem Blitzgerät liegen, das der Hai spürt und das für ihn höchst interessant ist. Schon bei früheren Haibegegnungen habe ich beobachtet, dass die eleganten Tiere gerne zu mir kommen. Ein besonders dreistes Tier hatte in der Karibik sogar bereits einmal kräftig in den Blitz gebissen. Die schwäbischen Elektroniktüftler von Subtronic könnten somit ihre Gehäuse als Haigeprüft bewerben …

Einfach riesig

Die Gewässer in der Baja California von Mexiko sind ein Traum für jeden Taucher. Speziell um den Ort La Paz. Ob Mantas, Barrakudas, Seelöwen, Walhaie – hier kann man einfach alles antreffen. Natürlich auch Hammerhaie. Der beste Platz hierfür ist El Bajo, eine Bergspitze unter den Wellen, die aus der Tiefsee kommt. Tatsächlich zieht nach etwa zehn Minuten Warten ein

Auch Yap hat Hai-Spots zu bieten. Man muss sie nur finden…

kleine Armada in größerer Distanz an uns vorbei. Der Tauchgang geht zu Ende, und wir tauchen in geringer Tiefe zum Schiff zurück. Wie wild gestikulieren auf einmal ein paar Tauchneulinge weit vor mir und zeigen nach unten. Ich sehe leider nichts. Wieder an Bord berichten sie, dass ein „riesiger Fisch" sich von ihnen überhaupt nicht stören ließ und in aller Ruhe unter ihnen vorbeizog. Ein befreundeter Taucher hatte zum ersten Mal seine neue Kamera dabei und drückte einfach mal ab, quasi als Beweisfoto. Natürlich wird an Bord gerätselt, um welchen Fisch es sich denn gehandelt haben könnte: „Er war einfach nur riesig, auf Details habe ich nicht geschaut". Das interessiert auch die Tauchguides. Wir beschließen, den Film entwickeln zu lassen. Nach zwei Tagen haben wir den Beweis in der Hand: Es war ganz eindeutig ein Weißer Hai, und zwar locker um die

sechs Meter lang. Einfach nur riesig …

Bills Flaschentrick

Yap ist weltbekannt als das Mantaparadies überhaupt. Bill Acker vom Manta Ray Bay Resort hatte die Tiere vor vielen Jahren hier entdeckt. Doch einen Haiplatz wie auf der Nachbarinsel Palau konnte er nicht finden. Bis er eines Tages grinsend meinte: „It's Shark-Time, Pauli!" Am Ende des Mi`l Channel fand er tatsächlich einen Hai-Spot. Mit den Speedbooten kreisten wir einige Runden, dann Rolle rückwärts und tatsächlich: Wir waren von etwa einem Dutzend Haie umgeben! Nach

Mit der leeren Flasche lockt Bill Acker die Haie an

etwa einer Viertelstunde war die Neugierde gestillt, die Räuber zogen wieder ab. Wir tauchten weiter. An der Steilwand holte Bill eine Plastikflasche aus seinem Jacket, die mit kleinen Steinen und Luft gefüllt war und begann, sie zu drehen und zu schütteln. So entstehen laute Geräusche, die die Haie anlocken sollen. Keine fünf Minuten vergingen, und tatsächlich: Wir wurden wieder von Grau- und Schwarzspitzen-Haien beäugt. Der Trick gelingt meist, sagte er mir später. Und auch, dass er damit letzte Woche einen größeren Tigerhai angelockt hat. Doch ob der große Bursche noch an der Flasche hing, wollte Bill nicht ausprobieren, er zog sich lieber ins Boot zurück.

Grauer Riffhai im Anflug

Opfer des „Shark-Finning:
Wer ist eigentlich wirklich
ein „Monster der Meere",
wer ist wirklich blutrünstig?

Grauer Riffhai

Sandtiger

Grauer Riffhai mit Pilotfischen

Hammerhaie

Ozeanischer Weißspitzenhai

Biologie

Eine Halbstreifen-Seekobra vor ihrem Versteck

Seeschlangen gehören zur Gruppe der Reptilien. Doch anders als ihre landlebenden Verwandten haben sie sich im Laufe der Evolution entschlossen, ihr Glück im Meer zu suchen.

Trotzdem sind sie **Lungenatmer** geblieben, Kiemen werden eben nicht zweimal erfunden! Allerdings ist in der Fachliteratur beschrieben, dass ihr Zahnfleisch so umgewandelt („kapillarisiert") ist, dass es auch zu Gasaustausch fähig sein soll. Ob mit oder ohne gut durchblutetem Zahnfleisch – die Seeschlangen müssen zum Luftholen an die Oberfläche. Die Länge ihrer Tauchgänge ist unterschiedlich, runde 120 Minuten sind aber schon beobachtet worden.

Eng verwandt sind die Seeschlangen mit den **Giftnattern** (Elapidae), zu denen unter anderem die Kobras oder die Schwarze Mamba gehören. Wie ihre Vettern mit trockenem **Schuppenkleid** auch besitzen sie ein extrem wirkungsvolles Gift, das auch den Menschen innerhalb kürzester Zeit dahinmeuchelt. Vorausgesetzt, die Schlangen beißen, was sie aber extrem selten tun.

Zwei große Gruppen von Seeschlangen kann man unterscheiden: Die **Seekobras** oder Plattschwanz-Seeschlangen, die zur Eiablage immer noch an Land kriechen, und die **Ruderschwanz-Seeschlangen**, die nur noch im Meer leben. Die Ruderschwanz-Seeschlangen sind lebendgebährend, bringen ihre Jungen unter Wasser zur Welt. Nach der Geburt machen sich die Baby-Schlangen stracks zur Wasseroberfläche auf, um

Die Flachriff-Seeschlange ist ein reiner Meeresbewohner

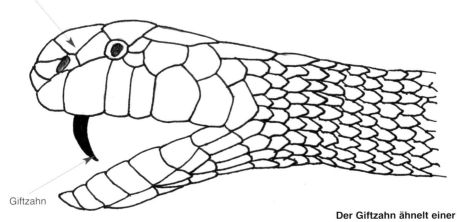

Nasenöffnung

Giftzahn

Der Giftzahn ähnelt einer Injektionsspritze, so nadelscharf ist er. Typisch für alle Nattern: Der Zahn ist innen hohl, an seiner Basis ist eine Giftdrüse

den ersten Luftzug zu tun. Die Seekobras legen dagegen immer noch Eier, sie gelten auch als am dichtesten mit ihren Vettern von der Landfraktion verwandt.

Beide Schlangengruppen besitzen einen platten, zum Ruderschwimmen ausgelegten Schwanz, der sie im Wasser ziemlich flott macht. Um das **Salz** des Meerwassers wieder loszuwerden, das sie mit der Nahrung unweigerlich aufnehmen, gibt es am Kopf spezielle Salzdrüsen, aus denen das ungeliebte Abfallprodukt wieder aus der Schlange hinausbefördert wird. Die Nasenöffnungen der Reptil-Apnoisten sind verschließbar. An Land sind Seeschlangen übrigens ziemlich hilflos.

Ihr **Vorkommen** beschränkt sich auf den Indo-Pazifik. Man vermutet, dass sie im Lauf ihrer Entwicklung hier das Landleben aufgegeben haben.

Das Hantieren mit den Seeschlangen ist (meist) ungefährlich, doch sollten Versuche unterlassen werden!

Seekobra

Verbreitung

Indo-Pazifik bis amerikanische Pazifikküste

Biologie und Lebensweise

Seekobras kommen zur Eiablage an Land gekrochen, sind also im Gegensatz zu ihren rein marin lebenden Verwandten, den „Echten Seeschlangen", nicht gänzlich ins Meer abgewandert. Manchmal erklettern sie auch Bootswände, um ein ruhiges Bad in der Sonne zu nehmen.

Sie fressen am liebsten Muränen, die sie mit ihrem Giftbiss lähmen oder töten und dann verschlingen. Dieses Gift gehört zu den wirkungsvollsten im Tierreich, vergleichbar mit ihren landlebenden Verwandten, Kobra oder Mambas.

Es gibt mehr als 50 Arten von Seeschlangen. Die größten Exemplare, die Schwarzgebänderten Seeschlangen, können bis zu drei Meter lang werden, normalerweise erreichen sie aber nur eine Länge von 100 bis 150 Zentimeter.

Achtung: Kontakt!

Seekobras gelten als träge, lassen sich vom Taucher sogar anfassen. Auch umringeln sie bisweilen von sich aus den Taucher, den sie neugierig beobachten. Doch das Märchen, sie könnten gar nicht zubeißen, ist genau das: ein Märchen. Vor allem Fischer in der Region fallen immer wieder den Bissen der hochgiftigen Schlange zum Opfer. Allzu leichtfertig sollte man also nicht sein!

Gefährlichkeit

Symptome

- Biss ist fast schmerzlos, wird oft erst anhand der Symptome bemerkt

- nach rund zwei Stunden treten Lähmungserscheinungen auf, zunächst der Gesichtsmuskulatur, dann auch der Atemmuskulatur

- nach Stunden Ausscheiden von braunschwarzem Urin

- Herzrhythmusstörungen, Gefahr von Nierenversagen, Atemlähmung

Erste Hilfe

- nach Biss Körper unbedingt ruhig stellen, damit Gift nicht weiter durch Muskelkontraktionen durch den Körper gelangt

- sofort Ringe und Armbänder entfernen, da sich massive Ödeme bilden können

- durch festes Bandagieren soll man den Lymphstrom verlangsamen können, damit die Ausbreitung des Giftes verlangsamen

- Abbinden verstärkt noch die Ödembildung und das Auftreten von Hautnekrosen, also abgestorbenem Gewebe. Unterlassen!

- Wasser verabreichen, keine anderen Flüssigkeiten

- sofort Transport zum Arzt/Krankenhaus, Symptome können noch nach Stunden dramatisch auftreten

Vorbeugung

- es ist noch von keinem Beiß-Angriff einer Seeschlange auf Taucher berichtet, allerdings können die Tiere durchaus aggressiv werden

- ruhige Bewegungen lassen Begegnungen zwischen Mensch und Tier ungefährlich verlaufen

Bevorzugte Beute sind Muränen, die von den tagaktiven Schlangen in ihren Löchern aufgespürt werden

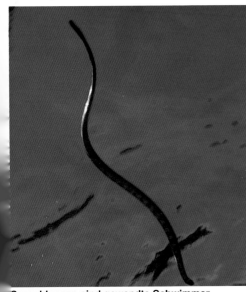

Seeschlangen sind gewandte Schwimmer

Auch von Fotografen lassen sie sich nicht stören

Erlebnis

Giftspritzen
von Paul W. Munzinger

Die schwarz-weiß gebänderten Tiere fallen im Riff so richtig auf. Zwar fallen sie uns sofort ins Auge, doch wenn sie wollen, sind Seeschlangen sehr gut getarnt. Müssen sie auch, denn sie haben reichlich Feinde, obwohl so giftig.

Gerade sind wir auf Wakatobi angekommen, und der Basisleiter klärt uns über die Besonderheiten des Resorts auf. „Gebt besonders nachts acht, wenn ihr zur Toilette müsst, denn dann legen sich oft die Seeschlangen in das Fußbecken davor."

Dass das kein Witz ist, merke

Seekobra oder Koch – einer war zuviel an Bord!

ich schon am ersten Tag: tatsächlich Schlangen. Aber nur schwer erkennbar – das Muster des Kleinmosaik-Fußbodens ist weiß und schwarz gefliest. Die Tiere fühlen sich besonders wohl darin und können so gut getarnt in niederen Tiefen von zehn Zentimetern schlafen, ohne immer wieder an die Wasseroberfläche steigen zu müssen, um Luft zu holen.

Der Basisbesitzer des Ökoresorts Wakatobi, der überaus engagierte Tierschützer Mäder, will die Becken auch nicht verändern. Das wird auch in Zukunft für interessante Begegnungen auf dem Weg zum Örtchen sorgen! Gut so!

An Bord

Ein langer und aufregender Tauchtag geht an Bord des kleinen Tauchkreuzschiffs „Ocean Hunter" dem Ende entgegen. Gerade sitzen wir beim obligatorischen Sundowner, dem Drink zum Sonnenuntergang, als der Koch wie von einer Tarantel gestochen mit einem mehr oder weniger eleganten Hechter über die Reling springt!

Eine Seekobra, die in Palau als heilig gilt, schlängelt sich elegant an Bord. Und Schlange und Koch an Bord, das war einem zuviel! Aber wie kam das verirrte Tier hierher? Ganz einfach: Über die Lenzöffnungen des Schiffes, die dicht an der Wasseroberfläche liegen, hat sich die Schlange durchgewunden und wollte ein kleines Nickerchen an Bord machen.

Unser Guide fängt das Tier mit einem Eimer ein, ohne es zu berühren oder etwa zu verletzen, denn das wäre mit seinem Glauben nicht zu vereinbaren. Die Palauaner sind eben oftmals noch echte Naturmenschen. Zwischenzeitlich ist auch unser Koch wieder an Bord, als er bemerkt, dass wir das Tier wieder in die Freiheit bringen und er im Wasser wieder allein mit der Schlange wäre…

Biologie

Wasserschildkröten

Stamm: Wirbeltiere
Klasse: Reptilien

Auch die so friedlichen Schildkröten wissen sich zu wehren!

Würden Schildkröten, vor allem die im marinen Bereich lebenden, ein Buch über gefährliche Tiere schreiben – der Mensch würde als allergefährlichstes Individuum beschrieben.

Schildkröten lebten schon lange vor den Dinosauriern auf der Erde, mehr als 250 Millionen Jahre gibt es sie. Erst wir Menschen haben es fertig gebracht, dass diese urzeitlichen Ungetüme kurz vor ihrer Ausrottung stehen.

Es gibt acht Arten von Meeresschildkröten, die fast weltweit in warmen und gemäßigten Gewässern vorkommen. Alle besitzen einen recht flachen, vollständig von Hornplatten gepanzerten Schutz, den Carapax. Optisch auffällig ist, dass ihre vorderen Gliedmaßen immer stärker entwickelt sind als die Hinterbeine. Das unterscheidet sie von den gepanzerten Süßwassermatrosen. Bei denen es übrigens die aggressivsten Beißer der Schildkröten gibt, die Schnappschildkröten.

Meeresschildkröten haben, wie auch schon bei den Seeschlangen gesehen, spezielle Drüsen, die das mit der Nahrung aufgenommene Salz wieder ausscheiden. Diese „Tränen" sieht man oft bei Fotos von eierlegenden Meeresschildkröten.

Eier und Schildkröten, eine echte Tragödie. Denn die Tiere, die zur Eiablage an Land kommen, brauchen ungestörte Strände, an denen sie tiefe Löcher buddeln und oft hunderte von Eiern ablegen. Doch der Mensch nimmt den Tieren ihre seit Jahrmillionen immer wieder besuchten Orte, die oft mit unglaublicher Zielstrebigkeit über

Die Schnappschildkröten Nordamerikas sind gefährliche Beißer!

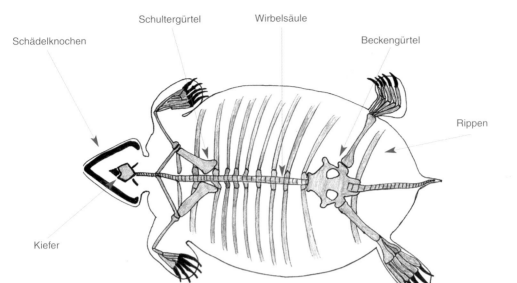

Schädelknochen

Schultergürtel

Wirbelsäule

Beckengürtel

Rippen

Kiefer

Das Skelett der Panzer-Krabbler zeigt deutlich die Verwandtschaft mit den „normalen" Wirbeltieren

viele hundert Kilometer angeschwommen werden, indem er die Strände bebaut. Zudem sind die Eier der Schildkröten beliebte Delikatessen. Somit wird ein ausgeklügeltes und lange Zeit stabiles System innerhalb weniger Jahrzehnte zerstört. Allerdings sorgen einsetzende Schutzmaßnahmen mitt-

lerweile dafür, dass sich die Bestände in einigen Regionen wieder etwas erholen. Meeresschildkröten sind Fleischfresser, die sich hauptsächlich an Quallen, aber auch Fischen, Weichkorallen, Krabben und Tintenfischen gütlich tun und die sie mit ihrem scharfen Schnabel zerkleinern.

Die hier kurz vorgestellten Schnappschildkröten sind dagegen reine Süßwasserbewohner Nordamerikas. Sie ernähren sich hauptsächlich von Fischen, die sie mit einem wurmähnlichen Fortsatz ihrer Zunge ködern und dann mit einem blitzschnellen Schlag ihres Schnabels erbeuten.

Höhlenfund in Sipadan: Auch die lungenatmenden Schildkröten können sich in Höhlen verirren

Meeresschildkröten

Verbreitung

gemäßigte und tropische Meere weltweit

Biologie und Lebensweise

Es gibt acht verschiedene Meeresschild-
kröten: Lederschildkröte (Leatherback
Turtle), Suppenschildkröte (Green Turtle),
Echte (Hawksbill Turtle) und Unechte Karettschildkröte (Loggerhead Turtle) sowie die
Gewöhnliche Bastardschildkröte (Olive
Ridley Turtle), die Australische Flatback-
Schildkröte, die Schwarze Meeresschildkröte
und die Kemps Bastardschildkröte.
Bis auf die Suppenschildkröte, die im Alter
zum Vegetarier wird, sind alle Schildkröten
Fleischfresser. Die größten Exemplare sind
die Lederschildkröten mit bis zu 900 Kilo
Gewicht und mehr als zwei Metern Panzer-
durchmesser. Dabei bleiben sie erstaunlich
gewandte Schwimmer, wobei ihnen die ver-
größerten Vorderbeine helfen. Bis zu zehn
Stundenkilometer schaffen Lederschildkröten an Höchstgeschwindigkeit.

Achtung: Kontakt!

Eine Meeresschildkröte zum Beißen zu brin-
gen, ist fast eine Kunst für sich, denn die
Tiere sind in aller Regel völlig harmlos.
Doch als Taucher sollte man sich hüten, das
Tier dauerhaft zu belästigen, denn wenn die
Schildkröte will, ist sie erstaunlich schnell.
Und der Schnabel ist bei allen Arten sehr
kräftig und scharf, so dass beim Biss ernst-
hafte Verletzungen entstehen können.

Gefährlichkeit

Symptome

- wenn Meereschildkröten einmal zubeißen,
  ist der Biss sehr kräftig und durchdringt
  locker Tauchanzüge, Haut, und auch
  Muskeln.

- tiefe, klaffende und stark blutende Wunden
  sind die Folge

- unter Wasser Panikreaktionen, an der
  Oberfläche Schock möglich

Erste Hilfe

- nach ernsthaftem Biss Wasser verlassen

- Wunde versorgen, Blutung stillen mit
  Verband und/oder Kompressen

- Wunddesinfektion wie bei allen offenen
  Wunden nötig

- auf Schocksymptome achten, bei schwereren Verletzungen Arzt benachrichtigen

Vorbeugung

- Do Not Touch! Auch wenn sie noch so
  zutraulich erscheinen, sollte man von
  Meeresschildkröten die Finger lassen

- mit der Schildkröte tauchen, nicht gegen
  sie, sie nicht einengen oder gar über sie
  tauchen, denn sie muss nach oben zum
  Luftholen

Begegnungen, die beiden Spaß machen können

Schildkröten weiden ganze Weichkorallenfelder ab, hier im Roten Meer bei Ras Muhammad/Sinai

Kopf einer Unechten Karettschildkröte

Von unten sind die Panzer weicher und hell

Gewöhnliche Bastardschildkröte

Portrait einer Suppenschildkröte

Biologie

Krokodile

Ein tiefer Blick aus schwarzen Augen lässt Taucher schauern!

Krokodile sind für Taucher absolute Exoten, denn nur an wenigen Orten dieser Erde ist es möglich, die urzeitlichen Panzerechsen auch unter Wasser zu bewundern. Gefahrlos ist dies aber nicht möglich, denn die Tiere sind eigentlich mit ihren Verwandten, den Schildkröten und den Waranen, die letzten Saurier auf Erden. Und spätestens seit dem cineastischen „Genuss" von Godzilla oder Jurassic Park weiß jeder, dass Saurier ein leckeres Häppchen Säugetier nicht verachten.

Die Rede ist hier nicht von Nil-Krokodilen und anderen Prachtexemplaren, in deren Heimatgewässer sowieso kaum jemand ohne Selbstmordgedanken seine Flossen badet. Vielmehr werden hier die **Alligatoren** vor allem Süd-Floridas und die **Salzwasser- oder Leistenkrokodile** des Indo-Pazifiks beschrieben, die tatsächlich mit dem einen oder anderen Taucher das Wasser teilen.

Panzerechsen, wie Biologen die Urviecher auch nennen, sind wechselwarm. Sie passen ihre Körpertemperatur also der Umgebung an. Daher lieben sie das Bad in der Sonne auch, denn das macht schön warm und richtig schnell, kommt die passende Beute in Reichweite. Rund 32 Grad Körperwärme empfinden Krokodile im allgemeinen als ideal.

Ihr **Gehirn** ist überraschend gut ausgebildet. Von wegen dumme Echse: Wer solch eine Großhirn-Rinde hat, der sollte fast schon kurz vorm Lesen und Schreiben sein! Für's Überlisten der Beutetiere reicht's auf jeden Fall! Übrigens unterscheiden die Bio-Profis drei Familien von Krokodilen: die Alligatoren

Der vergrößerte vierte Zahn von oben verrät's: Hier liegt ein Alligator

Hornplatten panzern den Rücken der schwimmenden Echse

und Kaimane, die eigentlichen Krokodile und die Gaivane. 21 verschiedene Arten sind es insgesamt, die auf kralligen Pfoten durch die Weltgeschichte watscheln. Apropos watscheln: Zwar sind Krokodile hervorragend ans Wasser angepasst, doch wenn sie wollen, werden die krummen Beinchen der vielzahnigen Räuber ganz lang

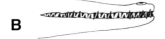

Kopf- und Schnauzenformen von A) Alligatoren und B) Echten Krokodilen

und, für flüchtende Opfer fatal, sehr schnell. 40 Stundenkilometer will man schon gemessen haben!

Die **Nasenöffnungen** können Krokodile fest verschließen – eine Anpassung ans Wasserleben. Krokodile haben dazu noch eine eingebaute Taucherbrille, ein **Nick-Lid**, welches neben den von oben und unten schließenden Augenlidern zusätzlich schützt und beim Tauchen für klare Sicht sorgt.

Krokodile kann man an den **Ohren** ziehen. Wenn man sich traut, so findet man, bei Reptilien einzigartig, richtige Watscheln, also Außenohren. Die werden beim Tauchen ebenfalls von Hautplatten ver-

schlossen. Ganz ähnlich wie beim Hai kennen auch Krokodile keine Zahnbürste, sie lassen ausgefallene **Beißerchen** einfach nachwachsen. Allerdings mit einer ganz anderen Methode, denn bei ihnen wächst ein neuer Zahn im Hohlraum des jeweils aktiven nach.

Der **Nachwuchs** wird in Eiern abgelegt. Salzwasserkrokodile kümmern sich intensiv um ihren Nachwuchs, andere Arten vertrauen auf die Wehrhaftigkeit der kleinen Baby-Echsen und lassen die Gelege nach Eiablage allein.

Das Geschlecht kann man von außen nicht sehen und daher auch nicht bestimmen!

Schwimmhäute sorgen für raschen Vortrieb

Salzwasserkrokodil

Familie   Krokodile (Crocodylidae)
Gattung   Echte Krokodile
Englisch   Salt Water Crocodile

Verbreitung

südlicher Indo-Pazifik

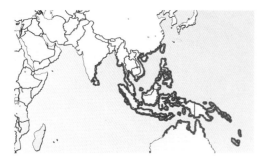

Biologie und Lebensweise

Das Salzwasserkrokodil gehört sicherlich zu den gefährlichsten Tieren, die einem Taucher vor die Brille oder einem Schwimmer an die Flossen schwimmen kann. Die gewaltigen Echsen werden bis zu zehn Meter lang und eine Tonne schwer! Da sie Allesfresser sind und keine besonderen Vorlieben haben, ist der Mensch, ist er zur falschen Zeit am falschen Ort im Wasser, eben auch nur ein Snack zwischendurch. Entwarnung für alle Europäer: Die langschnauzigen Mega-Räuber kommen nur in der südlichen Hemisphäre vor. Herausragendes Merkmal: Sie können lange im Salzwasser schwimmen, legen oft hunderte von Kilometern zurück, daher findet man sie noch in Indien. Zwei Höckerreihen verlaufen von den Augen bis zur Schnauzenspitze, das macht sie auch auf Fotos leicht identifizierbar.

Achtung: Kontakt!

Sieht man, dass sich ein Krokodil aufmacht, den Tauchgang zu begleiten, dann lautet der gutgemeinte Rat: Einer ist ab jetzt zuviel im Wasser. Bevor das Krokodil der Meinung ist, dass dies der Taucher sei, und auf eine ihm ganz eigene Art für seinen Solo-Dive sorgt, sollte der Taucher lieber der Klügere sein und die noch vorhandenen Beine samt Flossen zum Auftauchen gebrauchen.

Gefährlichkeit

Symptome

- zum Glück sind Unfälle von normalen Tauchern mit Krokodilen extrem selten

- entkommt man dem festen Biss des gewaltigen Mauls, sind schwere Gewebeverluste, oftmals komplette Gliedmaßenverluste, die Regel. Bei kleineren Krokodilen sind ernsthafte Bissverletzungen zu erwarten

- starke Blutungen, Schock und Panik

Erste Hilfe

- sofort Blutung stillen mit Verband und/oder Kompressen, bei Gliedmaßenverlust Arterien abdrücken

- nach Wundversorgung Schocktherapie

- natürlich sofortiger Transport zu Arzt bzw. Krankenhaus

Vorbeugung

- ganz einfach: Raus aus dem Wasser!

- Begegnungen von Taucher und Krokodil sind äußerst selten, sonst gäbe es mehr Zwischenfälle. Meist wird das Krokodil nicht bemerkt, es greift in der Regel auch nicht an. Sollte man das Krokodil bemerken, ist es vermutlich schon nahe. Dann ist es höchste Zeit, aufzutauchen

Salzwasserkrokodile sind extrem gute Schwimmer

Auf Palau ist ein Zusammentreffen Krokodil – Taucher unter kontrollierten Bedingungen möglich

Mississippi-Alligator

Familie	Krokodile (Crocodylidae)	
Gattung	Alligatoren	
Englisch	Alligator	

Verbreitung

Süß- und Brackwasser Südost-USA

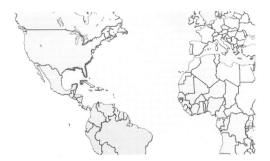

Biologie und Lebensweise

Alligatoren sind die Krokodile der Neuen Welt, also vor allem Amerikas. Der Mississippi-Alligator ist bekannt dafür, dass er auch Menschen frisst, wenn auch nicht so häufig wie das Salzwasserkrokodil. Er wird bis zu vier Meter lang, meist allerdings deutlich kleiner. Sein Verbreitungsgebiet reicht bis in die Sümpfe und flachen Küstenregionen Süd-Floridas, und damit teilt er sich einige Gewässer mit Sporttauchern.

Seine Zehen sind wie bei allen Krokodilen mit Schwimmhäuten verbunden. Damit kann er exzellent schwimmen. Den Hauptantrieb besorgt aber der muskulöse Schwanz. Bis zu einer Stunde kann der Alligator tauchen.

Nur das Raubtier Mensch wird ihm gefährlich, er gilt als stark bedrohte Tierart.

Achtung: Kontakt!

Unfälle sind selten, denn die wenigsten einheimischen Taucher werden ihre Flossen in Gewässer tauchen, in denen das Vorkommen von größeren Alligatoren bekannt ist. Alligatoren können nicht kauen, sondern schlucken ihre Beute ganz oder versuchen, sie durch Drehen und Rucken in Stücke zu zerreißen, die sie dann schlucken können. Eine Chance, den kräftigen Kiefern zu entkommen, hat man trotzdem kaum.

Gefährlichkeit

Symptome

- wie beim Salzwasserkrokodil: Unfälle mit Tauchern sind selten, eher sind Schwimmer betroffen
- schwere Gewebeverluste, oftmals komplette Gliedmaßenverluste, sind häufig. Bei kleineren Alligatoren sind ernsthafte Bissverletzungen zu erwarten
- starke Blutungen, Schock und Panik

Erste Hilfe

- sofort Blutung stillen mit Verband und/oder Kompressen, bei Gliedmaßenverlust Arterien abdrücken
- nach Wundversorgung Schocktherapie
- Notarzt alarmieren, Transport ins Krankenhaus

Vorbeugung

- Wasser meiden, wenn Alligatorvorkommen bekannt ist
- Begegnungen von Taucher und Alligator sind äußerst selten. Krokodile lieben trübes Wasser, in dem sie lauern können. Unter Wasser sollte man bei Begegnungen auf „Rückendeckung" achten, also nicht im Freiwasser aufsteigen

Blitzschnell kann er mit dem Kopf schlagen

So sieht man den Alligator meist: lauernd dicht unter der Wasseroberfläche, nur der Kopf guckt hervor

Die Zähne wachsen im Schnitt alle zwei Jahre nach, erst im Alter wird der Zahnwechsel langsamer

Komodo-Waran

Klasse   Reptilien
Art   Varanus komodoensis
Englisch   Komodo Dragon

Verbreitung

indonesische Inseln Komodo, Flores, Rinca

Biologie und Lebensweise

Der Komodo-Waran ist die größte lebende Landechse. Bis zu drei Meter wird er lang und bis zu 260 Kilo schwer. Der gewaltige Jäger ist in seiner Heimat mittlerweile streng geschützt. Früher war er deutlich weiter verbreitet.
Er ist eigentlich ein Aasfresser und jagt nur, wenn er nichts Totes findet. Nicht nur sein Biss ist gefürchtet, vor allem der giftige Speichel sorgt dafür, dass auch große Beutetiere, oft erst nach Tagen, sterben und so Opfer des Warans werden.

Achtung: Kontakt!

Die Inseln Komodo, Flores und Rinca werden nur von wenigen Touristen besucht, die meisten dürften Taucher sein. In der Regel sieht man die Warane bei einem Landspaziergang mit einheimischen Rangern. Dieser Spaziergang sollte nicht auf eigene Faust unternommen werden.
Warane sind gute Schwimmer und auch Taucher. Auf der ankernden „Pindito" hat ein unternehmungslustiger Waran schon für ein leeres Deck gesorgt, er war von Komodo zum Schiff geschwommen und konnte nur mit massivem Besenstil-Einsatz wieder von Bord gescheucht werden! Im Wasser aber ist er bis jetzt superselten von Tauchern gesehen worden.

Gefährlichkeit

Symptome

- Unfälle passieren an Land, im Wasser ist noch von keinem Angriff berichtet

- Beute, die die Warane nicht gleich niederringen können, stirbt durch die giftigen Speichelsekrete, meist erst nach Tagen

- von Fällen mit Einheimischen wird berichtet, dass es kein Gegenmittel gibt und der Biss meist tödlich verläuft

Erste Hilfe

- sollte tatsächlich einmal ein Biss geschehen sein, dann hilft nur sofortige ärztliche Hilfe, am besten Intensivmedizin, die jedoch auf den kleinen Inseln nicht zu erhalten ist

- Bisswunde sehr sorgfältig desinfizieren, da über den Speichel giftige Bakterien in den Kreislauf gelangen

Vorbeugung

- es wird doch kein vernünftiger Mensch eine Solo-Expedition auf Komodo veranstalten, oder?

- Vorsicht auch bei Strandspaziergängen auf den benachbarten Inseln, hier kommen die Drachen oftmals ebenfalls aus dem Dickicht ans Ufer

Reptilien brauchen die wärmende Sonne

Ähnllich den Schlangen „riecht" der Waran mit seiner gespaltenen Zunge, orientiert sich so nach Beute

)er Speichel enthält mehr als 30 giftige Bakterienarten

Waran der Insel Kakaban (Indonesien)

Biologie

Seelöwen und -hunde

Stamm: Wirbeltiere
Klasse: Säugetiere

Taucher's Traum: ein Seelöwen-Rendevouz unter Wasser

Seehunde und Seelöwen sind nicht nur im Zoo Lieblinge, auch Tauchern hüpft das Herz vor Freude in die Höhe, wenn sie die seltene Gelegenheit haben, die putzigen Tierchen einmal live im Wasser zu erleben. Doch trotz der Knopfaugen und der Verspieltheit der Burschen: Seehunde und -löwen sind **Raubtiere**. Sie gehören in eine Ordnung, in der die Biologen auch die gewaltigen Walrosse einordnen.

Seelöwen und ihre Verwandten sind extrem gut ans Wasserleben angepasste **Säugetiere**, die allerdings noch immer einen Teil ihres Lebens an Land verbringen. So werden die Jungen an Land geboren und die ersten Wochen dort auch großgezogen. Seehunde sind acht Monate trächtig, bei Seelöwen dauert die Schwangerschaft ganze elf Monate. Beide Arten bringen meist ein Junges zur Welt, das beim Seehund sechs, beim Seelöwen zwölf Wochen gesäugt wird. Danach müssen die kleinen Racker in der Lage sein, der Mutter und dem Rest der Gruppe zu folgen und sich ihre Beute selbst zu fangen.

Seehunde- und löwen fressen hauptsächlich Fisch. Seehunde des Wattenmeeres sind vernarrt in Plattfische. Beide Arten waren lange extrem stark bejagt und in ihrem Bestand gefährdet. Doch obwohl durch Umweltverschmutzung ihr Lebensraum immer ungemütlicher wird, haben sich die Bestände wieder einigermaßen erholt.

Seehunde kommen im Atlantik, hier vor allem in der Nord- und Ostsee und dem nördlichen Atlantik sowie dem nördlichen Pazifik vor.

Schwimmhäute zwischen den Zehen geben den Seelöwen Speed

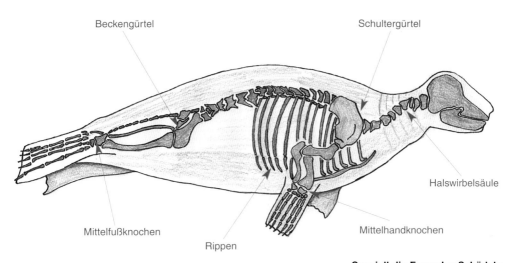

Beckengürtel

Schultergürtel

Halswirbelsäule

Mittelfußknochen

Mittelhandknochen

Rippen

Speziell die Form des Schädels verrät die Verwandtschaft zu Hundeartigen

Seelöwen bevorzugen die pazifische Seite des amerikanischen Kontinents, hier kommen sie im dortigen kühlen Wasser von Kanada bis Feuerland an der gesamten Küste vor.

Die **Anpassungen** an die nasse Umgebung fangen beim **Fell** an. Die Deckhaare sind abgeflacht, die dichten Unterhaare dagegen in feine Spitzen verästelt. Per Drüsen wird Fett abgesondert, welches von den Pelzträgern sorgfältig in die Haare einmassiert wird. Dieser Pelz ist zum einen wasserabweisend und hält zum anderen schön trocken. Beides ist in der oft extremen Kälte, die Seehunde und -löwen aufsuchen, überlebenswichtig.

Die **Gliedmaßen** sind weitreichend umgeformt. Die Vorderbeine sind verkürzt, der Schultergürtel zurückgebildet. Die Hinterbeine sind ebenfalls verkürzt und lassen sich beim Seehund nicht mehr nach vorn klappen, so dass an Land „gerobbt" werden muss. Der Seelöwe ist zwar auch kein Leichtathlet, doch durch sein flexibleres Rückgrat kann er die Flossen unter den Bauch schieben und ist damit an Land deutlich beweglicher.

Im Wasser ist die **stromlinienförmige Form** in Verbindung mit langen Finger- und Fußknochen, die fast flossenähnlich mit Schwimmhäuten „getunt" wurden, der Hit. Die pelzigen Vertreter schwimmen locker mit 35 bis 40 Stundenkilometern durchs Wasser und sind dabei enorm wendig.

Die **Ohrmuscheln** der Seelöwen sind stark verkleinert und verschließbar, was den exzellenten Tauchern das Einnehmen von Ohrentropfen erspart, denn die bleiben trocken.

Die Tasthaare sind hochentwickelt und helfen beim Plattfischjagen

Seehund

Klasse — Säugetiere
Familie — Seehunde (Phocidae)
Englisch — Seal

Verbreitung

Nord-/Ostsee, nördlicher Atlantik und Pazifik

Biologie und Lebensweise

Bis zu 180 Zentimeter lang und 130 Kilo schwer werden die dicken Brocken unter den Seehundmännchen. Die leidenschaftlichen Fischfresser bevorzugen die kühlen und kalten Gewässer des Nordatlantiks und geben sich auch in der heimischen Nord- und Ostsee ein Stelldichein. Vor allem die Aufzucht der verlassenen Findelkinder, der Heuler, macht immer wieder Schlagzeilen.
Dabei ist der intelligente Kerl eigentlich gar nicht niedlich. Das würden jedenfalls die Plattfische sagen, die er mit bis zu 35 Stundenkilometern durchs Wasser scheucht und erbeutet. Dabei kann er locker 30 Minuten durchhalten und über 100 Meter tief tauchen.
Im Wasser hört der Seehund extrem gut, dafür riecht er schlecht. Das Auge ist auf Unterwassersicht eingestellt, an Land sieht er nur verschwommen.

Achtung: Kontakt!

Seehunde sind äußerst verspielt und kennen auch vor Tauchern keine Scheu. Sind sie bereit, lassen sie sich jederzeit auch auf längere Kontakte ein. Sie sind jedoch, typisch für hochentwickelte Säuger, mit Launen behaftet. Ihre Verspieltheit kann auch in Aggression umschlagen, ob aus Revierverteidigung oder Imponiergehabe.

Gefährlichkeit

Symptome

- Seehunde haben ein äußerst wirkungsvolles und scharfes Gebiss

- geringer blutende, aber sehr schmerzende Bissverletzungen

- Panikreaktionen unter Wasser, Schock über Wasser möglich

- Wundheilung kann durch Infektionen erschwert werden

Erste Hilfe

- Wasser verlassen, da mehrere Attacken möglich und wahrscheinlich sind

- Blutung mit Pflaster und/oder Verband stillen, Wunde sorgfältig desinfizieren

- eventuell Tetanus-Auffrischung

Vorbeugung

- Vorsicht bei spielenden Seehunden, denn Spiel und Spaß kann in Aggression umschlagen

- vor allem bei Nachwuchs sollten Seehund-Bänke gemieden werden

Seehund auf Valencia Island vor Irlands Küste

Dieses Spiel macht beiden Spaß: dem englischen Seehund und dem deutschen Trockentaucher

Was sind denn das für Blasen über dem Typ?

In den Tangwäldern der englischen Insel Lundy

Seelöwe

Klasse	Säugetiere
Familie	Seelöwen (Otariinae)
Englisch	Sea Lion

Verbreitung

kalte Gewässer Pazifik bis Südafrika

Gefährlichkeit

Symptome

- auch Seelöwen haben ein äußerst wirkungsvolles und scharfes Gebiss

- bei Attacken blutende und sehr schmerzende Bissverletzungen, ähnlich den Bissen großer Hunde

- Panikreaktionen unter Wasser, Schock über Wasser möglich

- Wundheilung kann sich durch Infektionen verzögern

Biologie und Lebensweise

Unter den Seelöwen gibt es schon richtige Giganten. Fast zweieinhalb Meter und bis 230 Kilo – damit imponieren die mächtigen Bullen nicht nur den Weibchen, sondern auch allem, was sonst mit ihnen die Fluten teilt. Nur die Großen Weißen Haie nicht, denn sie und ihre nächsten großen Verwandten verspeisen die kalorienhaltigen Säuger mit Genuss, wenn sie sie erwischen. Damit das nicht passiert, können Seelöwen richtig schnell werden. 40 Stundenkilometer sind im Wasser Weltklasse. Dass sie dabei mehr als 100 Meter tief tauchen können, verbessert Fluchtmöglichkeit und Chance auf Nahrung gleichermaßen.

Auch die Seelöwen sind gierige Fischfresser, die ihre körperlichen Höchstleistungen mit hohem Energieaufkommen und üppigen Mahlzeiten bezahlen müssen.

Erste Hilfe

- Wasser verlassen, da mehrere Attacken möglich und wahrscheinlich sind

- Blutung mit Pflaster und/oder Verband stillen, Wunde sorgfältig desinfizieren

- eventuell Tetanus-Auffrischung

Vorbeugung

- Seelöwen leben in Kolonien, in denen Territorialkämpfe ausgefochten werden. Vorsicht vor großen Männchen

- vor allem bei Nachwuchs sollten auch Seelöwen-Bänke gemieden werden

Achtung: Kontakt!

Vor allem in der Baja California vor Mexiko wird regelmäßig mit Seelöwen getaucht. Hier sollten die Guides schon darauf achten, ob Nachwuchs in der Nähe ist, denn die imposanten Männchen fackeln nicht lange, wenn sie ihre Familie bedroht sehen.

Ansonsten kann man, sollten die Spielkameraden zu grob werden, gut mit Flossen oder anderen Hilfsmitteln abwehren.

Genießender Jüngling: Sonnenbad auf Galapagos

So ist es am ungefährlichsten: die possierlichen Kerle beim Spiel beobachten, ohne einzugreifen

r schmeißt sich in Pose!   Sonnenbaden (oben) und Freitauchen   Aus Spaß wird Ernst!

Schnittverletzungen

Schnittverletzungen sind in aller Regel zwar stark blutend und damit spektakulär, doch weit weniger kompliziert in der Handhabung als schwere Nesselungen oder Bisse. Unangenehm wird's nur, wenn Schnitte zahlreich oder sehr tief sind

An Bojentauen siedeln sich schnell scharfkantige Seepocken an

Zu den Tiergruppen, die im Meer üble Schnittverletzungen anrichten können, gehören in erster Linie natürlich die Korallen. Wer einmal über ein Riffdach musste, vielleicht sogar barfuß, da er mit Vollfußflossen am Hausriff unterwegs war und die Strömung zu stark zum Zurückschwimmen, der weiß, dass die kleinen Kalkbildner fieseste Verletzungen hervorrufen können. Zerschnittene Fußsohlen und Handflächen sind die Folge der unfreiwilligen Kletterpartien.

Noch übler wird es, wenn starker Wellengang ins Spiel kommt. Wer jetzt das Pech hat und in der Brandung gegen eine Riffwand gedrückt wird, dazu noch mit Wellengang schön hoch und runter, der definiert die Schönheit eines Korallenriffs ganz neu. Hier werden auch dicke Neoprenanzüge in null komma nix „zerschreddert", die Haut darunter gleich mit. Solche Ausflüge können mit schwersten Verletzungen das Ende eines Tauchurlaubes oder eines wagemutigen Tripps bedeuten.

Das gleiche Spiel passiert, wenn man in etwas kühleren Meeresregionen, etwa rund um die britischen Eilande der Meinung ist, man müsse über Felsklippen der Ausstieg suchen. Hier gibt es einen spannenden Mix von Wellengang und sehr scharfkantigen Seepocken zu genießen. Die kleinen Krebse werden auf einmal ganz groß, wenn es darum geht, sich „liebevoll" dem Äußeren eines Tauchers oder Schwimmers anzunehmen.

Von ganz anderem Schrot und Korn, nämlich aktiv schneidend, sind weitere Schönheiten des Korallen

Der Doktorfisch macht seinem Namen alle Ehre. Er schneidet mit Dornen an der Schwanzwurzel

riffs, nämlich die farbenprächtigen Doktorfische. Sie machen ihrem Namen alle Ehre und führen ein Skalpell mit sich, für das sie am Flughafen eine Sondergenehmigung beim Einsteigen bräuchten. Mit ihrem messerscharfen Dorn, den sie am Schwanzende ausklappen können, sind sie in der Lage, aufdringlichen Tauchern ganz unerwartet schwere Verletzungen zuzufügen.

Eigentlich würden in dieses Kapitel auch Hummer und Langusten passen, denn sie sind ebenfalls gekonnte „Schnibbler". Sie sind in der Lage, mit den scharfen Hornplatten ihres gepanzerten Hinterleibes blitzschnell zuzuschlagen und böse zu schneiden. Doch diese imposanten Krabbler werden im darauffolgenden Kapitel „Quetschungen" dank ihrer kräftigen Zangen ausreichend gewürdigt.

Wer in diese Koralle fasst, hat länger was davon!

Schneiden und nesseln – gemeine Kombination

Biologie

Korallen

Steinkorallen bilden die größten Bauten aller Lebewesen

Die größten von Lebewesen erschaffenen Gebilde sind weder die Pyramiden im alten Ägypten noch die chinesische Mauer quer durch Asien. Deren Ausmaße sind ein Witz gegen das, was winzig kleine Lebewesen im Laufe von etlichen hunderttausend Jahren auf die Beine, sprich ihre Fußscheibe, gestellt haben. Die Rede ist natürlich von den Korallen, genauer den Steinkorallen, die maßgeblich die **Riffe** der tropischen Meere aufgebaut haben.

Dabei gehen die kleinen Strudler erstaunlich koordiniert zu Werke. Schließlich gibt es kein Gehirn, welches die Bauweise eines Korallenstocks beaufsichtigt. Trotzdem bilden **Larven** von Steinkorallen, haben sie erst einmal ein nettes Plätzchen gefunden, ihr neues Zuhause immer nach dem gleichen Schema aus.

Anders als bei dem Rest der Hydrozoen-Bande (Quallen, Würfelquallen und See-

farnen) gibt es bei den Anthozoen keinen Generationswechsel. Die freischwimmende Meduse fällt weg, hier übernimmt der Polyp auch die geschlechtliche Fortpflanzung. Zu ganz bestimmten Zeiten entlassen alle Polypen gleichzeitig ihren Nachwuchs, der dann auf Wanderschaft geht.

Aus der **Fußplatte** scheiden Korallen Kalk ab. Den entziehen sie dem Meerwasser, in dem es als Kalciumkarbonat gelöst ist. Warum und wie? Unser Polyp hat nämlich Untermieter. Die nennen sich **Algen** und erzeugen durch Photosynthese Sauerstoff. Dabei nehmen sie Kohlendioxid auf. Woher nehmer sie den? Aus der Kohlensäure, die überall im Meer-

Tischkorallen werden über zwei Meter groß, fällt kein Anker drauf

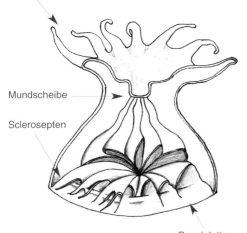

Tentakeln

Mundscheibe

Sclerosepten

Basalplatte

Die Fußscheibe sondert Kalk ab, der Polyp wächst also nach oben auf seinem eigenen Fundameint

Korallenpolyp in seiner Kalkröhre

wasser gelöst ist. Dabei fällt als ganz natürliche Reaktion **Kalziumkarbonat** aus und steht dem Polypen zum Bauen zur Verfügung.

Zunächst baut sich unsere kleine Larve nach ihrer freischwimmenden Wanderschaft ein ordentliches Fundament, die **Basalplatte**. Jetzt wird wild drauflos ge-

kalkt. Durch die unregelmäßigen Ablagerungen entstehen Leisten, die „**Sclerosepten**". Auf diesen Höckern wächst der Polyp jetzt ganz langsam in die Höhe, denn er sammelt fleißig weiter Kalk an – die Algen, die ihn mit Sauerstoff versorgen, sind ja weiter fleißig. Die Wände rund um den Polypen

werden immer höher, bis die Statik Stopp schreit. Jetzt wird ein **Zwischenboden** eingezogen. Der Polyp bewohnt das obere Stockwerk, schließlich sonnt er sich und seine Algen gern, das untere Stockwerk wird verlassen.

So wachsen Baumkorallen etwa 25 Zentimeter pro Jahr bei optimalen Bedingungen. Optimal, das sind mindestens 20 Grad Celsius, und zwar gleichbleibend, und lichtdurchflutete Gewässer. Wird das Wasser zu warm, verlassen die Algen ihre Korallen. Doch ohne Untermieter stirbt der Polyp, wie massenhaft beim Coral Bleaching während des **El-Nino-Phänomens** 1998 passiert. Die obersten Schichten eines Korallenriffs, die aus dem Wasser ragen, sterben ab, und die Kalkskelette zerfallen. Aus ihnen entsteht der so geliebte weiße Sandstrand.

ie Außenwände verschmelzen, eine komplexe Struktur entsteht

Steinkorallen

Klasse	Blumentiere
Ordnung	Riff- oder Steinkorallen
Englisch	Hard Corals

Verbreitung

warme Gewässer rund um den Äquator

Biologie und Lebensweise

Eigentlich wissen Taucher genau, was Korallen lieben: klares Wasser, Sonne und Wärme das ganze Jahr über, und bitte keine Kälte oder übermäßige Hitze. Das wollen Taucher auch, deswegen treffen sich beide Gruppen ja auch so gern.

Korallen sind kleine Räuber, die mit ihren Fangarmen nach allem fischen, was ihnen mit der Strömung vor die Mundscheibe kommt. Nachts blühen die Riffe regelrecht auf, dann entfalten viele Korallen ihre ganze farbenfrohe Pracht.

Steinkorallen brauchen viel Sonnenlicht und Wärme, daher nimmt ihre Anzahl unterhalb von 40 Metern in der Regel deutlich ab.

Achtung: Kontakt!

Wer einmal mit leergeatmeter Pressluftflasche auftauchen musste und festgestellt hat, dass sein Weg zur Basis nur über's Hausriff führt, wird sich glücklich schätzen, wenn er Füßlinge und Fersenbandflossen benutzt hat. Barfuß auf dem Riffdach – das ist die Rache plattgetrampelter Korallen!

Gerade bei stärkerer Brandung sollte man peinlich genau darauf achten, auch wieder einen sicheren Einstieg zu treffen, ansonsten kann das Tauchen vor einem Riff ohne Boot lebensgefährlich werden.

Gefährlichkeit

Symptome

- viele kleine Schnittwunden, die teilweise auch heftig bluten können

- natürlich nesseln die Korallen zusätzlich noch, sie gehören schließlich zu den Nesseltieren, also können sich Hautrötungen und Ödeme bilden

- Gewebsreste der Polypen gelangen beim Schnitt in die Wunde und sorgen für Juckreiz und Infektionen

Erste Hilfe

- Wunden sorgfältig reinigen, dabei Meerwasser verwenden, um Korallenbruchstücke auszuwaschen

- tiefe Schnittwunden verbinden bzw. mit Pflaster versorgen

- milde Hautlotion hilft beim Abheilen

Vorbeugung

- Fersenbandflossen mit Füßlingen

- Neoprenanzug statt Shorty oder T-Shirt

- sorgfältiges Tarieren schützt vor Kontakt

Frisst Korallenpolypen: die Dornenkrone

Traum eines Korallenriffs im tiefen Süden der ägyptischen Rotmeer-Küste, dicht am Elphinstone Riff

Pilzkoralle aus dem Roten Meer

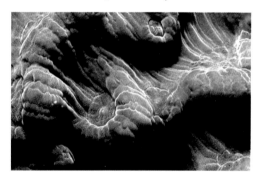

Ebenfalls eine Pilzkoralle aus dem Pazifik

Häufige Becherkoralle aus dem Roten Meer

Unberührte Korallengärten im Süden Ägyptens

Erlebnis

Messerscharf verrechnet ...

von Lutz Odewald

... oder: Von einem, der regelmäßig mit Schwimmbadflossen tauchen ging.

Wieder lag ein Tripp auf die Malediven vor mir. Ich gebe es zu: Die kleinen Inseln im Indischen Ozean sind mein absolutes Lieblingsrevier. Das liegt nicht nur daran, dass dort meine großen norddeutschen Füße nur barfuß laufen dürfen. Aber eben auch!

Die vollendete Freiheit habe ich allerdings erst dann, so dachte ich jedenfalls, wenn auch beim Tauchen möglichst wenig den Körper

Optisch toll, barfuß eine Qual: das Riffdach

behindert. Okay, nach den ersten streifenden Kontakten mit Feuerkorallen trage ich mittlerweile einen Tropenoverall. Doch an die Füße kommen mir nur die geliebten weichen Gummitreter, zumal das Gepäck unmöglich noch mit sperrigen Geräteflossen und Füßlingen belastet werden kann.

Es ging zum Testtauchen nach Vilamendhoo, ins Ari-Atoll. Eine weitere heimliche Vorliebe von mir sind schöne Hausriffe, denn dann kann ich die Flasche auf den Buckel schmeißen und mich mit meinem Buddy, wann immer ich will, in den Fluten versenken. Genau so läuft

es auf Vilamendhoo ab. Gerade die Hausriffe der Malediven sind enorm spannend, denn hier sieht man, wie sich Korallengärten wieder neu formieren, nachdem sie während des El-Nino-Phänomens massiv abgestorben waren. Doch Hausriff hin oder her: Die Strömungen sind manchmal hammerhart. Zwar macht das Tauchen dann richtig Spaß. Aber es ist vor allem am Hausriff nicht ohne Tücken.

Mein Tauchpartner und ich hatten Pause, mussten kein neues Equipment zu Wasser tragen. Also schnell einen wirklichen Lusttauchgang zwischenschieben. Flasche auf den Rücken, die Gummitreter in die Hand, die Brille umgehängt, und dann ins Wasser. An der Oberfläche konnten wir schon sehen, dass es mächtig aus dem Atoll hinaus strömte. Aber wir hatten sowieso keine Experimente vor, wollten nur dicht am Hausriff bleiben. Kurz die Ein- und Ausstiegsstellen besprochen, dann durch die enge Lücke im Riff an die Außenkante geschwommen und abgetaucht. Herrlich! Rund um uns tanzten Papageienfische und kleine Riffbarsche. Hier ein Fang

schreckenkrebs, da eine Muräne – die Zeit verging wie im Fluge. Die Strömung trug uns gemütlich an der Riffwand entlang.

So allmählich wurde es Zeit, aufzutauchen. Irgendwie mussten wir aber am Ausstieg vorbeigetrieben worden sein, denn wir fanden keinen Hinweis auf den Ausstieg. Also locker den Riffschatten ausnutzen und gegen die Strömung anpaddeln. Doch trotz unserer Pirsch ging die Luft jetzt schneller aus als gedacht, wir mussten hoch. Kein Problem, easy Tauchgang mit reichlich Nullzeit. Als unsere Köpfe aus dem Wasser schauten, mussten wir zunächst schmunzeln, waren wir beiden UW-Navigatoren doch ganz schön weit vor der Insel. Zwar war der Strand nahe, doch die Stelle, wo ein kleiner Kanal durchs Riff führt und so den schonenden Ausstieg ermöglicht, lag weit hinter uns.

Kein Problem, dann mussten wir ausnahmsweise übers Riff. Gut, dass es Mittag war, dann würde keiner unseren peinlichen „Vertaucher" bemerken. Doch das Schmunzeln verging vor allem mir ganz schnell. Während mein Partner locker aus dem Wasser stieg und sich vorsichtig einen Weg durch die Korallen bahnte, indem er seine Füßlinge behutsam aufsetzte, wurde mir auf einmal bewusst, welchen Nutzen die Gummisocken

an den Füßen haben. Unbarmherzig drückten mein Gewicht, die Flasche und der Bleigurt meinen schmächtigen Körper in die Korallen. Und da am unteren Ende meines Körpers Füße mit zarten Fußsohlen waren, verzerrten sich meine Gesichtszüge in Sekunden.

Ich will die Torturen gar nicht im Einzelnen beschreiben. Nur kurz: Ich habe eine ganz neue Form von Bestimmungsübungen für Korallen erfunden. Geweihkorallen schneiden bis zur Wade auf, Blätterkorallen schlitzen nur

die Fußsohlen in handliche Stücke, und Feuerkorallen spüre ich jetzt noch fast. So mancher Koralle habe ich das Leben genommen. Aber sie haben sich alle bitter gerächt!

Ich habe fast eine halbe Stunde gebraucht, bis ich die 50 Meter hinter mir hatte. Und nochmal eine halbe Stunde, bis ich wieder im Bungalow war.

Durch dieses Erlebnis haben sich nicht nur meine Fußsohlen verändert, sondern auch meine Einstellung in Sachen Füßlinge. Nie mehr ohne!

Biologie

Krebse

Enorm, wieviele verschiedene Beine eine Languste hat

Wenn man's mal von der Entwicklung her sieht, dann sind Krebse eigentlich nichts anderes als getunte Ringelwürmer.

Okay, sie sehen ziemlich anders aus, aber betrachten wir uns die gepanzerten Genossen doch mal genauer: Da ist zum einen die Aufteilung des Körpers in **Segmente**. Genau wie beim Borstenwurm. Dann gibt es ein Nervensystem, das in jedem der Segmente einen Knoten, eine Art Zwischenhirn, hat. Auch das ist genau wie beim Gliederwurm und heißt bei beiden Tierarten **Strickleiter-Nervensystem**. Doch es gibt auch Unterschiede: Anstelle der Borsten haben die Gliederfüßler, wie der Name es verrät, aus lauter kleinen Einzelteilen

Beinchen zusammengebaut. Doch was heißt hier „Beinchen". Die Dinger sind eine universale Werkzeugkiste, aus der Krebse und ihre Verwandten fast alles machen: Fühler, Beine, Antennen, Scheren, Fangapparate und Mundwerkzeuge. Das unterscheidet sie von den Ringelwürmern, die in jedem Segment die gleichen Borsten („Scheinfüßchen") haben.

Je ausgeklügelter die Aufgabenverteilung der Füßchen ist, desto höher stufen Biologen die Entwicklung der Krebse ein. **Pfeilschwanzkrebse** sind wahre Oldtimer in Sachen Bauplan. Sie sind übrigens eine ganz eigene Gruppe, eher mit den Spinnen verwandt.

Fangschreckenkrebse gelten als ursprünglich mit relativ vielen Segmenten und gleichförmigen Beinchen, Krabben und Ruderfüßer dagegen als extrem hoch entwickelte Gruppen.

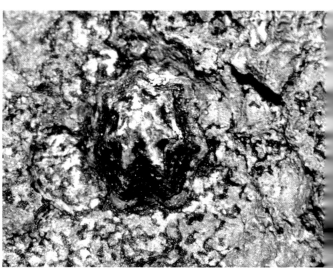

Auch ein Krebs: Seepocken sind auf den ersten Blick kaum zu sehen

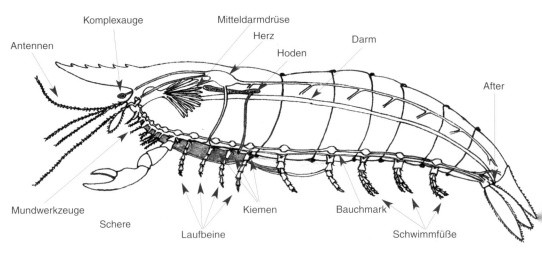

Antennen
Komplexauge
Mitteldarmdrüse
Herz
Hoden
Darm
After
Mundwerkzeuge
Schere
Laufbeine
Kiemen
Bauchmark
Schwimmfüße

An jedem Bein sitzen Kiemenbüschel, die dem Krebs den notwendigen Sauerstoff aus dem Wasser filtern

Etliche Krebse haben unglaubliche Umwandlungen hinter sich. Zwei Vertreter präsentieren sich auf den Folgeseiten, die Entenmuscheln und die Seepocken. Beiden sieht man auf den ersten Blick nicht mehr an, dass sie überhaupt Krebse sind.

Noch weniger erkennt man das bei Krebsen, die ihre **Körperform** fast ganz aufgegeben haben. Es gibt Vertreter, die gerade mal 0,5 Millimeter messen. Ausgewachsen, versteht sich! Andere dagegen, etwa etliche Vertreter der Asseln, haben Beinchen umgeformt, um einen Wasservorrat mit sich zu tragen. Damit umspü-

len sie ihre Kiemen und konnten so das **Land erobern**! Andere Arten haben kleine Organe entwickelt, mit denen sie normale Luft atmen können.

Im Larvenstadium sind einige Krebse zu **Parasiten** geworden, die sich etwa an Fischblut gütlich tun. Und wieder andere sind gar nicht mehr interessiert an einem Leben in „freier Wildbahn" und sind komplett zum Leben in Wirten übergegangen. Viele große Krebse tragen in ihren Körpern winzige Krebse mit sich, die sich als Parasiten durchschlagen.

Die Vielfalt, mit der Krebse und ihre Verwandten sich erfolgreich rund um den Lebensraum Wasser und darüber hinaus breitgemacht haben, zeigt ganz klar: Auf die richtigen Beine kommt es an. Das gilt nicht nur für Supermodels, sondern vor allem für die Krebse.

Taschenkrebs in Drohhaltung: Die Scheren sind kräftig entwickelt

Entenmuschel

Klasse	Gliederfüßer (Arthropoda)
Ordnung	Rankenfüßer (Cirripedia)
Englisch	Goose Barnacle

Verbreitung

weltweit

Biologie und Lebensweise

Mit der 1. Antenne und einer speziellen „Zementdrüse" heften sich diese ungewöhnlichen Krebse an den Untergrund. Die verschiedenen Segmente werden allein schon durch die sechs Beinpaare deutlich, die denen der „richtigen" Krebse entsprechen. Mit diesen umgewandelten Beinen fischen die Entenmuscheln alles, was ihnen die Strömung vorbeiträgt, aus dem Wasser: kleine Larven, Algen und Fischeier.
Der Krebspanzer ist umgebildet in eine zweiklappige Schale, die aus Kalk besteht. In dieser Ordnung gibt es sogar Krebse, die nur noch aus inneren Organen und einem „Brutgeflecht" bestehen, sie leben als Parasiten.

Achtung: Kontakt!

Natürlich sind Entenmuscheln nicht aggressiv. Böse Absichten haben die kleinen Planktonfiltrierer also nicht, wenn sie Tauchern die Hände aufschneiden. Oder sind es Taucher und Schwimmer, die sich selbst Schaden zufügen? Auf jeden Fall ist Vorsicht geboten, wenn es an Bojenleinen oder länger im Wasser befindlichen Trittleitern nach oben geht. Entenmuscheln lieben diese exponierten Standorte, an denen sich hervorragend Plankton fangen lässt. Und in Tauchers Hände schneiden…

Gefährlichkeit

Symptome

- viele Schnittwunden, die teilweise auch heftig bluten können, da oftmals tief
- durch Eintrag von Krebsgewebe zusätzliche Hautreizung, Rötung, Quaddelbildung
- Jucken, teilweise schmerzhafter, als reine Schnittwunde vermuten lässt

Erste Hilfe

- Wunden sorgfältig mit Meerwasser auswaschen, um Krebsreste zu entfernen
- Wunde desinfizieren
- Schnittwunden verbinden bzw. mit Pflaster versorgen

Vorbeugung

- Augen auf! Egal, wo man unter oder am Wasser hingreift: Hier sind Meereslebewesen zu Hause. Und die nehmen ihren Lebensraum in Besitz, auch wenn dies ein Bojenseil oder eine Leiter ist

Entenmuscheln sitzen oft in Kolonien zusammen

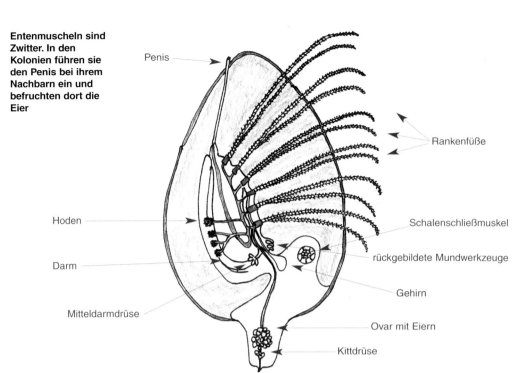

Entenmuscheln sind Zwitter. In den Kolonien führen sie den Penis bei ihrem Nachbarn ein und befruchten dort die Eier

Penis

Rankenfüße

Hoden

Schalenschließmuskel

rückgebildete Mundwerkzeuge

Darm

Gehirn

Mitteldarmdrüse

Ovar mit Eiern

Kittdrüse

Extrem abgewandelte Krebse, die mit ihren Ruderfüßchen nach Nahrung „schlagen" – Entenmuscheln

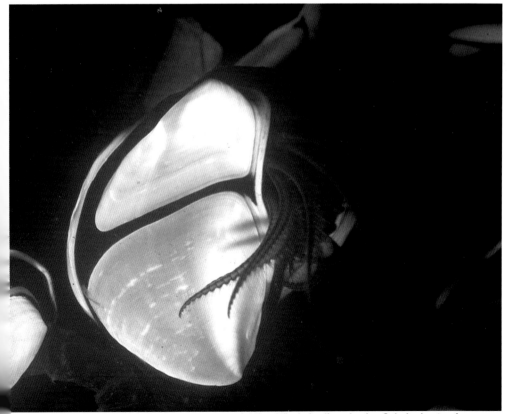

Gefährlich sind Entenmuscheln nur, wenn unvorsichtige Hände in die scharfen Schalenkanten fassen

Erlebnis

Klein und tückisch
von Paul W. Munzinger

Immer mehr seriöse Tauchanbieter legen großen Wert auf Umweltschutz. Dazu

Während die Entenmuscheln ihr Gehäuse schlossen, öffnete sich bei mir die Haut

gehört selbstverständlich auch, dass die Anker nicht wahllos ins Riff geworfen werden, egal ob im Mittelmeer oder in den Tropen! Klaro: Bei jedem Ankerwurf

kriegt das Riff eins auf's Dach. Die Tauchbasen tun sich oft in Gemeinschaften zusammen und legen teure Bojen an dicke Seile, die auf dem Meeresboden veran-

kert werden. Bequem können die Tauchboote dann daran festmachen. Und eigentlich sollen die Taucher daran auch wunderbar und sicher hoch und runter kommen. Eigentlich!

„Am Bojenseil bitte runter und am Ende des Tauchganges auch da wieder hoch," lautete die Anweisung des Guides. Der Wind hatte aufgefrischt, die Strömung war nicht ohne. Mir sollte es recht sein, ich hatte mein dickes Gehäuse und eine Nikonos RS im Arm, zwei teure Schätzchen. Da kommt ein bisschen Bequemlichkeit beim Aufstieg gerade richtig.
Ruck zuck waren wir unten. Unten, das waren ausnahmsweise mal 45 Meter, denn wir waren an einem wunderschönen Wrack im Roten Meer. Noch ein Foto, und noch eins, und noch eins.
Der Computer wurde langsam unruhig, denn ich rutschte natürlich mit Schwung in die Deko. Kein

Problem, schließlich bin ich ein Sparatmer.
Die Filme waren voll, und ich war zufrieden. Also ganz langsam ab nach oben. Schon in sechs Metern Tiefe spürte ich, dass der Wellengang heftig zugenommen hatte, denn selbst hier unten lupfte es mich etwas. Na, das kann ja heiter werden, mit den beiden Kameras an Bord!
In drei Metern Tiefe musste ich dann schlappe zehn Minuten „Strafe" abhängen. Im Blauwasser bei Wellengang mit zwei schweren Kameras im Arm nicht so witzig. Also griff ich beherzt zum Bojenseil, wie immer ohne Handschuhe. In dem Moment, wo sich meine sorgfältig gepflegten Kamera-Griffel um das Seil schlossen, muss oben eine Riesenwelle für erheblichen Aufschwung gesorgt haben. Boot und Boje hoben sich auf jeden Fall mächtig.
Das sorgte auch am Bojenseil für gefühlvolle Momente. Denn ich, beschwert mit meinen fotogra-

fischen Utensilien, besaß ein gewisses Trägheitsmoment. Will heißen: Es riss gewaltig am Seil nach oben. Und mein eigentlich lockerer Griff wurde im Reflex ganz fest. Aber nur kurz!
Leider hatte ich übersehen, dass ich meine Haltestelle unter Wasser mit Lebewesen teilen musste, die sich vor groben Taucherpfoten wirkungsvoll zu schützen wussten. Und während die erst jetzt entdeckten Entenmuscheln ihr Heimrecht nutzten und das Gehäuse schlossen, öffnete sich bei mir recht abrupt die Haut. Dazu kam noch eine Portion Hydrozoen, die sich ebenfalls am Seil niedergelassen hatten und sich jetzt alle Mühe gaben, in die offenen Stellen an meiner Hand zu gelangen.
Schlagartig vergaß ich, dass das Klettern an Bord bestimmt anstrengend sein müsse. Zum Glück war die Deko vorbei. Glück im Unglück: Den Auslöse-Zeigefinger hatten die Biester nicht erwischt!

Seepocke

Klasse   Gliederfüßer (Arthropoda)
Ordnung   Rankenfüßer (Cirripedia)
Englisch   Acorn Barnacle

Verbreitung

weltweit

Biologie und Lebensweise

Den Namen haben sich die kleinen Krebse redlich verdient. Die Seefahrer hassen die enorm robusten Tiere auch heute noch, denn sie sind mit ihrer Zementdrüse und dem festen Kalkskelett bombenfest mit dem besiedelten Untergrund verbunden. Und beim Untergrund sind Seepocken nicht wählerisch. Ob Einsiedlerkrebsgehäuse oder Ankerseil, ob Walhaut oder Schiffsrumpf, alles wird in Besitz genommen. Die dicken Beläge, mit denen die kleinen Rankenfüßler Schiffsrümpfe „verzieren", bremsten schon die alten Segelschiffe empfindlich.
Die Eigenheit, sich in ihren Kolonien reichlich um Nachwuchs zu bemühen, verschärft dieses Problem auch heute noch.

Achtung: Kontakt!

Was für die Entenmuscheln gilt, das gilt genauso für die Seepocken. Ihre hartschaligen Gehäuse weisen scharfe Kanten auf, die sich bei unvorsichtiger und schwungvoller Annäherung herzhaft in die Haut schneiden können. Von dem Krebs sieht man dann nicht mehr viel, denn er versteckt sich komplett in seinem Gehäuse. Das hilft ihm, nicht nur Taucher und Schwimmer, sondern auch jede Welle abzuwehren. Mit der bloßen Hand bekommt man ihn nicht von seinem Substrat.

Gefährlichkeit

Symptome

- viele Schnittwunden, die heftig bluten können, aber nicht so tief sind wie bei Entenmuscheln

- Hautreizung, Rötung, Quaddelbildung möglich

Erste Hilfe

- Wunden sorgfältig mit Meerwasser auswaschen, um Krebsreste zu entfernen

- Wunde desinfizieren

- Schnittwunden verbinden bzw. mit Pflaster versorgen

Vorbeugung

- vor allem bei Brandung und Wellenschlag die Einstiegs- und Ausstiegsstelle sorgfältig prüfen

- Neoprenanzug schützt

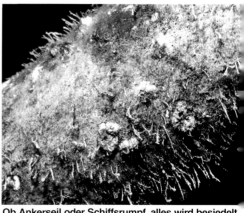

Ob Ankerseil oder Schiffsrumpf, alles wird besiedelt

Die festsitzenden Rankenfüßer sind die am stärksten abgewandelte Krebsform der Ordnung, wurden lange gar nicht als Krebse erkannt

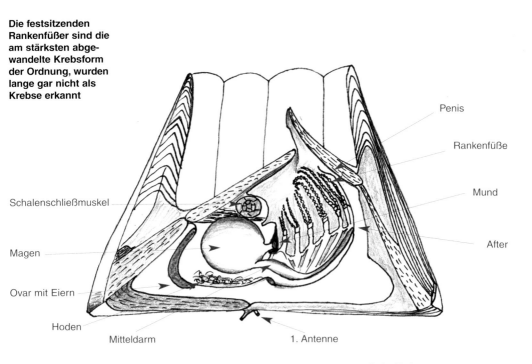

Penis

Rankenfüße

Mund

After

Schalenschließmuskel

Magen

Ovar mit Eiern

Hoden

Mitteldarm

1. Antenne

Seepocken leben in Kolonien und sind wie ihre Verwandten, die Entenmuscheln, Zwitter

Selbst Wellenschlag kann die Krebse nicht lösen

Sand ist für die zarten Rankenfüße Gift

Seepocken können auch in Gezeitenzonen leben

Biologie

Doktorfische

Typisch für Nashornfische: zwei Paar feststehende Skalpelle

tig biegt. So kann man schnell sehen, ob es demnächst Saures gibt, wenn man sich den Fischen nähert.

Dann gibt es die **Nashorndoktoren**, die zwei Reihen von feststehenden Skalpellen mit sich spazierentragen. Zwar ist noch nicht ganz klar, welche Art von Gift sie mit sich tragen, doch in Versuchsreihen sind alle Fische, die mit ihren Dornen geritzt wurden, eingegangen.

Außerdem ist der Schmerz, den man sich als unvorsichtiger Aquarianer, Fischer oder Angler zuzieht, wenn die kleinen Biester schneiden, viel stärker, als es der reine Schnitt erklären würde.

Die dritte Gruppe sind die **Sägedoktoren**, die gleich mit mehreren Reihen von feststehenden Dolchen auf-

Auffälligstes Merkmal der Familie der Doktorfische sind ihre messerscharfen **Skalpelle**, mit denen sie tiefe Wunden schneiden können und die ihnen ihren Namen gegeben haben.

Es gibt drei Gruppen, die hier zusammengefasst werden: die eigentlichen **Doktorfische**, die einen ausklappbaren Dorn an der Schwanzwurzel haben, der nicht giftig ist. Der Dorn wird nach außen geklappt, wenn der Doktorfisch sich schwungar-

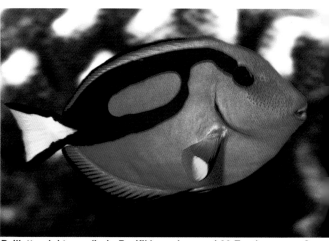

Paillettendoktoren (Indo-Pazifik) werden rund 30 Zentimeter groß

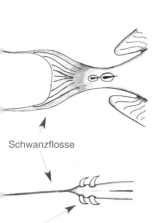

Schwanzflosse

Dornenreihen

Die Dornen der Nashornfische sind feststehend und zweireihig. Im Alter werden die Dornen größer und schärfer. Außerdem sind sie mit Giftstoffen „garniert".
Die Skalpelle der Doktorfische sind umgewandelte Körperschuppen

warten, die zusätzlich auch noch giftig sein können.
Was soll jetzt diese Bewaffnung? Sie dient tatsächlich zur **Verteidigung**. Zum einen werden damit aufdringliche Störenfriede vertrieben, etwa nervige Papageienfische. Zum anderen sind sie im Balz- und Revierverhalten einsetzbar. Und natürlich ist es jedem Doktorfisch-Skalpell eine große Ehre, sich im feindlichen Einsatz gegen Fressfeinde verdient zu machen. Wenn ein Mensch so dumm ist und den Doktorfisch greifen will, dann ziert sich der schnelle Schlitzer natürlich ebenfalls nicht.

Eng verwandt sind die Riffbewohner mit den **Kaninchenfischen**, daher wundert das wenigstens teilweise vorhandene Giftsortiment natürlich nicht. Genau wie die Kaninchenfische sind Doktorfische **Pflanzenfresser**, die sich um die Beweidung von Algenrasen kümmern.
Wenn schon nicht anfassen, dann wenigstens anschauen: Farbenpracht durch teils blitzschnellen **Farbwechsel** haben die meisten Doktoren auch drauf.

Ein Seychellen-Doktorfisch inspiziet den Grund nach Fressbarem

Doktorfische
(Skalpell-, Nasen-, Sägedoktorfisch)

Klasse	Fische
Familie	Doktorfisch (Acanthuridae)
Englisch	Surgeonfish

Verbreitung

weltweit in Korallenriffen

Gefährlichkeit

Symptome

- tiefe und stark blutende Schnittwunden

- sofortige heftige Schmerzen, die stundenlang anhalten und übergehen in dumpfen Wundschmerz

- Schnittstellen schwellen an und verfärben sich

- hohe Gefahr von Sekundärinfektionen

Biologie und Lebensweise

Doktorfische kommen einzeln oder in Schwärmen in allen Korallenriffen der Welt vor. Die bunten Genossen lieben die Flachwasserbereiche der Außenriffe und flache Lagunen, wo sie auf Jagd gehen. Allerdings dürstet es die Skalpellträger nicht nach fleischlichen Genüssen, vielmehr sind sie Pflanzenfresser, die Algen von harten Untergründen abweiden. Erwischen ihre scharfen Zähne dabei aber einen Krebs oder Wurm, dann wird der gleich mitverspeist – sieht ja keiner!
Viele Arten sind in der Lage, ihr Farbkleid blitzschnell zu wechseln. Das dient nicht der Tarnung, sondern der Kommunikation. Doktorfische sind nämlich eifersüchtig auf ihr Territorium bedacht, verteidigen es erbittert etwa gegen aufdringliche Papageienfische.

Achtung: Kontakt!

Die Skalpelle sind messerscharfe Klingen, die sich tief in die Haut unvorsichtiger Taucher oder Angler schneiden, wenn der Fisch sie einsetzt. Dabei schlägt er mit dem Schwanz seitlich aus, und das so schnell, dass eine Abwehr nicht möglich ist. Es gibt Berichte von Doktoren, die von selber angreifen!
Vor allem Aquarianer, die Doktorfische ebenfalls schätzen, wissen um die Tücken dieser messerscharfen Klingen.

Erste Hilfe

- Blutung stillen. Vorsicht, die Schnitte können sehr tief sein und müssen eventuell genäht werden

- Wunde sorgfältig säubern und desinfizieren, da Schnitte vom Doktorfisch hoch infektiös sind

- bei starken Schmerzen und tiefen Schnitten Arzt aufsuchen

Vorbeugung

- Finger weg von Doktorfischen. Vor allem, wenn sie anfangen, sich zu krümmen und sich seitlich annähern, ist behutsamer Rückzug angesagt

- Aquarianer und Angler sind besonders gefährdet

Auch Doktorfische haben Rückenflossenstrahlen

Die Stacheln sind auffällig in Warnfarbe markiert, damit jeder gleich weiß, wer das Heft in der Hand hat

Die Nase verrät ihn: ein Nashorn-Doktorfisch

Auch sein Name passt: Segel-Doktorfisch

Große Schwärme weiden Algenwiesen ab

Erlebnis

Doktor-Spiele
von Paul W. Munzinger

Doktorfische bei einer Haifütterung – wer redet hier von Vegetariern?

Der Messerträger

Die Strasse von Gubal trennt die Tauchgebiete des Sinai von der Hurghadaseite. Hier liegt ein fast jungfräuliches Riff, das wegen Wind und Wellen nicht oft betaucht werden kann: der Shag Rock vom Shaab Ali.

Im Nordosten des Riffkegels liegt ein alter Dampfsegler aus dem 19. Jahrhundert in geringen Tiefen: die „Sarah C", besser bekannt als der Schraubenfrachter. Wunderschön ist das Schiff bewachsen, und eine ganze Menge Fisch hat in dem Wrack seine Heimat gefunden. Besonders fotogen und von mir heiß geliebt ist der Heckbereich. Leider komme auch ich nicht so häufig hierher.

Doch eines Tages verschlägt es mich mal wieder in eines meiner Lieblings-Tauchgebiete. Zusammen mit meiner besseren Hälfte bin ich wieder auf Reportagen aus, allzeit die Kamera lauernd in den Pfoten, wenn es unter Wasser geht.

Das Schiff ist gut, die Stimmung bestens, und auch das Wetter lässt uns in Ruhe, was hier im zeitigen Frühjahr gar keine Selbstverständlichkeit ist. Da die See schön ruhig ist, beschließen wir, den Shag Rock zu betauchen. Die Gruppe ist auch Feuer und Flamme, denn das ist wirklich ein eher selten betauchter Platz in der Gegend.

Wie immer schraube ich das

Fisheye auf die Kamera. Gerade unter Wasser ist Ortskenntnis extrem hilfreich, denn die Wahl des Objektivs ist für UW-Fotografen eine kleine Geheimwissenschaft. Aber hier weiß ich, dass das Superweitwinkel genau das Richtige ist.

Anni und ich springen von Bord und machen uns auch schnurstracks Richtung Heck auf die Flossen. Mit meinem Fisheye kann ich ganz nahe an den Kahn ran und kriege ihn trotzdem formatfüllend auf's Bild. Doch die Aufnahmen sind schwierig zu gestalten, will man alles richtig in der Linse haben. Und Schwebeteilchen sollen ja auch nicht auf's Bild.

Hochkonzentriert werkele ich also, nähere mich immer weiter der „Sarah C". Anni scheuche ich wie gewohnt durch die Landschaft. Wir verstehen uns blind, und meine Frau ist eine ausgezeichnete Taucherin und ein überaus erfahrenes UW Model. Rund um uns herum ist die übliche Fischsuppe am Brodeln. Manchmal hat man das Gefühl, die Schup penträger wollen alle gleichzeitig auf's Bild. Doktor- und Papageienfische, Juwelenbarsche und Blaupunktrochen, ein Oktopus und etliche Kaiserfische – so liebe ich das Rote Meer.

Doch plötzlich passiert's: Auf einmal und aus heiterem Himmel werden wir von dem Paar Doktorfischen, die die ganze Zeit um uns waren, auf's heftigste attackiert! Die rund 30 Zentimeter großen Kerle spielen den ganz großen Mann, zischen immer wieder haarscharf an uns vorbei.

„Das hier ist unser Territorium", geben sie uns ganz klar zu spüren. Auch ein Schwenken der Arme nützt nichts, im Gegenteil, die kleinen Biester scheinen sich in Kampffische verwandeln zu wollen.

Nur ein Entfernen vom Wrack stimmt die Unterwasserdoktoren wieder ruhiger. Nähere ich mich erneut etwa auf einen Meter, kommen sie wieder und schlagen heftige und schnelle Kurven, immer mit dem Schwanz haarscharf an mir vorbei. Dabei ist ihnen auch mein Kopf nicht heilig. Der aber ist mir zu wichtig, also wieder nichts wie weg. Die Sache ist für diesen Tauchgang ausgestanden, weitere Fotoaufnahmen in der Nähe der beiden Heißsporne sind mir wirklich zu heiß.

Wir beschließen, die Nacht über hier vor Anker zu liegen. Und tatsächlich: In der Nacht gelingen mir dann wieder Nahaufnahmen von ihnen, als sie sich im Riff ausruhen.

Erst später auf dem Leuchttisch sehe ich so richtig ihr skalpellscharfes Messerpaar links und rechts am Schwanz, mit dem absolut nicht zu spaßen ist.

Der Haken

Doktorfische kommen weltweit vor. Doch auch die folgende Story ereignete sich im Roten Meer.

Das Wrack der „Sarah C" ist auch einigen stattlichen Doktorfischen zur Heimat geworden

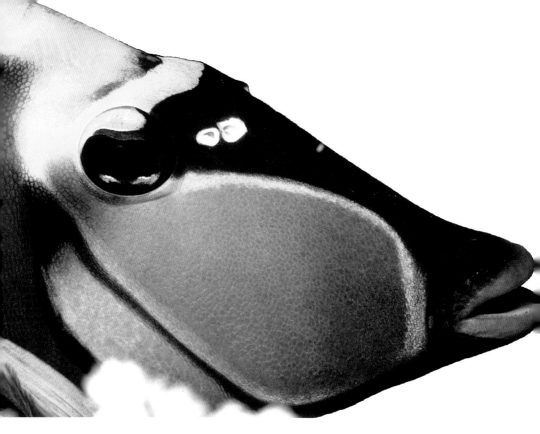

Eine Tauchgruppe von Marieke Zegelaar, die als Tauchguide und Instruktor bei den Sinai Divers arbeitet, entdeckte bei einem der Tauchgänge auf einer Safari einen Doktorfisch, der einen Haken inklusive Angelschnur im Maul mit sich herumtrug. Dazu muss man wissen, dass Doktorfische zwar eigentlich Algenfresser sind, aber gegen einen kleinen Protein-Snack ab und zu nichts einzuwenden haben, wenn er ihnen denn auf dem Tablett serviert wird. Das genau geschah wohl mit diesem Doktor: ein Biss zuviel.

Das erbärmliche Bild des offensichtlich leidenden Tieres drückte natürlich auf des Tauchers Tränendrüse:

Dem Tier musste geholfen werden. Schließlich war es nur ein armer kleiner Rifffisch, der hier leiden musste. Gesehen – getan! Einer der Mutigen versuchte, das Tier an der Angelschnur zu greifen. Der Doktorfisch war schon ziemlich erledigt, daher gelang das Manöver unter Wasser. Doch jetzt wurde das Unternehmen schwieriger. Der Doktorfisch fürchtete um sein Leben und begann, wild um sich zu schlagen. Trotzdem versuchte der Tauchpartner, das Tier mit den bloßen Händen zu fassen, um den Haken zu entfernen und ihn aus der schlimmen Lage zu befreien. Doch der Fisch, jetzt in Panik, hatte ganz andere Pläne. Binnen Sekunden

waren dem wohlmeinenden Tierfreund die Hände und Unterarme schwer zerschnitten, denn der Fisch hatte in seiner Not seine Skalpelle eingesetzt, als es ihm vermeintlich an die Schuppen ging. Die Wunden waren so tief, dass die Tauchtour unterbrochen werden musste und der verletzte Taucher in Sharm el Sheikh in die Klinik zum Nähen gebracht wurde. Beide Arme und Hände wurden verbunden, der zweiwöchige Tauchurlaub war damit schon am vierten Tag zu Ende.

Doktorfische erkennen ihre eigenen Artgenossen übrigens am Geruch, sie sondern einen typischen Schleim ab.

Erlebnis

Kreislauffreud und -leid

von Lutz Odewald

Wer mit einem Kreislaufgerät taucht, bemerkt nach kurzer Umgewöhnungsphase ganz schnell, dass gerade in den Tropen die Distanz zu fast allen Meereslebewesen überraschend abnimmt. Ob Schnapperschwärme oder Schildkröten, ob Haie oder Napoleons – eigenartigerweise macht die reine Größe des Tauchers anscheinend fast gar nichts aus. Das Fehlen der Blasen wirkt auf die Tiere ungemein attraktiv! Wieder einer dieser Tage auf den Malediven. Wieder ein ausgedehnter Hausriff-Spaziergang. Eine Reihe von Sucherkameras will für ein Testheft ausprobiert und beurteilt werden. Dank Rebreather habe ich fast zwei Stunden Zeit, mich um die Dinger zu kümmern. Plötzlich erregt ein seltsames Duo meine Aufmerksamkeit. Ein Pärchen Nashornfische scheint den Tag genau wie ich zu genießen. Und sie zeigen keinerlei Scheu vor mir, als ich mich ihnen vorsichtig nähere. Dichter, noch dichter – jetzt stimmt die Distanz auch für die kleine Knippskiste. Doch das war anscheinend viel zu nahe. Fast meine ich, einen Kampfschrei zu hören, als eines der Tiere blitzschnell auf mich zuschießt. Erschrocken zucke ich zurück, eine Schramme auf dem Handrücken. Rebreather verringern zwar die Fluchtdistanz. Aber irgendwann wird es auch dem geduldigsten Fisch zu bunt.

Quetschungen

Nicht nur die Autotür oder der ungezielte Schlag mit dem Hammer können Quetschungen hervorrufen, auch Krebsscheren oder Muschelmuskeln können für Quetschungen sorgen, Und die schmerzen oft weit heftiger als etwa Schnitte!

Fangschreckenkrebse können mit ihren Scheren schlagen

Jede mechanische Verletzung, die die Haut nicht oder kaum durchdringt und eine Unterblutung der betroffenen Stelle verursacht, ist eine Quetschung. Sie kann, und hier liegt die Tücke der Verletzung, auch viel tiefer liegende Gewebe und Organe betreffen, ohne dass dies gleich von außen zu sehen ist.

Während die Mördermuschel als Verursacherin von solchen gemeinen Verletzungen außer ihrem Namen nicht viel Grund zur Sorge bereit hält, sieht das vor allem bei den Krebsen ganz anders aus. Die Begegnung mit den Scherenträgern ist in aller Regel harmlos. Doch sind etwa Hummer alles andere als friedliche Meeresbewohner. Sie greifen sofort an, fühlen sie sich in ihrem Territorium bedroht. Und die Scheren der kräftigen Panzerträger sind so stark, dass sie sich gar nicht lange mit bloßem Quetschen aufhalten. Sie sind locker in der Lage, dickere Äste durchzuknacken. Da ist so ein kleiner Menschenfinger gar nichts!

Noch kräftiger ist etwa der Palmendieb, ein Einsiedlerkrebs ohne Gehäuse. Das possierliche Tierchen wird bis zu 30 Zentimeter groß und klettert hoch bis in die Wipfel von Bäumen. Und wenn er gereizt wird, ist er in der Lage, auch ein stabiles drei Zentimeter dickes Brett zu zerkneifen.

Doch der Hummer ist mittlerweile überall sehr selten geworden, da für ihn ein Kochtopf weit gefährlicher ist als ein suchender Zeigefinger. Und der Palmendieb ist an sich ein recht scheuer Charakter, der eigentlich nicht auf „Scheren-Krawall" gebürstet ist.

Auch die heimischen Meere,

Wer mit der Schere eines Hummers Bekanntschaft schließt, behält oft bleibende Erinnerungen daran

etwa Nord- oder Ostsee, haben kleine Kämpfer zu bieten. Der Taschenkrebs ist fast weltweit verbreitet und wird auch bei uns ein ziemlich stattlicher Bursche. Mit seinen starken Zangen fühlt er sich so stark, dass er unter Wasser gar nicht daran denkt, etwa die Felsspalte zu räumen, in die der Taucher gerade hineinfasst. Und Recht hat er!

Gerade bei den Langusten kommt zur kräftigen Schere übrigens noch ein schlagender Schwanz dazu, der für üble Verletzungen durch die scharfen Kanten der Hornplatten sorgt.

Generell gilt, dass Quetschungen aber nicht so große Risiken bergen wie etwa Schnitte oder Vernesselungen. Doch die Schmerzen sind oftmals um ein Vielfaches heftiger, können in schweren Fällen also durchaus einen Schock auslösen.

Eine Muschel mit gewalttätigem Namen und gewaltigen Schließkräften – die Mördermuschel

Mördermuschel
(Riesenmuschel)

Klasse Weichtiere (Mollusken)
Familie Riesenmuschel (Tridacnidae)
Englisch Giant Clam

Verbreitung

Korallenriffe des Indopazifik

Biologie und Lebensweise

Ein Name wie aus der Bild-Zeitung entsprungen. Und ungefähr so realistisch ist er auch: Die Mördermuschel mordet nicht! Im Gegenteil: Der Schließmechanismus der Tiere ist zwar enorm kräftig. Aber die Schalen schließen so langsam, dass man sich schon bemühen muss, Arm oder Bein tatsächlich eingeklemmt zu bekommen. Doch wer weiß: Es gibt auch Zeitgenossen, die Absonderlichkeiten mit Staubsaugern anstellen, also zu Mörder-Staubsaugern greifen...
Die Muscheln haben einfache Augen, die auf Hell-Dunkel-Unterschiede reagieren und die Klappen dann schließen. Der Schließmuskel ist stark und kann ohne großen Energieverbrauch von der Muschel „gesperrt" werden. Die Muschel kann mehr als 200 Kilo wiegen und 1,40 Meter groß werden.

Achtung: Kontakt!

Die einzige Chance, tatsächlich von einer Tridacna eingeklemmt zu werden, besteht, wenn man bei einer Wanderung durchs Korallenriff genau in eine geöffnete Muschel tritt. Doch ist diese Wanderung zum einen nur für Fakire empfehlenswert oder für asiatische T(error)ouristen, die immer noch über Riffdächer trampeln. Und denen wünscht jeder Tierfreund zahlreiche Mördermuscheln an die Füße. Aber das ist eine andere Geschichte.

Gefährlichkeit

Symptome

- nur bei intensiver Reizung oder sehr ungeschicktem Verhalten sind Verletzungen möglich

- kommt der Fuß frei, ist ein Bluterguss zu erwarten

- kommt der Fuß bei Niedrigwasser nicht frei, droht Ertrinken durch die einsetzende Flut. Dies wurde wohl tatsächlich schon einigen Zeitgenossen zum Verhängnis

Erste Hilfe

- ist etwa ein Fuß eingeklemmt, muss, so die Literatur, der Schließmuskel durchtrennt werden, der dicht dem Einströmloch sitzt. Ein Öffnen der Schalen mit Muskelkraft ist nicht möglich

- Bluterguss kühlen, evtl. mit Bepanthen oder Aloe-Vera-Gel einreiben

Vorbeugung

- nicht über Korallenriffdächer laufen!

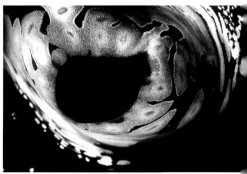

Die Einström- oder Atemöffnung für Frischwasser

Die Lebensdauer der zweiklappigen Ungetüme ist schier unglaublich: Rund 200 Jahre sind nachgewiesen!

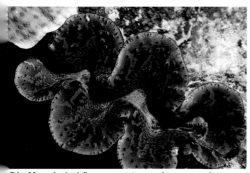

Die Muscheln können zentnerschwer werden

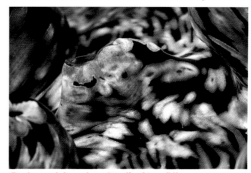

Dreh- und Angelpunkt: die Atemöffnung

Primitive Augen steuern den Schließreflex

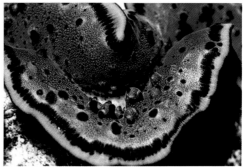

Im Mantel lebende Einzeller geben die Farbe

Fangschreckenkrebs
(Gottesanbeter-Krebs)

Klasse   Krebstiere
Ordnung   Stomatopoda
Englisch   Mantis Shrimp

Verbreitung

weltweit in Korallenriffen

Gefährlichkeit

Symptome

- Schläge der Schmetterer können Taucherbrillen zerstören, Folge kann Panik sein
- Schläge auf Finger oder ins Gesicht verursachen schmerzhafte Blutergüsse
- Schwellungen, anhaltende Schmerzen

Biologie und Lebensweise

Fangschreckenkrebse gelten als etwas urtümliche Vertreter der Krebse. Sie haben einen recht langen Hinterleib mit etlichen Beinpaaren – das gilt in der Evolution als „primitives" Merkmal.

Alles andere als primitiv sind ihre hochspezialisierten Vorderbeine. Kräftige kleinere Scherenpaare dienen dem Festhalten und Zerreißen von Beute. Doch wie bekommen? Dazu haben sich zwei Erfolgsmodelle gebildet: die Schmetterer, die mit ihren keulenartig geformten großen Scheren Muschelschalen zertrümmern können. Und die Speerer, die mit nadelspitz umgeformten Scheren nach Fischen stechen.

Die Krebse lauern in selbstgegrabenen Gängen mit zwei Öffnungen.

Erste Hilfe

- Bluterguss mit Eis oder Sportsalbe kühlen, bis Schwellung abgeklungen ist. Sind Finger oder Hand betroffen: ruhigstellen und hoch lagern
- elastischer Verband hält Schwellung zurück

Vorbeugung

- Vorsicht beim Beobachten der Fangschreckenkrebse, Sicherheitsabstand einhalten!

Achtung: Kontakt!

Fangschreckenkrebse sind selten schwimmend oder frei auf dem Boden laufend zu sehen, meist sitzen sie in ihren charakteristischen Höhlen im Sandboden. Mit Geduld und Ruhe kann man vor dem Loch warten, bis die großen Krebse hervorschauen. Doch Achtung: Gerade der Schmetterer kann mit seinen Keulen ein Kamera-Domeport zertrümmern oder eine Taucherbrille in Stücke schlagen. Die Bewegung der Keulen ist eine der schnellsten im Tierreich!

Seltenes Bild: freischwimmender Mantis Shrimp

Große Fangschreckenkrebse erreichen mehr als 35 Zentimeter Länge. Hier ein Schmetterer in Pose

Löchern oder am Boden wird nach Beute gejagt

Neben den „Keulen" gibt es noch Greifzangen

Languste und Hummer

Ordnung	Zehnfüßer (Decapoda)
Familie	Langschwanzkrebse
Englisch	Lobster

Verbreitung

weltweit

Biologie und Lebensweise

Langusten und Hummer sind imposante Vertreter der Langschwanzkrebse. Vor allem der Hummer ist mit bis zu 70 Zentimetern Körperlänge und 17 Kilo Gewicht ein stattlicher Vertreter der Krebse. Der aggressive Einzelgänger kann mehr als 145 Jahre alt werden. Er ist ein vorwiegend nachtaktiver Räuber und Aasfresser, der mit seinen scharfen und kräftigen Zangen alles fängt und zermalmt, was er bekommen kann.

Die Langusten können Taucher und Schwimmer herzhaft zwicken, doch gefährlicher ist eigentlich ihr Hinterteil, das mit scharfen Hornplatten gepanzert ist und tiefe Schnittwunden verursachen kann, allerdings nur zur Abwehr. Sie wird bis zu 50 Zentimeter groß und acht Kilo schwer.

Achtung: Kontakt!

Besonders Hummer sind standorttreue Gesellen, die es überhaupt nicht schätzen, wenn man ihnen zu dicht auf die Pelle rückt. Die Tiere kennen kaum natürliche Feinde, haben also keine Scheu, auch deutlich größere Störenfriede mit ihren gewaltigen Kneifern zu bedrohen.

Langusten sind ebenfalls gepanzerte Ritter, die aber nicht so intensiv kneifen. Wie schon erwähnt, schlagen sie bei Kontakt mit ihrem Schwanz nach dem Angreifer.

Gefährlichkeit

Symptome

- Hummerscheren können schwere Quetschungen und sogar Amputationen von Gliedmaßen verursachen
- große Langusten kneifen ebenfalls empfindlich
- massive Blutergüsse, intensive blaue Flecken, Schwellungen
- bei tieferen, größeren Verletzungen Blutverlust und auch Schock möglich

Erste Hilfe

- Bluterguss mit Eis oder Sportsalbe kühlen, bis Schwellung abgeklungen ist. Sind Finger oder Hand betroffen: ruhigstellen und hoch lagern
- elastischer Verband hält Schwellung zurück
- bei schweren Verletzungen Blutung stillen und Arzt aufsuchen

Vorbeugung

- Sicherheitsabstand halten und Tiere nicht anfassen. Langusten können blitzschnell mit dem Schwanz schlagen

Langusten versuchen, rückwärts zu entkommen

Der Hummer hat zwei Zangen-Typen: Die massive linke knackt Muschelschalen, die rechte schneidet

Angst kennt der kräftige Panzerritter nicht

Langusten kommen in fast allen Meeren vor

Bis zu 50 Zentimeter werden Langusten groß

Taschenkrebs

Ordnung	Zehnfüßer (Decapoda)
Familie	Kurzschwanzkrebse
Englisch	Edible Crab

Verbreitung

nördlicher Atlantik und Mittelmeer

Biologie und Lebensweise

Taschenkrebse gehören zu den Krabben, die die Biologen auch Kurzschwanz-Krebse nennen. Sie schlagen ihr stark komprimiertes und verkürztes Hinterteil unter den Körper, werden so wesentlich kompakter als ihre langschwänzigen Verwandten.
Der Taschenkrebs liebt die kühleren Gewässer, wird hier stattliche 30 Zentimeter breit. Die Zangen knacken locker auch stabile Äste durch. Er kommt auf Sand oder Fels in der Regel bis in 100 Meter Tiefe vor.
Über 20 Jahre alt können diese grimmigen Panzerträger werden, die sich vorwiegend von Muscheln ernähren, die mit den starken Kneifern geknackt werden. Doch auch alles andere Essbare wird verwertet, Hauptsache, es ist fleischlicher Natur.

Achtung: Kontakt!

Taschenkrebse sind vor allem in britischen und skandinavischen Gewässern häufige Bewohner der auch für Taucher attraktiven Felsküsten. Die wehrhaften Burschen machen sich bei Annäherung richtig breit und stellen ihre großen Scheren drohend auf.
Wird man zu übermütig, drohen üble Kneifattacken, die böse enden können, denn der Scherenträger kann nicht nur Muschelgehäuse knacken. Er greift aber nicht an, verhält sich bei Annäherung passiv.

Gefährlichkeit

Symptome

- die Scheren von Taschenkrebsen können schwere Quetschungen und sogar Amputationen von Fingern verursachen
- massive Blutergüsse, intensive blaue Flecken, Schwellungen sind zu erwarten
- bei tieferen und größeren Verletzungen Blutverlust und auch Schock möglich

Erste Hilfe

- Bluterguss mit Eis oder Sportsalbe kühlen, bis die Schwellung abgeklungen ist. Sind Finger oder Hand betroffen: ruhigstellen und hoch lagern
- ein elastischer Verband verringert die Stärke der Schwellung
- bei schweren Verletzungen Blutung stillen und Arzt aufsuchen

Vorbeugung

- Taschenkrebse flüchten nicht, daher muss der Taucher den Sicherheitsabstand halten

Muschelschalen sind keine Hürde für die Zange

Der Taschenkrebs macht sich nicht nur breit, er ist es auch. Bis zu 30 Zentimeter Durchmesser erreicht er!

Die Färbung kann variieren, hier ein helles Braun

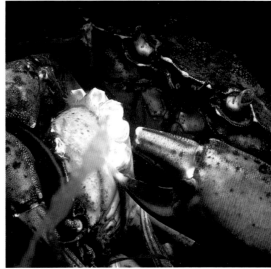

Wie aus einem Science-Fiction-Roman

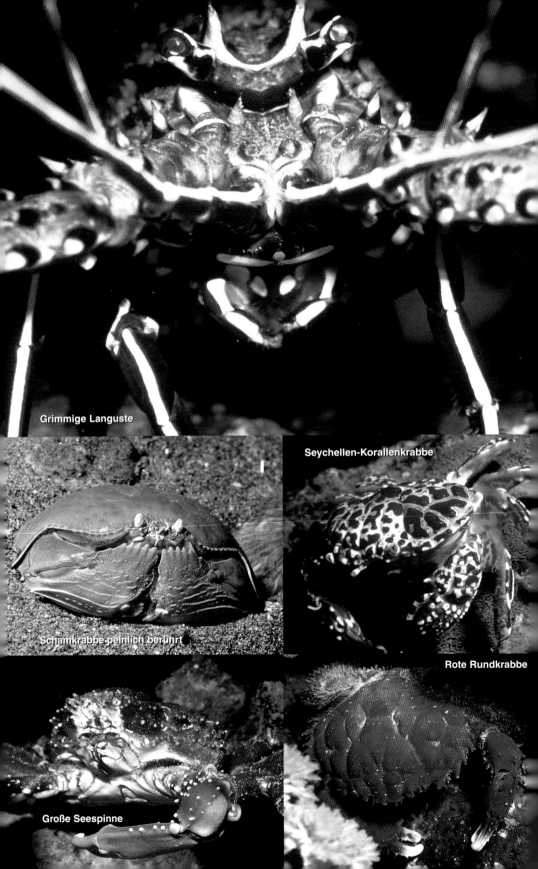

Grimmige Languste

Seychellen-Korallenkrabbe

Schamkrabbe peinlich berührt

Rote Rundkrabbe

Große Seespinne

Den Facettenaugen des Fangschreckenkrebses entgeht nichts

Elektrische Schläge

Die wohl ungewöhnlichste Form von Waffen haben einige Fische und Haie entwickelt, die sich mittels elektrischer Stromschläge verteidigen. Doch Strom erweist sich im Medium Wasser als ungemein wirkungsvoll!

Schwimmender Elektro-Schocker: Marmorierter Torpedorochen

Die Erfindung, sich mittels Stromaufladung selbst in einen Elektroschocker zu verwandeln, hatten nicht nur die Zitterrochen. Auch Aale, Welse, Himmelsgucker, Nilhechte und Messerfische haben Strom als Mittel zu Verteidigung und Beutegriff erkannt.

Doch wie erzeugen Tiere Strom? Sie haben einige ihrer Muskelfasern umgebaut. Diese Muskeln verlieren schon früh ihre Fähigkeit, sich zusammenzuziehen. Bei den Haien sind dies Kiefer-, Augen- und/oder Schwanzmuskeln, bei den Rochen breite Felder der Körperflanken, beim Aal Augenmuskeln (!) und bei den Welsen umgebaute Hautmuskeln.

Nach diesem Umbau entstehen Organe, die scheibenförmig platt aufgeschichtet sind und sich jeweils in einzelne Säulen gliedern, ähnlich einer Rolle Geldstücke. Diese Platten werden von einer geleeartigen Bindegewebsmasse umgeben, die sie isoliert.

Je nach Stromart unterscheiden Biologen zwischen Hochspannungs- und Niederspannungsfischen. Hochspannungsfische sind etwa der Zitterwels, -aal und -rochen. Sie schaffen locker zwischen 60 Volt (Torpedorochen) bis 800 Volt (Zitteraal). Hohe Spannung ist typisch für alle Süßwasserbewohner. Die Stärke des Stroms ist dafür bei Meeresbewohnern höher als bei denen, die im Süßwasser leben. Schlappe 1 Ampere schafft der Zitteraal, stolze 50 Ampere sondert der Zitterrochen ab.

Es gibt Fische, die einzelne Stromschläge verteilen wenn sie auf Beutefang gehen oder Feinde abwehren. Andere feuern andauernd Strom durch die Gegend, vor allem die

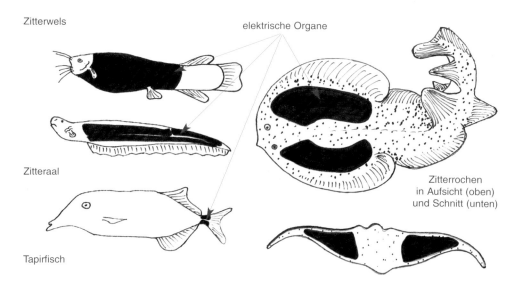

Zitterwels

elektrische Organe

Zitteraal

Zitterrochen
in Aufsicht (oben)
und Schnitt (unten)

Tapirfisch

Umgewandelte Muskelzellen, zu Stapeln gepackt, werden zu elektrischen Organen

„Schwachströmer", die den Strom nutzen, um sich zu orientieren oder um zu kommunizieren. Merke: Die Erfindung des Handys ist gar nicht so neu!

Der Zitteraal kombiniert gleich beide Methoden, er hat aber auch das größte aller elektrischen Organe, es macht rund 60 Prozent seines Körpergewichts aus.

Rochen gelten als Niederspannungsfische: wenig Stromspannung, hohe Stromstärke. Sie feuern starke Stromschläge ab, um Beute zu betäuben. Dabei liegt die Länge eines Stromschlags im Millisekundenbereich – schließlich wird der Strom „hausgemacht" und kommt nicht aus der Steckdose!

Warum sich die Fische aber nicht selber durch den Elektroschock betäuben, weiß man nicht.

Und wie es der Zitteraal schafft, sein immerhin anderthalb Meter langes Elektroorgan so zu synchronisieren, dass er einen gezielten Stromschlag aussendet und nicht von vorne, wo der Impuls beginnt, bis hinten hunderte von kleinen Einzelentladungen, ist genauso unklar.

Himmelsgucker: Schwachströmer mit Gifteffekt

Zitterrochen: Niederspannung mit Strompower

Biologie

Alle Rochen haben fünf Paar Kiemenspalten, viele Haie haben sieben

Züge bekommen, sind Rochen von Geburt an breit und flach.

Die **Brustflossen** sind enorm vergrößert und komplett mit dem Rumpf verwachsen. „Brust raus, Bauch rein" – daraus haben Rochen: „Rücken rein, Bauch rein, Brust rein" gemacht und dadurch ihre flache Gestalt bekommen. Zwischen den spindelförmigen Haien und den platten Rochen existieren **Übergangsformen** wie der Gitarrenrochen oder der Wobbegong, die Merkmale beider Gruppen aufweisen.

Durch den flachen Körperbau schwimmen Rochen natürlich auch etwas anders. Sie bewegen sich im langsamen Tempo durch den Wellenschlag der Brustflossen fort. Ausnahme: Die Zitterrochen haben noch

Wie schon erwähnt gehören die Rochen in die Familie der **Haie**, besitzen also ein Skelett, welches aus Knorpel besteht und teilweise im Laufe der Entwicklung verknöchert.

Die **Körper** der Rochen sind platt wie Flundern. Aber mit Flundern, also Plattfischen, haben die Rochen nichts am Hut. Außer, sie fressen einen. Während sich die Plattfische nach Geburt vom „normalen" zum platten Fisch wandeln und dabei reichlich schiefe

Geschwommen wird durch wellenförmige Bewegungen des Körpers

276

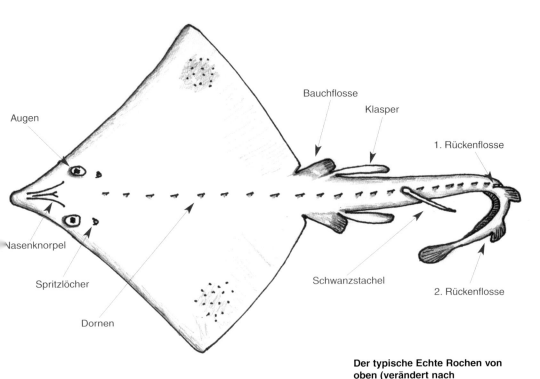

Augen

Nasenknorpel

Spritzlöcher

Dornen

Bauchflosse

Klasper

1. Rückenflosse

Schwanzstachel

2. Rückenflosse

Der typische Echte Rochen von oben (verändert nach Hennemann, 2001)

einen kräftigen **Schwimm-schwanz**, der bei ihnen auch maßgeblich der Fort-bewegung dient. Kein Wunder, denn ihre Brust-muskulatur ist ja umgebaut zum Elektro-Schocker.

Die Empfindlichkeit **elektri-schen Reizen** gegenüber besteht auch bei normalen Rochen. Sie besitzen Sin-nesorgane, die selbst die winzigen elektrischen Mus-kelspannungen von tief im

Sand vergrabenen Tieren wahrnehmen. Damit spüren sie ihre Beute auf. Ist die ein-mal ausgemacht, legt sich der fleischige Teppich ein-fach über die Stelle und ver-speist seine Opfer genüss-lich. **Gefressen** werden Krebse und Muscheln, Platt-fische und Kraken. Oder, wenn man sich die Mantas betrachtet, klitzekleine Kreb-se und Plankton, die durch Reusen im Maul gesiebt werden.

Rochen sind **getrenntge-schlechtlich**. Das Männ-chen klammert sich, ähnlich den Haien, mit speziellen Halteorganen während der Kopulation an das Weibchen. Rochen bringen lebende Junge zur Welt.

Bei Zitterrochen dient der gut entwickelte Schwanz der Fortbewegung

Zitterrochen
(Torpedorochen)

Klasse   Knorpelfische
Englisch   Numbfish, Torpedo Ray

Verbreitung

tropische bis kühlere Meere weltweit

Biologie und Lebensweise

Zitterrochen zittern gar nicht. Sie erzeugen das Zittern eher auf der Seite der Tiere, die sie mittels ihrer elektrischen Organe auf's Korn nehmen. Mittels beachtlicher Stromstärken (über 200 Volt) betäuben sie nämlich ihre Opfer und vernaschen sie dann. Da sie kleine Zähne haben, werden Weichtiere oder Fische, die sie besonders schätzen, ganz hinuntergeschluckt.

Neben dieser besonderen Form der Fischerei benutzen die Zitterrochen ihre Elektro-Waffen auch zur Abwehr von Feinden. Doch trotz dieser wirkungsvollen und überraschenden Waffen stehen Zitterrochen bei vielen großen Haien und anderen Räubern ganz oben auf der Speisekarte. Nur nicht beim Menschen, denn ihr Fleisch schmeckt nicht.

Achtung: Kontakt!

Zitter- und Torpedorochen sind gar nicht so selten. Und da sie sich gut tarnen können, kann man beim Gang über sandige Flächen leicht in unangenehmen und energiehaltigen Kontakt verwickelt werden.

Auch Taucher sind, genügend Respektlosigkeit vorausgesetzt, gefährdet. So kann etwa der Pazifische Torpedorochen durchaus auch selber angreifen, wenn ihm der plumpe Flossenträger zu nahe kommt.

Gefährlichkeit

Symptome

- je nach Stromschlag nur leichtes Kribbeln bis zu schwereren Schlägen

- Stromstärke kann theoretisch ausreichen für Stromstöße bis zur Bewusstlosigkeit, dies wurde aber noch nicht beobachtet

- Zitterrochen stechen nicht

Erste Hilfe

- nur bei schweren Stromstößen Wasser verlassen, da Panikreaktionen oder Angstzustände eintreten können

- ansonsten Tauchgang fortführen und den Rochen meiden

Vorbeugung

- auch hier gilt: genügend Respektabstand verhindert unliebsame Begegnungen

- Strandspazierer sollten über flachem Sandgrund schlurfende Schritte machen

Zitterrochen orientieren sich auch mit Stromstößen

Der Bogenstirn-Torpedorochen kommt im Roten Meer bis in den Golf von Oman vor

Eingegraben ist der Rochen kaum zu sehen

Hinter den Augen sitzen die Spritzlöcher

Erlebnis

1000 Volt
von Paul W. Munzinger

Zitterrochen zählen eher zu den kleineren Vertretern der UW-Flattermänner. Und doch gehören sie zu den ganz

Der Schlag saß, und zwar präzise am heiligsten Teil eines Mannes!

gefährlichen, denn der Überraschungseffekt ihrer grandiosen Waffe ist gnadenlos. Und nicht nur Tauchneulinge leiten nach einem Schlag, den sie von den gut getarnten Elektroschockern erhalten, einen überraschenden Notaufstieg ein. Wir tauchen mit der „Ghazala II" der Sinai Divers rund um Sharm el Sheikh.

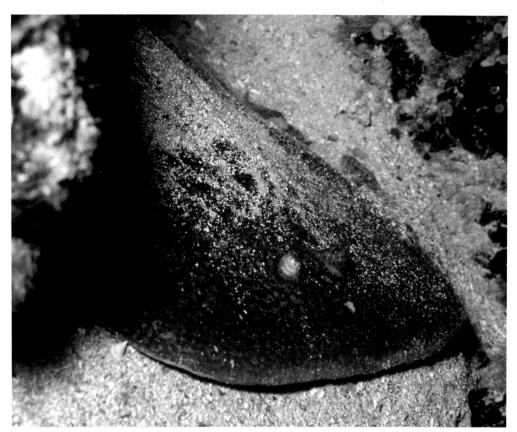

Heute ist das Jackson Riff dran – einer der schönsten Korallenplätze, die ich überhaupt kenne. Zwischen dem Morgen- und dem Nachmittagstauchgang ist für jeden Zeit, etwas Schnorcheln zu gehen. In niedrigen Tiefen wechseln sich traumhafte Korallengärten mit Sandflächen ab. Und genau hier fühlen sich die Zitterrochen ausgesprochen wohl, wie ich noch zu spüren bekomme.

Ich versuche, einen Blaupunktrochen auf's Bild zu bekommen, der gerade seine Siesta unter einer Tischkoralle hält. Vorsichtig pirsche ich mich heran, nur mit ABC-Ausrüstung, und möchte mich mit dem Bauch auf den Sand legen. Nichts zu sehen, keine Koralle wird unter meinem Adonis-Körper zermalmt, die Luft scheint rein. Doch auf einmal knallt's: Ein heftiger Stromschlag schüttelt meinen ganzen Körper durch! Wieviel Volt da geflossen sind, weiß ich nicht. Aber der Schlag saß, und zwar präzise und genau am heiligsten Teil eines Mannes! Da reichen auch kleine Strommengen für heftige und ungeahnte Reaktionen…

Wieder einmal triumphiert der kleine Umweltschützer in mir über den besessenen Fotografen: Wer übereifrig und unvorsichtig fotografiert, der wird auch schon mal mit

Kroatischer Sonderling: Zitterrochen kommen weltweit in kühlen bis tropischen Meeren vor

Schlägen unter die Gürtellinie bestraft.

Die Tiere vergraben sich bis fast zur Unkenntlichkeit, nur die Ränder ihres Körpers sind beim genaueren Hinsehen im Sand zu erkennen. Mit Schlagbewegungen seiner „Flügel" gräbt sich der Zitterrochen unter den Sand, um nicht gesehen zu werden. Einzige Chance, den Flattermann zu sehen: Nasenlöcher oder Augen. Doch diese Detailsicht haben wohl nur ganz alte Hasen oder Menschen mit eingebautem Lupenblick!

Nahrungsgifte

Durch den Verzehr giftiger Meerestiere werden wesentlich mehr Menschen geschädigt als durch alle aktiven Verletzungen giftiger, beißender und nesselnder Tiere zusammen

Für viele ein Leckerbissen: Sashimi – roher Fisch. Doch auch er kann giftig sein

Zunächst einmal kann man zwei große Gruppen von Giften unterscheiden: Da sind zum einen Tiere, die schlichtweg giftig sind, wie etwa der Kugelfisch.
Und es gibt Tiere, die giftig werden können, es meistens aber nicht sind, darunter fallen Raubfische genauso wie Krebse, Muscheln oder andere Wirbellose.
Die zweite Gruppe von Vergiftungen ist es, die häufig ist und oft auch Menschenleben fordert, meist in Gegenden, wo hauptsächlich durch den Verzehr von Fisch der tägliche Proteinbedarf gedeckt wird, also etwa auf den abgelegenen

Inseln des Pazifiks. Doch auch in unseren Breitengraden kommt es zu Vergiftungen, denn man sieht den unheilbringenden Tieren ihre Giftigkeit nicht an.
Die Häufigkeit solcher Vergiftungen hat in letzter Zeit drastisch zugenommen. Die Gründe sind winzige Lebewesen und gewaltige Stahl-Kolosse. Die winzigen Lebewesen sind Algen. Die kleinen Biester sind als einzelnes Plankton-Persönchen völlig harmlos. Zwar reichern sie auch Gifte in ihrem Körper an, doch ist die Dosis, die solch ein Miniatur-Attentäter verteilen kann, viel zu gering für eine Gefährdung. Doch diese Algen, meist Kieselalgen oder Dinoflagellaten, haben

neben ihrer Fähigkeit, Giftstoffe zu produzieren, zwei Eigenschaften, die das Ganze gefährlich machen können: Sie schlafen unheimlich fest und lieben Sex.

Es gibt Arten, die sich bei ungünstigen Bedingungen in eine fast unzerstörbare Dauerform verwandeln und still und leise auf ihren Einsatz warten. Stimmen Temperatur oder chemische Signale, dann erwachen diese Algen und beginnen, sich in rasender Schnelle zu teilen. Sie sorgen für Algenblüten, die ganze Meeresbereiche färben können (das Rote Meer hat daher seinen Namen – Red Tide!).
Diese Algen futtern natürlich alles an Nahrung, was sie ergattern können. Nach kurzer Zeit ist alles verbraucht, die Algen sterben massenweise ab. Nicht, ohne vorher „Schläfer" gebildet zu haben, die jetzt wieder auf ihren Einsatz warten.
Und jetzt kommen Fische, Muscheln und andere Räuber ins Spiel. Etliche Fische weiden nämlich die Algen ab. Muscheln und andere Filtrierer sieben die kleinen Biester aus dem Wasser. Die Algen werden verdaut, doch mit den Giften

können die Tiere nichts anfangen. Entweder, sie werden dadurch selber vergiftet und sterben, was häufig passiert. Oder sie reichern das Gift in ihren Organen an. Mit jeder Alge ein winziges Etwas mehr Gift.

Kleine Fische werden von großen gefressen. Muscheln werden von Krebsen geknackt oder gleich vom Menschen gesammelt. Und hier passiert das gleiche: Entweder sie sterben, oder sie reichern das Gift an. Das geht munter durch die Nahrungskette, bis der Mensch sich einen der Räuber angelt, fischt oder fängt – und verzehrt. Jetzt hat er schlechte Karten. Von außen wirken Fisch oder Muschel oder Krebs ja gesund. Doch die Konzentration an Gift ist durch das permanente Anfuttern kleiner Mengen oftmals erstaunlich hoch und haut den stärksten Kerl von den Beinen.

Die Algen sind so verschieden wie die Art der Gifte,

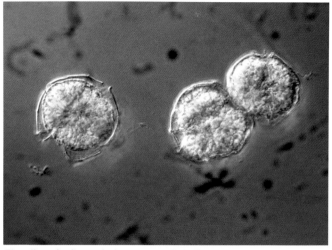

Einzeller wie diese sind verantwortlich für die „Red Tides"

doch eines ist ihnen gemein, und hier kommen die Kolosse ins Spiel. Durch die Schifffahrt verteilen sich die giftigen Algen weltweit, denn leere Schiffe pumpen, um nicht während der Fahrt in rauher See umzukippen, spezielle Ballasttanks voll Meerwasser. Im neuen Hafen angelangt, werden diese Ballasttanks leergepumpt und neue Ladung aufgenommen. Und, wir ahnen es, in diesem Ballastwasser sind natürlich

unsere Algen in ihren Dauerformen, die die Reise in den dunklen, sauerstoffarmen Tanks überleben.

Entlang der Schifffahrtsrouten treten in den letzten Jahren, vermutlich auch noch begünstigt durch weitere Umwelteinflüsse, immer häufiger Algenblüten auf, die zu Fischsterben und/oder Vergiftungen des Menschen führen. Ciguatera ist nur eine Form dieser Vergiftungen, die auf den folgenden Seiten vorgestellt wird.

Wie kann man sich jetzt vor diesen Vergiftungen schützen? Das ist gar nicht so leicht. Den Meeresbewohnern sieht man ihre Giftigkeit von außen nicht an. In Deutschland etwa werden Muscheln getestet, indem man von jeder Ladung einige nimmt, ihre Körperflüssigkeit absaugt und sie einer Maus unter's Fell spritzt. Stirbt die Maus innerhalb weniger Minuten, dann war das Muschelfleisch giftig…

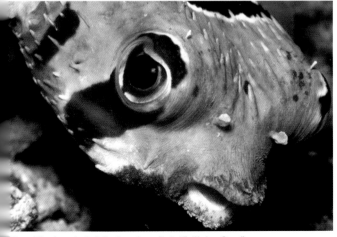

Kugelfische sind, falsch zubereitet, tödliche Genüsse

Vergiftung durch Muscheln

Biologie

Muscheln sind Filtrierer. Sie saugen durch ein kleines Rohr Wasser in sich ein und spülen es an ihren Kiemen vorbei. Hier sitzen lauter kleine Härchen, die alles Essbare aus dem Wasser filtern und an das Maul weiterleiten.

Der Hauptanteil der Beute besteht aus Algen. Sind diese Algen jetzt aber belastet mit Giftstoffen, dann reichern sich diese im Verdauungstrakt und dem Muskelfleisch der Muscheln an. Das betrifft übrigens nicht nur Algen, sondern etwa auch Schwermetalle.

Giftig werden können alle Arten, bekannt sind die Miesmuschel, die Strand- und die Buttermuschel und die Auster. Häufig sind bei Algenblüten Fischsterben zu beobachten.

Gift und Wirkstoff

Kleine Dinoflagellaten sind es, die den Verzehr von Muscheln gefährlich machen können. Diese kleine einzellige Algenfamilie lebt freischwebend im Wasser. Hier wird sie liebend gern von Muscheln eingefangen und vernascht. Doch kommt es zu einer Massenvermehrung, einer „Red Tide", dann wird die Sache kritisch, denn dann steigt die Menge an Gift, welches die Muschel mit der Alge aufnimmt.

Neurotoxische Vergiftung

Gefährlichkeit

Vergiftungssymptome

- nach etwa 30 Minuten erste Anzeichen: leichtes Kribbeln und Brennen der Zunge und Lippe, das sich über Gesicht und Hals, Arme, Beine und Füße ausbreitet

- Taubheitsgefühl und Schwäche, die mehrere Tage anhalten kann

- Schluck- und Atembeschwerden, Augen- und Gesichtsmuskulatur gelähmt

- Lähmung der Atemmuskulatur kann zum Tod führen

Erste Hilfe

- nach ersten Anzeichen einer Vergiftung Erbrechen provozieren, bei schweren Symptomen aber nicht mehr, da sonst Gefahr durch Ersticken droht!

- sofort Arzt aufsuchen!

Vorbeugung

- in Sommermonaten mit Risiko zur Algenblüte (Bauernregel: Monate mit „r") keine Muscheln essen

- Kochwasser oder Bratenfett abgießen, da sich hier ein Teil des Giftes löst

Bei einer „neurotoxischen oder paralytischen Muschelvergiftung" wird „Saxitoxin" gebildet. Dieses Gift greift Nervenzellen an, daher auch der Name. Es blockiert die Weiterleitung von Nervenimpulsen.

Klassisches Anzeichen sind Lähmungserscheinungen und Gefühllosigkeit. Die Vergiftung endet in rund zehn Prozent aller Fälle tödlich!

Ebenfalls in Zusammenhang mit Algenblüten steht eine Muschelvergiftung, die erst 1987 als solche erkannt wurde. Bei ihr wird das Gehirn, genauer das Kurzzeitgedächtnis, dauerhaft geschädigt. Mediziner sprechen von einer Schädigung des „Zentralen Nervensystems", kurz ZNS.
Giftbildner waren in diesem Fall Kieselalgen, die sich in Miesmuscheln breit gemacht hatten. Das verursachende Gift heißt „Domosäure". Die verursachten Störungen traten übrigens auch bei Pelikanen, Seelöwen und Kormoranen auf, die in der Region um die Monterey Bucht, Kalifornien, massenhaft verendeten.

Übrigens: Der Gifttransport kann auch, wie immer bei Algenblüten, ohne Muschelverzehr erfolgen, indem nah am Wasser Algenschaum eingeatmet wird.
In unseren Breitengraden bestens bekannt ist eine andere Form von Muschelvergiftung, die genauso auf Algenblüten zurückzuführen

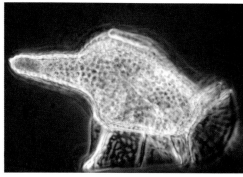

Einer der giftigen Panzergeißler: Dinophysis sp.

ist: die „gastroenterale Form", auf deutsch: Durchfall und Erbrechen. Vor allem nach Miesmuschel-Orgien erwischt es die Feinschmecker. Wie bei den anderen Muschelvergiftungen auch, vergrößert der Verzehr von rohem Muschelfleisch, etwa Austern, die Gefahr von Erkrankungen.
Muschelvergiftungen treten fast nur in gemäßigten Breiten auf, nicht in den Tropen.

ZNS-Vergiftung

Gefährlichkeit

Vergiftungssymptome

- nach mehreren Stunden: Durchfall, Erbrechen, Magen- und Darmkrämpfe
- Kopfschmerzen, Störungen der Bewegungskoordination
- Desorientiertheit, dauerhafter (irreversibler) Gedächtnisverlust

Erste Hilfe

- nach Auftreten der Symptome können nur noch Begleiterscheinungen wie Schwäche und Flüssigkeitsverlust behandelt werden

Vorbeugung

- nicht möglich: Muscheln sieht man ihre Giftigkeit nicht an

Vergiftung des Magen-Darm-Trakts

Gefährlichkeit

Vergiftungssymptome

- nach etwa 30 Minuten bis sechs Stunden erste Anzeichen: Übelkeit, Erbrechen, starke Bauchschmerzen
- Durchfall, der bis zu 20mal am Tag auftreten kann

Erste Hilfe

- Erbrechen nützt hier nichts, da Symptome erst nach Einwirkzeit im Körper einsetzen und Erbrechen sowieso erfolgt
- Flüssigkeitsverlust ausgleichen, bei schweren Fällen Arzt aufsuchen, der dann Infusionen legt

Vorbeugung

- nicht möglich

Vergiftung durch Fische

Biologie

Fische stehen in der Regel am oberen Ende der Nahrungskette. Einige von ihnen sind Pflanzenfresser, die Algen abweiden (Kaninchenfisch, Doktorfisch), doch die meisten sind Räuber.

Gerade in den Räubern werden Gifte, die von Algen und deren Fressern aufgenommen werden, angereichert. Zwar verursachen Algenblüten („Red Tide") regelmäßig auch unter Fischen Massensterben, doch sind viele Arten erstaunlich resistent und verstärken die Giftigkeit des Ausgangsmaterials noch.

Gift und Wirkstoff

Fischvergiftungen sind allesamt schwerwiegend, enden oftmals tödlich. Vor allem in Ländern, in denen Fisch unverzichtbarer Bestandteil der Speisekarte ist, etwa in Mikronesien, kommen epidemieartige Fischvergiftungen mit hunderten von Toten immer wieder vor.

Bei Fischen unterscheidet man drei Arten von Vergiftungen. Zum einen gibt es Fische, die in ihren Organen selber Gifte einlagern. Diese Form der Vergiftung nennen Experten „tetrodotoxische Vergiftung". Am bekanntesten ist der Kugelfisch, der in Japan jedes Jahr für eine Mischung aus Gaumenfreuden und toten Japanern

Vergiftung durch giftige Fische

Gefährlichkeit

Vergiftungssymptome

- nach etwa 10 bis 20 Minuten erste Anzeichen: leichtes Kribbeln und Brennen der Zunge und Lippe, das bis in die Zehenspitzen geht

- Gefühllosigkeit und leichter Brechreiz

- Schluck- und Atembeschwerden, Blutdruckabfall und Lähmungen bei gleichzeitig vollem Bewusstsein

- Lähmung der Atemmuskulatur kann zum Tod führen

Erste Hilfe

- nach ersten Anzeichen einer Vergiftung Erbrechen provozieren

- bei Atemstillstand künstlich beatmen!

- sofort Arzt aufsuchen!

Vorbeugung

- ganz einfach: auf den fragwürdigen Kitzel einer potentiell tödlichen Mahlzeit verzichten. Zumal etwa der teure Kugelfisch nur sehr durchschnittlich schmecken soll

sorgt. Während er fachgerecht zubereitet lediglich für Kribbeln im Mundraum sorgt, also eine ganz leichte Vergiftung, ist er unsachgemäß zubereitet eine erstklassige Art, sich selber qualvoll um die Ecke zu bringen.

Die bekannteste Fischvergiftung ist Ciguatera. Hier wird das Gift wie oben beschrieben durch die Nahrungskette angereichert. Das Tückische daran: Fische, die sonst ungiftig sind und als Speisefische gelten, werden auf einmal hochgiftig. Zackenbarsche, Barrakudas, Muränen, Schnapper und Doktorfische sind Hauptverdächtige bei dieser Art der Vergiftung, doch werden mittlerweile mehr als 110 Fischarten für Vergiftungen verantwortlich gemacht. Anfällig sind alle, denn die gefürchteten Algenblüten können überall auftreten.

Akute Symptome klingen nach acht bis zehn Stunden wieder ab, doch die neurologischen Vergiftungen bereiten noch Tage, im Extremfall Monate, „Spaß". Nach einer Vergiftung wird man bei weiteren Vergiftungen immer sensibler, reagiert also immer heftiger.

Schließlich gibt es noch Vergiftungen, die schon Asterix und Obelix gefürchtet haben: die durch verdorbenen Fisch, sogenannte „scrombotoxische Fischvergiftungen". Betroffen sind in der Regel unsachgemäß gelagerte Makrelen und Thunfische, Sardinen und Heringe. Bei ihnen zersetzen Bakterien

Roher Fisch: Die Giftigkeit ist unsichtbar

das faulende Fleisch und scheiden Fäulnisgifte aus. Besonders die empfindlichen Kiemen werden zuerst befallen und sollten daher immer beim Fischkauf kontrolliert werden.

Ciguatera

Gefährlichkeit

Vergiftungssymptome

- innerhalb von Minuten bis zu mehreren Stunden: Übelkeit, Erbrechen, wässriger Durchfall, Unterleibskrämpfe

- metallischer Geschmack, Prickeln und Brennen im Mundbereich mit sich ausbreitendem Taubheitsgefühl

- Kälteempfindlichkeit

- penetranter Juckreiz an Handinnenflächen und Fußsohlen

- Schwindel und Krämpfe bis hin zum Koma

Erste Hilfe

- bei schnellen Symptomen Erbrechen provozieren, ansonsten ab zum Arzt, der Folgeerscheinungen, etwa Dehydration, behandelt

Vorbeugung

- nur durch Verzicht auf Fisch möglich

Vergiftung durch verdorbene Fische

Gefährlichkeit

Vergiftungssymptome

- nach wenigen Minuten bis einigen Stunden erste Anzeichen: rötliche, fleckige Verfärbung der Haut, wie Ausschlag

- Juckreiz, Schweißausbruch, Brennen im Mundbereich

- Übelkeit, Erbrechen, Magenschmerzen

- plötzlicher Blutdruckabfall (Blässe)

- nach 12 bis 24 Stunden Nachlassen der Symptome

Erste Hilfe

- keine schwere Vergiftung, daher nur in besonders hartnäckigen Fällen Arztbesuch nötig

Vorbeugung

- Kiemen faulen am schnellsten, daher Finger weg, wenn hier Verdacht besteht

- scharfer, pfefferartiger Geschmack ist typisch für verdorbenen Fisch

Vergiftung durch Krebse und Schnecken

Biologie

Krebsvergiftungen sind weltweit eher selten, doch in einigen pazifischen Gegenden nicht zu unterschätzen. Betroffen sind fast immer große Krabben, der Palmendieb und die Pfeilschwanzkrebse (die eigentlich gar keine Krebse, sondern enge Spinnenverwandte sind). Wie häufig ist auch hier die Giftigkeit anscheinend gekoppelt an Massenauftreten von Algen.

Bei den Schnecken, die ebenfalls vor allem in exotischen Gefilden des Indo-Pazifik und natürlich unvermeidbar in Japan als Leckerbissen gelten, werden ebenfalls Algenblüten für die Giftwirkung verantwortlich gemacht, denn von heute auf morgen kann eine Art, die vorher bedenkenlos konsumiert wurde, giftig werden. Manchmal reicht die Giftzone sogar nur eine Bucht, in der nächsten Region können die gleichen Tiere bedenkenlos verzehrt werden. Betroffen sind Turban-, Trompeten- und Hornschnecken genauso wie der Große Seehase, eine Nacktschnecke, und andere Meeresschnecken.

Gift und Wirkstoff

Krabben werden meist gekocht, ihre Eier

Vergiftung durch Krebse

Gefährlichkeit

Vergiftungssymptome

- identische Symptome wie nach einer neurotoxischen Muschelvergiftung: nach etwa 30 Minuten erste Anzeichen: leichtes Kribbeln und Brennen der Zunge und Lippe, das sich über Gesicht und Hals, Arme, Beine und Füße ausbreitet

- Taubheitsgefühl und Schwäche, die mehrere Tage anhalten kann

- Schluck- und Atembeschwerden, Augen- und Gesichtsmuskulatur gelähmt

- Lähmung der Atemmuskulatur kann zum Tod führen, hohe Sterblichkeitsrate!

Erste Hilfe

- nach ersten Anzeichen einer Vergiftung Erbrechen provozieren

- bei Atemstillstand künstlich (Mund/Nase) beatmen!

- sofort Arzt aufsuchen!

Vorbeugung

- große Krabben aus Korallenriffen sollten mit Misstrauen betrachtet werden. Hat man Haustiere „übrig", sollten erst diese „vorkosten"

- im Zweifel Finger weg von Krabbensuppe!

dagegen roh verzehrt. Beim Kochen landen die Giftstoffe in der Suppe. Daher sind meist mehrere Personen von der Vergiftung betroffen. Da Krabben Giftstoffe im Körper anreichern und sich diese wieder in der Suppe konzentrieren, und die Suppe meist komplett aufgegessen wird, verlaufen viele Vergiftungen tödlich. Ursache ist wie bei den Muscheln das Gift Saxitoxin. Außerdem findet sich in manchen Krabben auch noch Tetrodotoxin, das Gift der Kugelfische. Das ergibt einen interessanten Giftcocktail. Nach Verzehr des Palmendiebs kann eine Vergiftung einsetzen, die nicht ganz so schwer verläuft und in der Bewusstseinseintrübungen mit Symptomen der gastroenteralen Muschelvergiftung gemischt sind.

Auch bei den Schnecken kommen Saxitoxine, aufgenommen durch Algen, vor. Und auch hier finden sich Tetrodotoxine, ebenfalls Mitbringsel der vernaschten Algen. Aus Borneo wurden Todesfälle gemeldet, die nach Verzehr der Schnecke „Olivia vidua fulminans" auftraten. Die Symptome sind der neurologischen Form der Muschelvergiftung vergleichbar, allerdings kommt ein starker Blutdruckanstieg dazu, den es bei Muschelvergiftungen nicht gibt.

Manche Schnecken lagern Brom in ihren Eingeweiden ein. Brom fördert Bewusstseinstrübungen und Ausfälle in unserem Steuersystem, also Muskelzuckungen und Tremor. Andere Schnecken verfügen über Gifte, die kurzzeitig Schwindel, Übelkeit, Doppelsehen und sogar Blindheit hervorrufen, diese Symptome verschwinden jedoch nach kurzer Zeit wieder.

Seehasen gelten als kulinarische Delikatesse

Vergiftung durch Schnecken

Gefährlichkeit

●●●●●●●●●●

Vergiftungssymptome

- Symptome wie nach einer neurotoxischen Muschelvergiftung:
  nach kurzer Zeit: Kribbeln und Brennen der Zunge und Lippe, das sich über Gesicht und Hals, Arme, Beine und Füße ausbreitet

- Taubheitsgefühl und Schwäche, die Tage anhalten kann

- starker Blutdruckanstieg

- Schluck- und Atembeschwerden, Augen- und Gesichtsmuskulatur gelähmt

- Lähmung der Atemmuskulatur kann zum Tod führen

- Bewusstseinstrübung, Krämpfe möglich

Pfeilschwanzkrebs aus Florida

Erste Hilfe

- Erbrechen provozieren

- bei schweren Verläufen Arzt aufsuchen

Vorbeugung

- auch hier: Schnecken sieht man ihre Giftigkeit nicht an. Bei Verdacht auf Verzehr verzichten!

Vergiftung durch Haie, Schildkröten, Seegurken

Vergiftung durch Haifleisch

Gefährlichkeit

Vergiftungssymptome

- fünf bis zehn Stunden nach Verzehr schwere Vergiftungserscheinungen: Gefühllosigkeit in Fingerspitzen und Zehen, Brennen und Prickeln in Mund und Lippen

- schwere Störungen der Koordination von Armen und Beinen, staksiger Gang

- Juckreiz am ganzen Körper

- kaum Erbrechen (Unterschied zu Ciguatera)

- schnelle Bewusstlosigkeit und tiefes Koma

- Krämpfe, Atemnot, Kreislaufversagen, Tod

Erste Hilfe

- da Vergiftung selten und kaum untersucht, klassische Methode: schnelles Erbrechen einleiten nach ersten Symptomen und sofort Arzt aufsuchen

Vorbeugung

- Haie gehören weder in die Suppe noch auf den Teller!

Biologie

Haie und Schildkröten stellen in der Regel das obere Ende der Nahrungskette im Meer dar. Daher verwundert es nicht, wenn diese so unterschiedlichen Tiere ebenfalls für teilweise schwere Vergiftungen verantwortlich sind. Zwar sind wohlwollende Naturfreunde in der Regel sowieso entsetzt über den Verzehr der immer selteneren Tiere, doch stolpert der ein oder andere Rucksack-Tourist auf seinen Streifzügen durch entlegene Gebiete dieser Erde immer wieder an Kochtöpfen vorbei, in denen auch diese Exoten ihre letzte Vorstellung geben.

Seegurken sind speziell in den asiatischen Ländern eine vielgegessene Speise. Dabei geht es den meist männlichen Genusssuchenden nicht um gesunde Ernährung. Vielmehr versuchen die Esser, mit dem Verzehr ihre anscheinend miniaturisierten Geschlechtsteile zu neuer Leistungskraft anzuspornen.

Vor allem aus Tierschutzgründen darf daher die Erfindung von Viagra als wirklich gelungener Beitrag zum Artenschutz verstanden werden!

Gift und Wirkstoff

Zwar werden die Giftstoffe auch bei den vorgestellten Exoten über die Nahrungs-

Potenzmittel? Getrocknete Seegurken

kette angereichert, ihre Auswirkungen sind aber teilweise wesentlich dramatischer als etwa bei Muscheln. Ist etwa Haifischfleisch toxisch, sterben fast ein Drittel aller Konsumenten. Im Jahre 1993 starben in Madagaskar 68 Menschen nach dem Verzehr von Fleisch eines Heringshaies, obwohl sie es rund eine Stunde gekocht hatten.

Schildkröten sind nach wie vor in einigen asiatischen Ländern eine Delikatesse. Trotz aller Verbote werden etwa auf Bali immer noch Sate-Spießchen über kleinen Kohlebecken gegrillt. Doch der verbotene Verzehr kann tödlich enden, denn auch Schildkröten futtern sich reichlich Algengifte unter ihren Panzer und speichern diese in ihren Muskeln. Und durch das hohe Lebensalter werden sie so, regelmäßige Algenblüten vorausgesetzt, zu schwimmenden Giftfässchen. Leider hat sich das bei den Konsumenten noch nicht genügend herumgesprochen...

Verbotener Genuss: Schildkrötenfleisch

Seegurken reichern in ihrem ganzen Körper Giftstoffe an. Sie werden seit Jahrhunderten in Südostasien als „Bêche-de-mer" oder „Trepang" verspeist. Vor allem die traditionelle chinesische Medizin hält die runden Würste für potenzfördernd. Und sobald Asiaten diese Wirkung vermuten, setzt ein hysterischer Wahn ein, möglichst viel dieser Wirkstoffe in sich aufzunehmen.

Vergiftung durch Seegurken

Gefährlichkeit

Vergiftungssymptome

- Übelkeit, Erbrechen
- Atembeschwerden, Lähmung der Gesichtsmuskulatur
- Tod durch Atemlähmung, sehr selten

Erste Hilfe

- bei ersten Symptomen Erbrechen provozieren, ansonsten ab zum Arzt

Vorbeugung

- auf sorgfältige Entfernung der Cuverischen Schläuche achten
- auf Verzehr verzichten

Vergiftung durch Schildkröten

Gefährlichkeit

Vergiftungssymptome

- Brennen im Mundbereich
- Übelkeit und Erbrechen
- Schluckbeschwerden und allgemeine Schwäche
- Koma und nicht selten Tod

Erste Hilfe

- nach ersten Symptomen Erbrechen provozieren und schnellstens auf zum Arzt

Vorbeugung

- Schildkröten stehen auf der Artenschutzliste. Daher ist ein Verzehr nicht nur ungesund, sondern fast strafbar!

Reiseapotheke

Nachdem wir wissen, was alles brennt, nesselt, beisst und sticht – was hilft dagegen? Ein kurzer Blick auf das, was auch in tropischen Gefilden Linderung verschafft

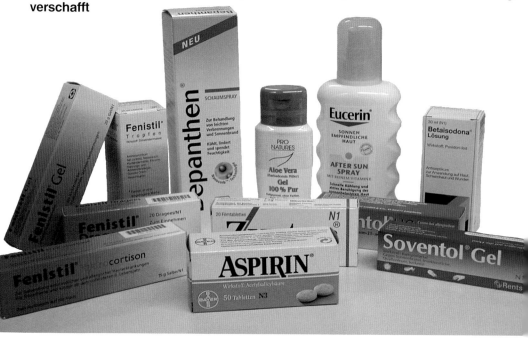

Natürlich gibt es auch Alternativen anderer Pharma-Hersteller

Wer sich die aufgelisteten kleinen Mittelchen rezeptfrei in seiner Apotheke besorgt, schafft sich auf Reisen ein kleines Polster an Sicherheit (Packungsbeilagen studieren!). Sollte es sich allerdings wirklich um ernste Verletzungen oder Vergiftungen handeln, ist auf jeden Fall der Gang zum Arzt besser als die Mittelchen der eigenen Reiseapotheke!

Aspirin – Klassiker, der nicht nur gegen Kopfschmerzen hilft, sondern auch gegen Gliederschmerz und Entzündung. Universalmittel gegen jede Art von Wehwehchen.

Soventol Gel – hilft gegen Juckreiz und kühlt angenehm; das ist genau das Richtige, wenn Feuerkorallen, Quallen oder andere Nessler zugeschlagen haben. Außerdem wirkt's antiallergisch.

Eucerin – empfindliche und gereizte Haut soll dieses Mittel bekämpfen. Neben dem Sonnenbrand kühlt das Spray auch bei juckenden und vernesselten Hautpartien.

Bepanthen – die Wund- und Heilsalbe sorgt für zügige Abheilung kleinerer Wunden, hält Schorf elastisch und desinfiziert. Sollte eigentlich immer dabei sein.

Fenistil – das Wundermittelchen hilft gegen Juckreiz und allergische Reaktionen, also wenn es um Nesselkapselentladungen und ihre Linderung geht. Insektenstichen und leichten Verbrennungen soll es gleichfalls den Garaus machen. Fenistil gibt's als Tropfen, Dragees und Hydrocortison-Gel. Letzteres erscheint bei Nesselverletzungen ideal.

Aloe Vera Gel – lindert Schmerzen, wirkt desinfizierend und blutstillend, lindert Juckreiz und sorgt für bessere Wundheilung. Und aus natürlichen Extrakten besteht es auch noch. Ob Nesselkapseln oder Korallenschnitte – Aloe Vera soll's richten.

Betaisadona – bei allen offenen und auch schon entzündeten Wunden sorgt die Salbe für Desinfektion, ob Stich, Biss oder Schnitt.

Zyrtec – allergische Beschwerden, allergisches Asthma und Nesselsucht sind Ansatzpunkte. Gegen Nesseltierchen ein erprobtes und wirkungsvolles Mittel in Tablettenform.

Klassiker

Das sollte eigentlich in keinem Reisegepäck fehlen:

Pflaster – am besten wasserfeste Produkte verwenden.

Taucher-Ohrentropfen – bekommt man in der Apotheke angemixt. Wenn der Apotheker nicht weiß, wie's geht, gibt's hier das Rezept:

Rezept für 20 ml Taucher-Ohrentropfen

- Acidum aceticum 0,4 g
- Äthanol 70% 20 g

Ein bis zwei mal täglich Lösung in Gehörgang träufeln und fünf Minuten einwirken lassen.

Mittel gegen Reise- und Seekrankheit – Hauptsache, sie helfen, ob homöopathisch oder per klassischer Rezeptur. Vorsicht vor Tauchgängen: Manche Mittel haben Einfluss auf Gleichgewichtssinn und Wahrnehmung, mit ihnen sollte man nicht tauchen.

Kohletabletten – ideal gegen Durchfallerkrankungen, auch nach überstandenen Vergiftungen.

Jodtinktur – Desinfektion bei offenen Wunden.

Splitterpinzette – hilft gegen Seeigelstacheln.

Elastische Binde – gut bei Bissen mit Giftwirkung

Verbandsschere, Fieberthermometer.

Alternativen

Nicht jeder hat immer passende Medikamente zur Hand. Doch es gibt auch Mittelchen, die fast jeder dabei hat:

Rasierschaum – ideales Mittel, um Nesselkapseln „einzuseifen" und inaktiv zu machen. Ist der Schaum getrocknet, kann die Haut gefahrlos etwa mit einer Kreditkarte abgeschabt werden.

Sonnencreme – kühlt und lindert Nesselschmerz. Wasserfest und mit Lichtschutzfaktor über 20 schützt sie sogar im Wasser vor den Nesselkapseln der Quallen.

Eiswürfel und Zigaretten – mit ihnen können wirkungsvoll Stiche von Petermännchen und Co behandelt werden. Außerdem ist die Behandlung gesünder als die Heißwassermethode. Ihre Anwendung im nächsten Kapitel „Erste Hilfe".

Essig – vom Restauranttisch geschnappt hilft es gegen Nesselkapseln, die es inaktiv macht.

Cola – gerade bei üblen Nesselattacken ist nicht immer Essig zur Stelle. Cola hilft ebenfalls, indem es den ph-Wert senkt und so die noch auf der Haut heftenden Nesselkapseln nicht explodieren lässt.

Erste Hilfe und Tipps

Wer weiß noch, was eine stabile Seitenlage ist? Wer nicht mehr ganz fit im Umgang mit Verunfallten ist, dem soll dieses Kapitel weiterhelfen

Stich, Schnitt, Biss, Kniff oder Nesselung – da kann geholfen werden!

Verletzt man sich beim Kontakt mit Meerestieren ernsthaft, dann ist die Erste Hilfe oft entscheidend. Dabei gibt es ein paar Regeln und Tipps, die für jede Verletzung gelten.

Zum einen ist dies die **Bergung** des Verunfallten. Gerade bei Tauchern heißt dies: Tauchgang abbrechen und raus aus dem Wasser! Dabei Vorsicht! Beispiel Nesseltiere: Sie können Nesselfäden hinterlassen, die auch den Rettern eventuell Schwierigkeiten bereiten.

Der Betroffene ist dann zu **beruhigen**. Im Schmerz oder Schock sind Panikreaktionen möglich, die kontrolliert werden müssen. Vor allem bei Stichen und Nesselungen lässt der Schmerz nicht nach, sondern steigert sich noch! Die betroffene Extremität sollte **ruhiggestellt** werden durch Beinschiene oder Armschlinge. Wichtig ist, Ringe und Schmuck zu ent-fernen, denn schwillt etwa ein Finger an, dann besteht die Gefahr der Abschnürung.

Gibt es die Chance, dann jetzt einen **Arzt alarmieren!** Dazu den Verunfallten möglichst nicht alleine lassen, sondern Anwesende damit beauftragen. Geschafft? Dann ein waches Auge auf die Vitalfunktionen des Patienten, also auf Atmung, Kreislauf und Bewusstsein.

Erste Hilfe

Ein **Schock** kündigt sich mit kaltem Schweiß, Blässe, hoher Atemfrequenz und absackendem Blutdruck an. Werden jetzt die Beine hochgelagert, dann bessert sich die Lage meist.

Setzt die **Atmung** aus, dann müssen sofort die Atemwege freigemacht werden (Überstreckung des Kopfes). Dann per Mund-zu-Nase oder Mund-zu-Mund beatmen. Alle fünf Sekunden sollte ein Atemstoß erfolgen.

Achtung: Bei Atemlähmung durch Gift kann die Wirkung, also die Atemlähmung, oft Stunden andauern. Also nicht nachlassen!

Setzt auch der **Herzschlag** aus (Puls nicht tastbar, Bewusstlosigkeit, Atemstillstand oder Schnappatmung), muss eine Herzmassage durchgeführt werden. Per Druck auf die untere Brustbeinhälfte wird dabei das Herz etwa 80 bis 100 mal pro Minute rhythmisch massiert.

All diese Maßnahmen sollte nicht nur jeder Autofahrer beherrschen, auch Taucher tun gut daran, diese Fertigkeiten etwa im Rahmen eines Rescue-Kurses zu üben.

Finger weg!

Einige „Behandlungsmethoden" tragen eher dazu bei, aus einer kleinen Verletzung eine richtige Wunde zu machen. Folgende Dinge sollte man nicht tun, auch wenn es sich noch hartnäckig in neuerer Literatur hält.

Einschneiden, Aussaugen oder Auspressen – dadurch werden nicht nur größere Gefäße verletzt, sondern das Gift erst recht schneller in den Körper transportiert. Außerdem vergrößert man dadurch Wunde und Schmerz.

Abbinden – nur bei Verblutungsgefahr sinnvoll, ansonsten drohen schwere Gewebsschäden. Und Gift lässt sich damit nicht aufhalten, denn man muss alle zehn Minuten die Stauung lösen und sorgt so für eine richtige Giftwelle im Körper.

Heißwassermethode – damit soll erreicht werden, dass sich die Proteingifte von Gifttieren, etwa Petermännchen oder Steinfisch, zersetzen. Doch es drohen schwere Verbrühungen und Gewebeschäden. Besser ist die Temperaturschockmethode (siehe Kasten).

Alkohol oder Speisen – verschlechtern sich die Symptome, dann droht die Gefahr von Erbrechen.

Bei **Vernesselungen** müssen noch aktive Nesselkapseln von der Haut ent-

Temperaturschock statt Heißwasser!

Vor allem bei Stichen von Giftfischen liest man immer noch, man solle die betroffene Extremität in möglichst heißes Wasser halten, das würde helfen. Doch es drohen schwere Verbrühungen. Daher wurde die Methode verfeinert:

Mit einem Fön oder einer brennenden Zigarette wird die Einstichstelle einige Minuten warm gemacht, ohne sie aber zu verbrennen! Sofort danach kommen Eiswürfel auf die betroffene Stelle. Dieser Schock lindert nicht nur die Schmerzen, sondern hilft in den meisten Fällen.

fernt werden. Zunächst mit viel Meerwasser spülen. Kein Süßwasser oder Alkohol, das bringt die Nesselkapseln erst recht zum explodieren! Am besten hilft Essig. Ist der nicht vorhanden, dann nur mit Sand abdecken und warten, bis der getrocknet ist, danach abschaben. Hilfreich ist Cola, die Limonade wirkt ähnlich wie Essig, nur nicht so stark. Gut hilft auch Rasierschaum, der die Nes-

So geht's: Kopf überstrecken

selbomben ebenfalls entschärft. Fast alle Life-Guard-Stationen an der französischen Mittelmeerküste sind mittlerweile mit Rasierschaum „bewaffnet".

Seeigelstacheln werden, wenn sie nicht mit der Pinzette entfernt werden können, am besten mit Zitronen- oder Limonensaft beträufelt. Die Säure löst den Kalk auf. Papaya-Mus hat die gleiche Wirkung und wirkt zugleich desinfizierend. Wenn gar nichts zur Hand ist: Auch Urin soll den Kalk der Stacheln lösen!

Die **Desinfektion** kann bei allen Verletzungen eigentlich nicht übertrieben werden. Nichts ist ärgerlicher als eine kleine Stelle, die sich entzündet und den ganzen Urlaub vermiest.

Schocklage: Beine hochlagern!

Stabile Seitenlage: Kopf überstrecken!

Schutz durch Equipment

Wer diese Dinge in seinem Taucherrucksack oder in der Strandtasche hat, der kann sich vor einer Vielzahl von ungewünschten Kontakten schützen

Wer so ins Wasser geht, trägt seine Haut schutzlos spazieren

Mit ein wenig Kleidung und Gummi vermeidet jeder, ob Schwimmer, Schnorchler oder Taucher, allerlei Ungemütlichkeiten.

Mehrfach erwähnt wurde die Nützlichkeit von stabilen Sohlen an den Füßen. Da wir keine Hobbits sind, die Pelz an ihren Pfoten tragen, erweisen sich etliche Stacheln und Kanten deutlich stärker als unsere zarten Fußsohlen. Und eine Fußsohlen-Reflexmassage von Gevatter Seeigel oder Madame Feuerkoralle ist nur für ausgewiesene Masochisten ein Vergnügen. **Badelatschen** oder besser **Strandschuhe** schützen die Füße beim Gang durch's Wasser. Noch besser sind natürlich stabile **Füßlinge**, die sowohl im Wasser als auch davor schützen, doch die kleiden in der Regel nur Tauchers Beinchen. Da aber sind sie in Kombination mit Fersenbandflossen der reinen Schwimmbadflosse in punkto Schutz deutlich überlegen.

Doch nicht nur die Fußsohlen sind mit Haut überzogen. Auch der restliche Körper trägt diesen empfindlichen Überzug. Spätestens bei einer innigen Quallen-Umarmung oder einer zarten Liebkosung durch Steinkorallen wird uns das blitzartig vor Augen geführt. Und mit schmerzverzerrtem Gesicht schwören wir, das nächste Mal doch einen Neoprenanzug zu tragen. Das ist schlau, denn neben der mechanischen Schutzwirkung hält er außerdem noch die Sonnenstrahlen ab.

Das kann der Lycraanzug

auch, doch die Taucher-Strumpfhose hat einige Nachteile: Das hauchdünne Ding trägt sich zwar super und schützt auch vor Quallen, doch bei Korallen oder anderen scharfkantigen Unheilbringern muss Lycra passen. Und ganz ehrlich: Wer von uns hat die Figur, um in den Dingern nicht etwas komisch auszusehen? Schon anderthalb Millimeter reichen für tropische Gefilde, mit drei Millimetern ist man bestens geschützt.

Ein robustes Stück Ausrüstung sollte sich ebenfalls in die Tasche des Jackets verirren: ein **Riffhaken**. Diese Fleischerhaken-Metamorphose wird bei starker Strömung um einen toten Korallenblock oder Fels gelegt oder eingehakt und in der Mitte des Jackets am Taucher befestigt. So gesichert hängt man in der stärksten Strömung, ohne mit den Flossen Korallen plattzutreten oder haltsuchend einer Muräne über den Kopf zu streicheln. Oder einem Seeigel... Der Rest der Ausrüstung

richtet sich ganz nach den Anforderungen der Tauchgebiete. Nur eines sollte man vermeiden: sich nach der Lektüre dieses Buches in eine Gummi-Ritterrüstung begeben.

Wer ordentlich **tarieren** kann und mit etwas Umsicht taucht, der muss keines der possierlichen Tierchen fürchten, die hier beschrieben sind.

Wobei wir beim geliebten und gehassten Thema Tarierung und Verhalten unter Wasser wären. Tarieren ist das kleine Taucher-ABC, das jeder beherrschen muss. Sonst rächen sich die giftigen Meeresbewohner!

Einfach etwas üben und sich die Zeit nehmen, im Flachwasser ein wenig zu schweben. Schon haben der Taucher und seine Umwelt wesentlich mehr Spaß miteinander. Zwar gilt, dass der, der nicht hört, eben fühlen muss. Doch auch Seeigel hängen an ihren Stacheln. Und Steinfische verteidigen sich nur ungern. Also am besten gut tariert durch's Riff schweben.

Und die Finger bei sich behalten. Zum Glück hat hier ein Umdenken stattgefunden, denn Anfassen gilt vielerorts als pfui. Doch dank

Was man nicht braucht

Handschuhe – sie sorgen nur dafür, dass man im Riff alles angrapscht. Aber Taucher sind hier Gäste ohne Hausrecht.

Knieschützer – so outen sich Riff-Rambos ohne Tarierfähigkeiten.

Harpunen – sollten jedem Träger um den Hals gewickelt werden.

Glitzerschmuck, Ringe und Kettchen – ziehen über Wasser tolle Hechte an. Unter Wasser aber auch, denn Barrakudas und Haie stehen ebenfalls auf das blinkende Zeug!

Fußblei – nur für Tarier-Chaoten. Alternative: Eisenkugel mit Kette.

einiger „Natursendungen" im Fernsehen, in denen ein „Held" alles angrapscht, was sich nicht unsichtbar macht, gibt es wieder falsche Vorbilder. Also: Anschauen ja, anfassen nein! Dann gibt's auch keine Verletzungen …

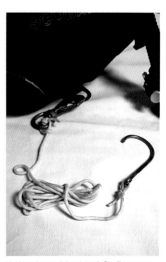

Riffhaken: ideal bei Strömung

Stichwortverzeichnis

Literaturverzeichnis

Allen, Gerald R. & Steene, Roger (1995): Riffführer, Tiere und Pflanzen im Indopazifik, Verlag Christa Hemmen

Baensch, Hans A. & Debelius, Helmut (1997): Meerwasseratlas, Mergus Verlag.

Brümmer, Franz (2002): TEPS - Toxizität und Ausbreitung toxischer Eukaryonten-Prokaryonten-Systeme. Abschlussbericht zu gleichnamigem Verbundforschungsprojekt des BMBF. Universität Stuttgart.

Cembella Allan D. (2003): Manual on Harmful Marine Microalgae. Monographs on Oceanographic Methodology Nr. 11. UNECSO Publishing, Paris.

Debelius, Helmut & Kuiter, Rudie H. (1994): Fischführer Südostasien, Tetra Verlag.

Debelius, Helmut (1998): Fischführer Mittelmeer und Atlantik, Jahr Top Special Verlag.

Debelius, Helmut (1998): Riffführer Rotes Meer, Jahr Top Special Verlag.

Debelius, Helmut (2001): Riffführer Südostasien, Jahr Top Special Verlag.

Debelius, Helmut (2003): Niedere Tiere, Mittelmeer und Atlantik, Jahr Top Special Verlag.

Hach-Wunderle, Viola; Mebs, Dietrich; Frederking, K. & Breddin, Hans-Klaus (1987): Vergiftung durch Feuerqualle. Dtsch.Med.Wschr. 112: 1865-1868.

Hallegraeff, Gustaaf, M.; Andersen Don M. &

Habermehl, Gerhard G. (1994): Gift-Tiere und ihre Waffen. Eine Einführung für Biologen, Chemiker und Mediziner. Ein Leitfaden für Touristen. 5. Auflage. Springer Verlag, Berlin.

Halstead, Bob (2000): Riffführer Korallenmeer, Jahr Top Special Verlag.

Hennemann, Ralf M. (2001): Haie & Rochen weltweit, Jahr Top Special Verlag.

Heeger, Thomas (1998): Quallen - gefährliche Schönheiten. Wisssenschaftliche Verlagsgesellschaft mbH, Stuttgart.

Hofrichter, Robert (2002): Das Mittelmeer - Fauna, Flora, Ökologie Bd. I: Allgemeiner Teil. Spektrum Akademischer Verlag, Heidelberg.

Holstein, Thomas (1995): Nematocyten. Biologie in unserer Zeit 3:161-169.

Mebs, Dietrich (1989): Gifte im Riff. Toxikologie und Biochemie eines Lebensraumes. Wisssenschaftliche Verlagsgesellschaft mbH, Stuttgart.

Mebs, Dietrich (2000): Gifttiere. Ein Handbuch für Biologen, Toxikologen, Ärzte und Apotheker. 2. neu bearb. u. erw. Aufl. Wisssenschaftliche Verlagsgesellschaft mbH, Stuttgart.

Mebs, Dietrich (2002): Venomous and Poisonous Animals. A Handbook for Biologists, Toxicologists and Toxinologists, Physicians and Pharmacists. Medpharm Scientific Publishers.

Mebs, Dietrich & Knop, Daniel (2004): Rotfeuerfische und ihr Gift. Koralle 25:40-43.

Mojetta, Angelo & Ghisotti, Andrea (1997): Tiere und Pflanzen des Mittelmeers, Natur Buch Verlag.

Putzier, Ilva & Frings Stephan (2002): Vom Jagdgift zur neuen Schmerztherapie - Tiergifte in der biomedizinischen Forschung. Biologie in unserer Zeit 3:148-158.

Siewing, R. (1980): Lehrbuch der Zoologie, Band 1 und 2, Gustav Fischer Verlag

Sprung, Julian (1999): Korallen, Ein Bestimmungsbuch, Dähne-Verlag Ettlingen

Van Dolah, Frances M. (2000): Marine algal toxins: origins, health effects and their increased occurence. Environmental Health Perspectives 108 (Suppl. 1):133-141.

Folgenden Personen möchten wir an dieser Stelle für ihre Mitarbeit, Unterstützung und Hilfe besonders danken:

Bill Acker (Yap's Manta-Meister)
Max Ammer (der Holländer zeigte Paul sein Paradies in Irian Jaya)
Darin Bailey (der Captain der Delphine, sein Heim ist die „Ghazala I")
Navot Bornovski (wenn einer weiß, wo Haie und Krokodile in Palau stecken, dann er)
Fritz Becker (der Chef der „Anggun" ließ Burmas Haie vor Pauls Linse tanzen)
Dr. Thomas Brieschal (Doc Holiday)
Dr. Franz Brümmer (Mail hin, Fax zurück, und sogar auf Kommas hat der Professor geachtet!)
Bobet Cruz (philippinisches Adlerauge für alles Giftige)
Helmut Debelius (Doktor Fisch, wo geht's hier zur Triactis producta?)
Edi Fromenwiler (der Makro-König der Pindito kennt alles unter 2 Millimetern)
Hansi Hähner (standhaft verteidigt er die Flagge des VDST im französischen Hyeres)
Roland Heidinger (ein Freiburger auf Elba – Motto: Versuchs mal mit Gemütlichkeit)
Chris Heim (sieben Basen – ein Mann, der Hans-Dampf der Philippinen)
Hedda Höpfner (unsere gute Seele der tauchen-Redaktion)
Dicksy und Christian Holfelder (was ist denn ein Acrobat Destiller?
Die Holfelder wissens!)
Andre Michael (Andre, Du bist unser Kreisel-Idol!)
Anni Munzinger (die gute Fee hielt auch zwei Querköpfe in ihrem Hause aus)
Rolf Mühlemann (Eile mit Weile – ein Schweizer auf Negros/Philippinen)
Alain Morard (der Steinfisch-Dompteur hat im Roten Meer ein neues Zuhause gefunden)
Tony Murray (knapp nach der Eroberung Gibraltars hisste der Tommi den Union Jack an der Costa Brava)
Heinz Ritter (okay Heinz, Dir machen wir keine Konkurrenz in Sachen Layout, aber wir geben uns Mühe!)
Dr. Lothar Schillak (der Biologe hat die Fachwelt in Unruhe versetzt mit unseren Anemonen)
Jochen Schultheiß (Gnade dem, den der Nürnberger in seinem Paradies Selayar beim Umwelt-Frevel erwischt. Jochen kennt keine!)
Gerlinde Seupel (Fass mich nicht an! Jedenfalls nicht als Schwamm auf Grenada)
Jocki Trescher (Oldie, but Goldie – Tauchen im Alter!)
Matthias von der Ahé/PPL (Scanner- und Digi-Maxe aus Karlsruhe, der Retter in der Not)
Gunnar Wagner (Paule war schon oft in den Cenoten, Lutz will immer hin)
Peter Wiesendanger (er kundschaftete die besten Spots für die Pindito aus)
Roger Winter (geht nicht gibt's nicht: das Organisationstalent für die abgedrehten Reisen)
Petra Wrenger (die letzte Korrektur, und immer noch ein Fehler!)

…und Sugar, dem Redaktions-Retriever! (knurr mal wie ein richtig böser Hund...)

Die Autoren

uw-media@t-online.de

Paul-W. Munzinger, Jahrgang 51, von Beruf Architekt und Diplom-Ingenieur, machte vor mehr als 20 Jahren sein Hobby zum Beruf: Er wurde Unterwasser-Fotograf und freier Journalist.
Über 60 internationale Auszeichnungen für UW-Fotografie, mehr als ein Dutzend Bücher und ungezählte Stories aus aller Herren Länder, 11 000 Tauchgänge und mit Reportagen in diversen Magazinen vertreten, von *tauchen* über Geo bis National Geographic – und nach wie vor ist der Freiburger immer auf dem Sprung nach neuen und spannenden Themen rund ums Wasser.

lutzodewald@aol.com

Lutz Odewald, Jahrgang 63, ist Journalist aus Leidenschaft. Schon neben dem Diplom-Biologie-Studium vertiefte der Norddeutsche seine Fähigkeiten, mit Wort und Bild umzugehen. Zahlreiche Publikationen, Interviews, Artikel und Bücher, fünf Jahre Aufbau und Leitung der Online-Redaktion eines Pay-TV-Senders und drei Jahre Chefredakteur der größten Tauchzeitschrift Europas, dazu mehr als 20 Jahre Taucherfahrung rund um den Globus – das war das Rüstzeug zu diesem Buch. Der freie Journalist pendelt am liebsten zwischen den Malediven und der Waterkant hin und her.

www.scubapro.de

SCUBAPRO®

UWATEC